港口—腹地集装箱
物流运输系统弹性提升的
理论、方法与应用

高嵩 著

ZHEJIANG UNIVERSITY PRESS
浙江大学出版社
·杭州·

图书在版编目（CIP）数据

港口-腹地集装箱物流运输系统弹性提升的理论、方
法与应用 / 高嵩著. -- 杭州 ：浙江大学出版社，2025.
7. -- ISBN 978-7-308-26408-2

Ⅰ. U169

中国国家版本馆 CIP 数据核字第 202521GS60 号

港口-腹地集装箱物流运输系统弹性提升的理论、方法与应用
高　嵩　著

责任编辑	黄兆宁
责任校对	陈　欣
封面设计	十木米
出版发行	浙江大学出版社
	（杭州市天目山路 148 号　邮政编码 310007）
	（网址：http://www.zjupress.com）
排　　版	杭州青翊图文设计有限公司
印　　刷	浙江临安曙光印务有限公司
开　　本	710mm×1000mm　1/16
印　　张	13.5
字　　数	264 千
版 印 次	2025 年 7 月第 1 版　2025 年 7 月第 1 次印刷
书　　号	ISBN 978-7-308-26408-2
定　　价	68.00 元

前　言

　　随着经济全球化进程的不断推进,全球贸易快速发展,带来了运输需求的持续增长。"一带一路"倡议和构建"双循环"新发展格局的提出,推动了全球贸易的进一步繁荣发展,同时也对运输系统提出了更高的要求。港口-腹地集装箱物流运输系统作为海运系统的陆上组成部分,是支撑国民经济和人民生产生活的重要运输系统,为实现经济社会的高质量发展发挥着基础性、战略性和先导性作用。然而,近年来各种不确定性突发事件频发,使港口-腹地集装箱物流运输系统的运作能力严重受损,对经济社会造成极为严重的后果。如何提升港口-腹地集装箱物流运输系统的能力,以应对各类非常规突发事件的冲击是值得关注和研究的重要问题。

　　本书运用弹性的概念,对港口-腹地集装箱物流运输系统应对非常规突发事件冲击的能力进行研究分析。根据不同类型港口-腹地集装箱物流运输系统的特点,结合考虑不同物流运输系统用户的行为模式,以及非常规突发事件情境下的不同决策时间维度。采用双层规划模型方法构建不同模型,为政府部门提供在非常规突发事件情境下的最优决策支持,以提升港口-腹地集装箱物流运输系统的弹性。具体而言,本书主要研究内容包括:基于事后即时修复阶段,对单运输方式港口-腹地集装箱物流运输系统的弹性提升决策问题进行研究分析,遵循系统最优和用户均衡理论建立了不同的双层规划模型并进行分析与求解;基于事后即时修复阶段,对多式联运港口-腹地集装箱物流运输系统的弹性提升决策问题进行研究分析,对港口-腹地集装箱物流运输系统的多式联运过程进行了分析与求解;基于事前准备和事后即时修复两阶段,更进一步地对多式联运港口-腹地集装箱物流运输系统的弹性提升决策问题进行研究分析。本书的研究工作从多个方面对港口-腹地集装箱物流运输系统的弹性提升决策问题进行求解分析,帮助政府部门制定更为合理的修复预算水平和相关措施实施时间决策,实施更为有效的事前准备措施和事后即时修复措施以提升弹性应对冲击,并给出了提升港口-腹地集装箱物流运输系统弹性的管理启示和政策建议。

　　感谢我的导师刘南教授一直以来对我的指导和培养。感谢我的师姐庞海云博士和师妹朱丽媛博士给予本书写作的专业建议。感谢浙江大学出版社黄兆宁编辑的细致审稿与支持。

　　感谢家人,特别感谢陈筱芃先生和女儿陈莺的陪伴与鼓励!

　　感谢我的工作单位浙江科技大学对本书出版的大力支持。本书由浙江省教育厅科研项目资助(Y202351791)①,为该项目研究成果;本书由浙江科技学院基本科研业务费专项资金资助②,为该项目研究成果;本书为浙江科技大学 2024 德语国家国别与区域研究课题成果(课题名称"德国数字化赋能供应链韧性经验启示与对策研究",项目编号"2024DEGB008");本书由浙江科技学院科研启动基金资助。

高　嵩

2025 年 1 月于浙江科技大学

---

　　① 浙江省教育厅一般科研项目"产城融合背景下浙江省多式联运系统弹性测度与优化研究"。

　　② 浙江科技学院基本科研业务费专项资金项目青年科学基金项目"安吉港-腹地物流运输系统弹性提升多阶段决策模型研究"。浙江科技学院于 2023 年更名为"浙江科技大学",此项目立项于更名之前,项目名称用原校名。

目　录

1

1 绪 论

  港口-腹地集装箱物流运输系统是支撑国民经济发展和保障人民生产与生活的重要物流系统,为实现经济社会的高质量发展发挥着基础性、战略性和先导性作用。近年来各种不确定性突发事件频发,提升该系统的能力以更好地应对冲击极为重要。本书运用弹性的概念,对港口-腹地集装箱物流运输系统应对突发事件冲击的能力进行测度、分析与优化,通过事前和事后最优措施的实施,提升港口-腹地集装箱物流运输系统的弹性以更好地应对冲击,降低因物流环节效率下降而带来的负面影响,确保全球产业链、供应链的畅通与稳定,实现"双循环"新发展格局下物流体系的降本提质增效。

  本章为全书的绪论。本章首先阐述本书的研究背景与研究意义,以及本书的研究目的;接着详细阐述本书的研究问题和研究方法,并阐述三个子研究的具体内容和各个子研究之间的递进关系;最后阐述本书的整体研究框架和主要创新与贡献。

1.1 研究背景

  近年来,随着经济全球化进程的不断推进,全球贸易快速发展。世界贸易组织报告显示,2005 年至 2017 年间全球商品贸易平均年增长率为 4.6%(World Trade Organization,2019)。全球贸易的不断发展,带来了运输需求的持续增长。2013 年习近平主席提出共建"丝绸之路经济带"和"21 世纪海上丝绸之路"

倡议(简称"一带一路"倡议)①,2020 年 10 月《中共中央关于制定国民经济和社会发展第十四个五年规划和二〇三五年远景目标的建议》提出应加快构建以国内大循环为主体、国内国际双循环相互促进的新发展格局(简称"双循环"新发展格局)②。"一带一路"倡议和"双循环"新发展格局的提出推动了全球贸易的进一步繁荣发展,同时也对运输系统提出了更高的要求。

海运系统(Maritime Transportation System)是实现区域间长距离的商品运输以完成全球贸易活动的重要基础设施系统(Mansouri et al.,2009),对于"一带一路"倡议的实现与"双循环"新发展格局的构建起着十分关键的作用。集装箱运输是海运系统中的主要运输方式,既适用于港口与港口之间的跨区域远洋海上运输,也适用于港口与其腹地之间的区域内公路运输、铁路运输和内河水路运输。它让多式联运方式得以实现,高效安全地完成全球贸易的商品运输和交付。本书的研究对象港口-腹地集装箱物流运输系统是海运系统的重要子系统,由其完成港口与其腹地之间的物资交换,为国民经济发展提供了支撑,为人民生产与生活提供了保障,在经济社会中具有极为重要的地位。

然而,在这快速发展的社会中,港口-腹地集装箱物流运输系统可能遭受各种自然和人为突发事件的冲击。突发事件,特别是非常规突发事件一旦发生,港口-腹地集装箱物流运输系统基础设施的运输和作业能力将严重受损。整个港口-腹地集装箱物流运输系统的运作水平下降,将对经济社会带来极为严重的后果。例如,2011 年 3 月,日本发生强烈地震并引发海啸,当地港口受损,导致港口-腹地物流运输系统中断③,对日本的经济社会带来严重影响;2015 年 8 月,位于我国天津东疆保税港区内的瑞海国际物流有限公司所属危险品仓库发生爆炸事故,造成严重的经济损失。港区因发生事故暂停货物进出港和装卸作业,影响了整个地区的进出口贸易进程④。2021 年 8 月,美国遭遇"艾达"飓风袭击,导致

① 授权发布:推动共建丝绸之路经济带和 21 世纪海上丝绸之路的愿景与行动[EB/OL].(2015-03-28)[2021-07-02]. http://www. xinhuanet. com/world/2015/03/28/c_1114793986. htm.

② (受权发布)中共中央关于制定国民经济和社会发展第十四个五年规划和二〇三五年远景目标的建议[EB/OL].(2020-11-03)[2021-07-02]. http://www. xinhuanet. com/politics/2020/11/03/c_1126693293. htm.

③ 日本港口因地震损坏几近全面停止运作[EB/OL].(2011-03-16)[2021-07-02]. http://www. zgsyb. com/news. html? aid=218497.

④ 天津爆炸直接经济损失或达 700 亿 隐性影响难估量[EB/OL].(2015-09-01)[2025-04-02]. http://caijing. chinadaily. com. cn/2015-09/01/content_21764504. htm.

路易斯安那州港口关闭,铁路干线停止运行,基础设施严重受损,带来企业生产停滞和民众生活物资紧缺等严重后果①;2021 年 11 月,加拿大不列颠哥伦比亚省遭遇连降暴雨天气,多条铁路运输线路被洪水和泥石流切断,集装箱和大宗商品等货运严重延误,对多个行业供应链造成不良影响②。从以上案例可以看到,港口-腹地集装箱物流运输系统面临着各种非常规突发事件的威胁。当港口-腹地集装箱物流运输系统遭受非常规突发事件冲击时,能否快速恢复其运作水平,对于经济社会而言非常关键。

国家对于非常规突发事件的应急管理和科学应对愈加重视。2009 年 2 月,国家自然科学基金委员会正式启动"非常规突发事件应急管理研究"重大研究计划③,鼓励学者们深入研究非常规突发事件应急管理相关科学问题,为国家科学高效地应对非常规突发事件提供决策参考和理论支撑。2018 年 3 月,根据党的十九届三中全会通过的国务院机构改革方案,设立中华人民共和国应急管理部④,其主要职责为指导各地区各部门应对突发事件工作,统筹应急力量建设,统一调度物资储备,承担国家应对特别重大灾害指挥工作。对于非常规突发事件应急管理的科学研究和应对机制建立正在不断深入,如何提升港口-腹地集装箱物流运输系统的能力以应对各类非常规突发事件的冲击,降低其带来的负面影响,是值得关注和研究的重要问题。

1.2 研究目的

本书的研究目的:一是对港口-腹地集装箱物流运输系统弹性提升问题进行理论分析,包括对不同类型港口-腹地集装箱物流运输系统运作特点的分析,对不同物流运输系统参与者的行为模式、层级关系和相互作用的分析,对不同时间维度的决策模式的分析,对预算水平和实施时间约束的影响分析。二是在理论

---

① 徐剑梅.四级飓风"艾达"登陆美国路易斯安那州[EB/OL].(2021-08-30)[2021-11-26].http://www.xinhuanet.com/2021-08/30/c_1127807325.htm.

② "500 年一遇"洪灾袭击加拿大西部 近两万人受困[EB/OL].(2021-11-23)[2021-11-26].http://ysxw.cctv.cn/image.html? item_id=3844958627074798911。

③ "非常规突发事件应急管理研究"重大研究计划取得系列成果[EB/OL].(2018-01-13)[2021-07-02].http://www.nsfc.gov.cn/publish/portal0/tab440/info72681.htm.

④ (两会受权发布)关于国务院机构改革方案的说明[EB/OL].(2018-03-14)[2021-07-02].http://www.xinhuanet.com/politics/2018lh/2018-03/14/c_1122533011.htm.

分析的基础上,构建多个理论决策模型并设计对应的算法,求解在不同非常规突发事件情境下提升港口-腹地集装箱物流运输系统弹性,帮助其快速恢复运作水平的最优决策,为系统规划管理者制定应对决策提供参考依据。三是将理论决策模型应用于宁波舟山港及其腹地间的多式联运系统,并展开数值算例研究,给出提升港口-腹地集装箱物流运输系统弹性的管理启示和政策建议。

1.3　研究意义

本书研究港口-腹地集装箱物流运输系统弹性提升问题,具有重要的理论意义和实践意义。在理论意义方面,本书研究扩充了非常规突发事件应急管理的理论体系,基于不同的港口-腹地集装箱物流运输系统类型、不同的物流运输系统用户行为模式和不同的决策时间维度,为物流运输系统规划管理者应对非常规突发事件提供了科学有效的决策参考和理论支撑。在实践意义方面,给出了在非常规突发事件下提升港口-腹地集装箱物流运输系统应对能力的管理启示和政策建议,帮助物流运输系统规划管理者实施更为有效的事前准备措施和事后即时修复措施以应对冲击,使港口-腹地集装箱物流运输系统能够更好地支撑国民经济发展和保障人民生产与生活,推动经济社会的繁荣发展。

1.4　研究问题与方法

1.4.1　相关概念阐述

对于本书中相关概念的界定和阐述如下。

(1)港口-腹地集装箱物流运输系统

港口-腹地集装箱物流运输系统是海运系统的陆上组成部分(Chen et al.,2018),为极其复杂的运输系统,包含多类基础设施、多种运输方式和多个参与者。港口-腹地集装箱物流运输系统的基础设施结构如图1.1所示,由运输节点和运输路段构成。其中,运输节点包括一个港口、多个多式联运连接点和多个腹地点。港口是连接集装箱远洋海运与腹地运输的重要枢纽。多式联运连接点包括多式联运场站、无水港和内河港等,不同运输方式之间的转换可以在多式联运连接点内完成。腹地点对应需求和供给区域,包括仓库、配送中心和工厂等。运输路段包括公路路段、铁路路段和内河水运路段,各个运输节点间由运输路段相连接。港口-腹地集装箱物流运输系统包含多种运输方式,通过公路运输、铁路运输、内河水路运输以及多式联运方式实现港口和各腹地点间的集装箱物流运输。港口-腹地集装箱物流运输系统还包含多个参与者,如政府部门、货主、港口企业、集卡车公司、铁路运营企业、内河航运企业和物流服务提供商等。

图 1.1 港口-腹地集装箱物流运输系统基础设施结构示意

（2）非常规突发事件

非常规突发事件是指前兆不充分,具有明显的复杂性特征和潜在的次生衍生危害,破坏性严重,采用常规管理方式较难应对处理的突发事件(韩智勇等,2009)。本书中的非常规突发事件是指将对港口-腹地集装箱物流运输系统的基础设施造成严重影响的自然和人为灾害,包括地震、台风、海啸、雨雪冰冻灾害天气和恐怖袭击等。在非常规突发事件的冲击下,港口-腹地集装箱物流运输系统基础设施的运输和作业能力将严重受损,这会导致整个物流运输系统的运作水平下降,从而带来严重的经济社会损失。

（3）弹性

"弹性"概念最早起源于物理学,描述了物体因外力发生形变后恢复原有状态的一种特性。Holling(1973)在论文中将生态系统的弹性定义为系统吸收变化和扰动并保持状态的能力,开启了不同学科对于"弹性"概念的研究。

"弹性"(resilience)与"鲁棒性"(robustness)、"柔性"(flexibility)等概念的区别在于:①"鲁棒性"又称"稳健性",描述了系统受到扰动时,能够抵御变化维持其功能的能力(接婧,2005)。鲁棒性更为强调系统依靠自身保持原有状态的能力。高鲁棒性的系统在受到扰动后不会偏离原有状态,而高弹性的系统在受到扰动后可以偏离原有状态,但能够迅速恢复至原有状态,或者达到新的平衡状态(Holling,1973),且可以借助外部资源和措施的帮助(Chen et al.,2012)。②"柔性"描述了系统响应和处理变化的能力,而这种变化一般来自需求端(陈红,2018)。高柔性的系统可以快速应对需求端的扰动和变化,而高弹性的系统可以快速应对各个环节的扰动和变化。

当港口-腹地集装箱物流运输系统面对具有严重破坏性的非常规突发事件时,较难依靠鲁棒性抵御变化并维持其原有状态。且非常规突发事件对于物流运输系统的冲击不一定在需求端,根据前文所述的案例,物流运输系统的基础设施遭受非常规突发事件的冲击,较难依靠柔性快速响应和处理。因此,本书运用更为合适的"弹性"概念,研究如何提升港口-腹地集装箱物流运输系统的能力以更好地应对各类非常规突发事件的冲击。对于系统而言,弹性既包括系统设施所固有的可靠性,也包括通过短期恢复措施减轻负面影响的能力(Nair et al.,2010),且在应对非常规突发事件时,更为强调在冲击发生前后及时作出反应,实施相关措施以提升系统弹性,帮助其快速恢复能力。原因是通过加固和改进系统设施、提升固有可靠性需要花费较多资源和较长时间,面对各种类型且破坏性严重的非常规突发事件时,较难仅采用事前长期性的全面加固改进措施来提升系统弹性以抵御冲击(Hosseini et al.,2016)。而在冲击出现前后快速反应,实施相关短期恢复措施以帮助系统提升弹性则更为重要。

因此,在非常规突发事件情境下,实施恰当及时的措施以提升港口-腹地集装箱物流运输系统的弹性极为关键,即港口-腹地集装箱物流运输系统的弹性与其在面对冲击时可被利用的外部资源和措施的助益程度相关联。正如 Chen 等(2012)所提到的,在测度物流运输系统弹性时,对物流运输系统实施的努力水平需要纳入考虑,这些努力水平包括资金和时间等资源的投入,体现在事前准备和事后即时修复措施的实施上。非常规突发事件的发生,将对港口-腹地集装箱物流运输系统造成严重影响,但对物流运输系统实施恰当的措施,提升物流运输系统的弹性水平,可以帮助物流运输系统快速恢复至令人满意的运作状态。

结合前文所述,本书将港口-腹地集装箱物流运输系统的弹性定义为其在面对非常规突发事件冲击时,在一定的资金和时间限制下,通过实施恰当的措施使系统恢复一定程度的运作水平的能力。

1.4.2 研究问题

本书对非常规突发事件下港口-腹地集装箱物流运输系统的弹性提升决策问题进行研究分析。如前文所述,港口-腹地集装箱物流运输系统是包含多个参与者的复杂系统。物流运输系统的规划管理者和用户之间的有效互动是实现物流运输系统弹性的必要条件(Ta et al.,2009)。为了更好地研究分析港口-腹地集装箱物流运输系统的弹性提升决策问题,需要明晰物流运输系统规划管理者和物流运输系统用户各自的决策与目标,以及物流运输系统规划管理者与用户之间的关系和相互作用。

(1)物流运输系统规划管理者的决策与目标

在我国,港口由水运局管理,铁路路段由国家铁路局管理,公路路段由公路局管理,而国家铁路局、公路局和水运局均由交通运输部管理。港口业务由港口企业进行经营,例如宁波舟山港股份有限公司、上海国际港务(集团)股份有限公司等。铁路线路的货物运输由中国国家铁路集团有限公司经营。在非常规突发事件情境下,将由应急管理部和交通运输部联合部署对港口-腹地集装箱物流运输系统实施事前预防和事后即时修复措施。基于此,在本书中,统一以"政府部门"指代对港口-腹地集装箱物流运输系统进行规划管理,并在非常规突发事件情境下对港口-腹地集装箱物流运输系统进行相关资源调度和应对措施部署的国家机构,主要包括应急管理部、交通运输部以及与应对不同非常规突发事件情境相关的其他职能部门。

面对非常规突发事件,政府部门在一定的资金和时间限制下,对港口-腹地集装箱物流运输系统做出如何具体实施事前准备措施和事后即时修复措施的决策,目标为最大限度提升港口-腹地集装箱物流运输系统弹性。根据政府部门决策时间维度的不同,本书将分别基于事后即时修复阶段,以及事前准备和事后即时修复两阶段相结合,对港口-腹地集装箱物流运输系统的弹性提升决策问题进行研究分析。

(2)物流运输系统用户的决策与目标

政府部门作为规划管理者,是物流运输系统中的参与者之一,此外,还有作为用户的物流运输系统参与者,包括货主、港口企业、集卡车公司、铁路运营企业、内河航运企业和物流服务提供商等。物流运输系统用户将对集装箱在港口-腹地集装箱物流运输系统中的具体运输过程安排进行决策,目标为实现运输利润最大化(Talley et al.,2018)。在不同类型的港口-腹地集装箱物流运输系统中,用户的行为模式可能并不相同。根据港口-腹地集装箱物流运输类型和用户行为模式的不同,本书将分别对单运输方式和多式联运港口-腹地集装箱物流运输系统的弹性提升决策问题进行研究分析。

（3）物流运输系统规划管理者与用户之间的关系和相互作用

在非常规突发事件情境下，政府部门作为港口-腹地集装箱物流运输系统的规划管理者，是统一调配资源对港口-腹地集装箱物流运输系统实施应对决策，以提升物流运输系统弹性的主导者。政府部门实施的应对决策的优劣将决定港口-腹地集装箱物流运输系统受损基础设施的修复程度，以及整个物流运输系统的修复后状态。物流运输系统用户将根据港口-腹地集装箱物流运输系统的修复后状态，决定集装箱在修复后的物流运输系统中的具体运输安排，以实现其最大化运输利润的目标。因此，物流运输系统用户为从属者。

政府部门在制定和实施应对非常规突发事件的决策时，不仅需要考虑物流运输系统基础设施的拓扑结构，也需要考虑物流运输系统用户的行为模式。原因是在非常规突发事件发生后，港口-腹地集装箱物流运输系统任一受损节点或路段运输能力修复程度的不同，不仅会影响该节点或路段上的集装箱运量，而且会影响整个物流运输系统的集装箱运输分配与均衡状态，影响整个物流运输系统在修复状态下的运作水平。

综上所述，在非常规突发事件下港口-腹地集装箱物流运输系统的弹性提升决策问题中，政府部门处于主导地位，物流运输系统用户处于从属地位。政府部门的目标为提升港口-腹地集装箱物流运输系统的弹性，其应对决策将影响物流运输系统的修复后状态，从而影响物流运输系统用户的决策和目标实现。物流运输系统用户根据物流运输系统的修复后状态制定集装箱的具体运输决策，并对修复后物流运输系统的运作水平产生影响，从而影响政府部门提升物流运输系统弹性的目标实现。

1.4.3　研究方法

港口-腹地集装箱物流运输系统的弹性提升问题中包含了多个需要被考虑的影响因素，包括物流运输系统的基础设施拓扑结构、政府部门的目标和应对措施、物流运输系统用户的目标和行为模式、不同决策者之间的层级关系和相互作用，以及非常规突发事件的具体情境、政府部门面临的资金和时间约束、物流运输系统用户面临的路段运输能力约束和腹地集装箱需求约束等。由于采用一般性的单层级优化模型较难对港口-腹地集装箱物流运输系统的弹性提升问题进行有效刻画和研究分析，为了更好地研究港口-腹地集装箱物流运输系统的弹性提升问题,本书采用双层规划模型方法对其进行建模和求解分析。

在这里简单介绍双层规划模型。双层规划模型与斯塔克尔伯格模型(Stackelberg Model)的基本思想和决策过程相似,可以被视为斯塔克尔伯格模型的扩展延伸(胡长英,2012)。双层规划模型拥有不同于斯塔克尔伯格模型的特点和优势:每个决策者的对应子问题可以带有各自的约束条件。

双层规划模型包含上层和下层两个子模型,由两个不同的决策者进行决策。上层模型和下层模型均有各自的决策变量、目标函数和约束条件。双层规划模型可以刻画出决策过程中不同决策者之间的关系地位和相互作用。其中,上层决策者处于主导地位,上层决策者首先做出决策,追求自身目标的最优化,上层决策者在做决策时充分了解下层决策者将会根据自己的决策做出怎样的反应;下层决策者处于从属地位,下层决策者可以清晰观察到上层决策者做出的决策,随后根据上层决策者的决策做出自己的决策,追求自身目标的最优化。双层规划模型可以同时分析决策过程中两个不同的、相互矛盾的目标,并包含了上层决策者和下层决策者之间的相互作用,即两者的决策均会影响到对方目标的实现:上层决策者的决策影响下层决策者的决策和目标实现;下层决策者根据上层决策者的决策做出实现下层目标最优化的决策,同时下层决策者的决策将影响上层决策者目标的实现。

双层规划模型的一般形式如下所示,其中下层模型决策变量 y 是在上层模型决策变量 x 给定的条件下,下层模型对应给定 x 的最优解(Bard,1998)[3-8]:

上层模型
$$\min_{x} F(x,y) \tag{1.1}$$
s.t.
$$G_s(x,y) \leqslant 0, s=1,2,\cdots,S \tag{1.2}$$
$$H_t(x,y) = 0, t=1,2,\cdots,T \tag{1.3}$$
$$x \in X$$

下层模型
$$\min_{y} f(x,y) \tag{1.4}$$
s.t.
$$g_i(x,y) \leqslant 0, i=1,2,\cdots,I \tag{1.5}$$
$$h_j(x,y) = 0, j=1,2,\cdots,J \tag{1.6}$$
$$y \in Y$$

目标函数式(1.1)为上层决策者追求的目标,约束式(1.2)为上层模型的不等式约束条件,约束式(1.3)为上层模型的等式约束条件;目标函数式(1.4)为下层决策者追求的目标,约束式(1.5)为下层模型的不等式约束条件,约束式(1.6)为下层模型的等式约束条件。由双层规划模型的一般形式可见,上层模型目标函数和约束条件不仅与上层决策变量有关,还与下层模型决策变量有关;同样的,下层模型目标函数和约束条件不仅与下层模型决策变量有关,还与上层模型决策变量有关。即上层决策者和下层决策者各自的决策均会影响到对方的约束条件满足情况和决策制定策略,从而影响对方目标的实现。

双层规划模型适用于本书研究的港口-腹地集装箱物流运输系统的弹性提升问题,原因如下。

(1)在非常规突发事件情境下,政府部门是统一调配资源对港口-腹地集装箱物流运输系统实施应对决策,以提升物流运输系统弹性的主导者。因此,政府部门可以作为双层规划模型中的上层决策者,政府部门的目标为在非常规突发事件情境下,最大限度地提升港口-腹地集装箱物流运输系统的弹性。政府部门面临一定的资金和时间约束,可以通过上层模型的约束条件对其进行限制。

(2)政府部门实施的应对决策将决定港口-腹地集装箱物流运输系统的修复后状态。物流运输系统用户将在修复后的港口-腹地集装箱物流运输系统中决定集装箱的具体运输安排。因此,物流运输系统用户可以作为双层规划模型中的下层决策者。物流运输系统用户包括货主、港口企业、集卡车公司、铁路运营企业、内河航运企业和物流服务提供商等,不同物流运输系统用户的关系在本书第3章和第4章中有详细阐述。

需要提到的是,在本书中下层模型的实际决策者是集装箱承运人或多式联运经营人。集装箱承运人或多式联运经营人在修复后的港口-腹地集装箱物流运输系统中安排集装箱的具体运输过程,包括对集装箱的运输方式、运输路径和各条运输路径上的运量进行决策,目标为追求自身利润最大化。本书将集装箱承运人或多式联运经营人的目标转换为广义运输成本最小化表征,其中既包含了集装箱的运输费用,也包含了运输时间成本,运用单位货运时间价值因子将时间转换为金钱。运输时间受货运量影响,即一种运输方式承载的货运量越大,需要的运输时间越长。运输时间是决定该运输方式对物流运输系统用户吸引力的重要因素之一,将会影响到其是否选择该运输方式进行集装箱的运输,以及采用该运输方式进行运输时选择多少数量的集装箱(Liu et al.,2021)。

影响集装箱承运人或多式联运经营人决策的因素包括:一种运输方式需要的运输时间,每条路段上的集装箱运量(它不能超过修复后的路段运输能力),集装箱运量守衡条件,腹地集装箱需求量(应被满足的因素)。以上影响因素和限制可以通过下层模型目标函数和约束条件进行刻画。

(3)物流运输系统用户的决策将影响整个修复后物流运输系统的运作水平,从而影响政府部门提升港口-腹地集装箱物流运输系统弹性的目标实现。政府部门追求港口-腹地集装箱物流运输系统最大化提升的目标和物流运输系统用户追求广义运输成本最小化的目标是两个不同的且可能存在矛盾的目标。双层规划模型可以同时分析决策过程中这两个不同的且相互矛盾的目标,以及政府部门和物流运输系统用户之间的相互作用,两者的决策均会影响到对方目标的实现。

综上所述,双层规划模型适用于且可以有效刻画本书研究的港口-腹地集装箱物流运输系统的弹性提升问题。本书将针对不同的港口-腹地集装箱物流运输系统,建立并求解双层规划模型问题,分析不同影响因素对于物流运输系统弹性的影响,为帮助港口-腹地集装箱物流运输系统有效应对非常规突发事件的冲击提供科学有效的决策参考,给出在非常规突发事件下提升港口-腹地集装箱物流运输系统弹性的管理启示和政策建议。

1.5 研究内容

如前文所述,港口-腹地集装箱物流运输系统的弹性是其在面对非常规突发事件的冲击时,在一定资金和时间限制下,通过事前准备措施和事后即时修复措施的帮助,恢复一定程度的运作水平的能力。学者们关于物流运输系统弹性的研究较多是从运输需求完成量的视角进行的(Nair et al.,2010;Chen et al.,2012;Miller-Hooks et al.,2012;Chen et al.,2017),以遭受冲击且修复后的运输系统货运完成量与初始状态下的运输系统货运完成量的比值来定量表征,在本书后续内容中将其称为"运量弹性"。运量弹性侧重于非常规突发事件发生后,对紧接着的单个运输周期下的物流运输系统的弹性进行测度与提升。

考虑到在政府部门实施即时修复措施后,港口-腹地集装箱物流运输系统的修复状态将会持续一段时间,在这期间将会重复多个周期的货运过程,因此,本书采用时间弹性的视角,去测度与提升在这期间内多个运输周期下的港口-腹地集装箱物流运输系统弹性。这也是从中长期视角研究分析物流运输系统的弹性提升问题,对于货运过程周期性重复的港口-腹地集装箱物流运输系统而言十分重要。

在已有研究的基础上(具体文献梳理和总结请见本书第 2.1 节),本书中的港口-腹地集装箱物流运输系统时间弹性,由初始状态下物流运输系统总运输时间与非常规突发事件发生且修复后物流运输系统总运输时间的比值来定量表征,从运输时间的视角测度非常规突发事件对于物流运输系统运作水平的影响。时间弹性指标值越大,则表示修复后物流运输系统的总运输时间越接近初始状态下物流运输系统的总运输时间,可以认为港口-腹地集装箱物流运输系统的运作能力恢复得越好,即物流运输系统越富有弹性。

本书研究内容的具体构建如图 1.2 所示,通过建立并求解双层规划模型,研究分析港口-腹地集装箱物流运输系统的弹性提升决策问题。

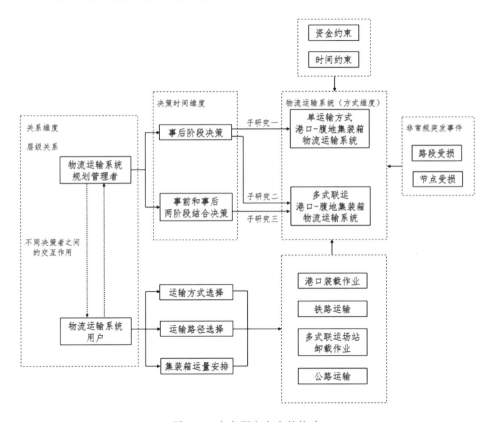

图 1.2　本书研究内容的构建

在本书中,双层规划模型的上层决策者为政府部门,在非常规突发事件发生前和发生后,根据不同类型港口-腹地集装箱物流运输系统的特点,结合考虑物流运输系统用户的行为模式,在一定的资金和实施时间约束下,对港口-腹地集装箱物流运输系统的基础设施实施恰当的事前准备措施和事后即时修复措施,目标为最大限度地提升物流运输系统的弹性。政府部门的决策将决定港口-腹地集装箱物流运输系统的修复后状态,从而影响物流运输系统用户如何对集装箱的具体运输安排进行决策。

双层规划模型的下层决策者为物流运输系统用户,在修复后的港口-腹地集装箱物流运输系统中安排集装箱的具体运输过程,包括对集装箱的运输方式、运输路径和各条运输路径上的运量做出决策,目标为追求自身利润最大化。物流运输系统用户做出决策后,集装箱将经过港口装载作业、铁路运输、多式联运场站卸载作业和公路运输等环节,从港口被运输至腹地需求点。根据港口-腹地集装箱物流运输系统类型和物流运输系统用户的不同,物流运输系统用户对集装箱的运输分配决策也将有所不同。在本书中,物流运输系统用户的集装箱运输分配决策分别遵循系统最优(system optimum,SO)原则和用户均衡(user equilibrium,UE)原则。关于物流运输系统用户的集装箱运输分配原则选取依据,请见本书第 2.2 节和第 2.3 节中对已有研究的总结和阐述,并请见第 3 章至第 5 章"问题描述"和"建模分析"章节中的相关阐述。物流运输系统用户的决策将影响整个修复后物流运输系统的运作水平,从而影响政府部门提升港口-腹地集装箱物流运输系统弹性的目标实现。本书通过建立双层规划模型刻画政府部门和物流运输系统用户之间的层级关系和相互作用。

本书的具体研究思路如下所述。

(1)先研究单运输方式港口-腹地集装箱物流运输系统的弹性提升问题,再研究多式联运港口-腹地集装箱物流运输系统的弹性提升问题,在事后即时修复阶段对受损港口-腹地集装箱物流运输系统进行修复以提升物流运输系统的弹性。

(2)先研究事后即时修复阶段的物流运输系统弹性提升问题,再研究事前准备和事后即时修复两阶段相结合的物流运输系统弹性提升问题。在事前准备阶段,根据非常规突发事件发生的预测信息和对港口-腹地集装箱物流运输系统可能造成的影响,提前准备修复行动所需的资源;在事后即时修复阶段,在已实施的事前准备措施的基础上,对受损节点和路段实施即时修复措施,更好地提升物流运输系统的弹性。

具体而言,本书包含三个子研究内容,各个子研究之间的递进关系如图 1.3 所示。

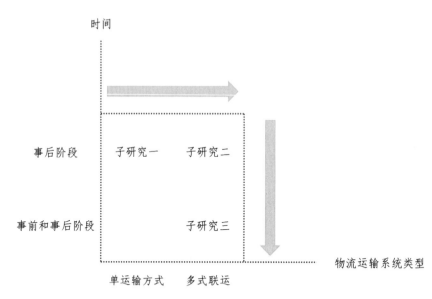

图1.3　本书各个子研究之间的递进关系

注:子研究三以多式联运港口-腹地集装箱物流运输系统为研究对象,建立
事前和事后两阶段结合的决策模型,该决策模型对于单运输方式港口-腹地集装
箱物流运输系统的两阶段结合决策同样适用,将其下层模型更换为子研究一中
单运输方式物流运输系统对应的下层模型即可。

(1)子研究一:单运输方式港口-腹地集装箱物流运输系统弹性提升的决策
模型研究

一部分规模相对较小、处于发展初期的港口-腹地集装箱物流运输系统仅由
公路相连接,被称为单运输方式港口-腹地集装箱物流运输系统。子研究一基于
事后即时修复阶段,对单运输方式(集卡车公路运输)港口-腹地集装箱物流运输
系统的弹性提升问题进行了研究分析。考虑了两种不同的物流运输系统用户行
为模式,基于系统最优(SO)和用户均衡(UE)理论,建立了两个双层规划模型来
求解分析物流运输系统的弹性提升问题。

在非常规突发事件发生后,政府部门在给定的修复预算资金约束下,对受损
物流运输系统做出如何具体实施即时修复措施的决策。在子研究一的上层模型
中,政府部门对受到非常规突发事件影响的路段实施即时修复措施,包括对公路
的受损部分进行填补和维修等,修复一定比例的路段运输能力,目标为最大限度
地提升物流运输系统弹性。

政府部门充分了解物流运输系统中货主的集装箱需求量,也充分了解集装

14

箱承运人在进行集装箱运输时的行为模式,可以预估即时修复措施实施后,集装箱承运人将如何在修复后的物流运输系统中安排集装箱的运输路径和各条路径上的运量。政府部门实施即时修复决策后,修复后物流运输系统的各条路段的运输能力和零流运输时间①随之确定,这两个因素将影响下层模型决策者中的集装箱承运人如何具体安排集装箱的运输过程,以实现其最大化利润的目标。

在子研究一的下层模型中,集装箱承运人可以清晰掌握物流运输系统的修复情况,在修复后的运输系统中,根据货主的集装箱需求量,对集装箱的运输路径和各条路径上的运量做出决策,目标为实现运输利润的最大化。承运人的决策将影响修复后物流运输系统的运作水平,从而影响政府部门最大限度地提升物流运输系统弹性目标的实现。

结合所建立的双层规划模型的特点,本书构造了一种将粒子群优化算法和传统优化算法相结合的混合求解算法,在合理的计算时间内找到双层模型的近似全局最优解。通过数值实验,本书表明了子研究一所建立的双层规划模型的有效性,并总结了单运输方式港口-腹地集装箱物流运输系统弹性提升的管理启示和政策建议。

(2)子研究二:多式联运港口-腹地集装箱物流运输系统弹性提升的决策模型研究

一部分规模较大、发展较为成熟的港口-腹地集装箱物流运输系统包含了公路运输、铁路运输、内河水路运输等运输方式,以及由不同运输方式组合完成的多式联运,被称为多式联运港口-腹地集装箱物流运输系统。子研究二在子研究一的研究基础上,基于事后即时修复阶段,继续通过建立并求解双层规划模型,研究多式联运港口-腹地集装箱物流运输系统的弹性测度与提升问题。

在研究分析多式联运系统弹性问题时,一是需要考虑一种运输方式承载的货运量将会影响该运输方式需要的运输时间,从而影响领导型物流服务商对不同运输方式的选择,以及安排在不同运输方式中的具体货运量决策;二是需要考虑不同运输方式的运输时间和广义运输成本的刻画方式,以及不同运输模式间的衔接转换等问题;三是需要考虑多式联运系统在面对非常规突发事件时,不仅路段可能受到影响,部分节点,包括港口和多式联运场站也同样可能受到影响。

在非常规突发事件发生后,政府部门在对受损多式联运系统做出具体实施何种即时修复措施的决策时,受到给定的修复预算资金约束和即时修复措施实

---

① 零流运输时间是指当该路段上没有道路阻抗(由因道路条件、路条件、交通流量、交通管制等因素导致的通行阻碍或延迟)时的运输时间。

施时间的约束。在子研究二的上层模型中,受损节点和受损路段的即时修复措施均由政府部门统一决策。对于受到非常规突发事件影响的港口或者多式联运场站,即时修复措施包括对受损港机进行修复,或者调用集装箱正面吊运机进行集装箱的装载作业等,以修复港口或者多式联运场站的集装箱装卸作业能力;对于受到非常规突发事件影响的铁路路段,即时修复措施包括对受损铁轨进行更换、对铁路地基进行维修等,以修复铁路路段的运输能力;对于受到非常规突发事件影响的公路路段,即时修复措施包括对受损的道路进行填补和维修等,修复一定比例的路段运输能力。政府部门的目标为最大限度地提升物流运输系统弹性。

政府部门充分了解物流运输系统中货主的集装箱需求量,并充分了解多式联运经营人在安排集装箱运输时的行为模式,可以预估即时修复措施实施后,多式联运经营人,即领导型物流服务商将如何在修复后的多式联运系统中安排集装箱的运输方式、运输路径和各条路径的运量。政府部门实施即时修复决策后,修复后多式联运系统的港口和多式联运场站的作业能力、各条路段的运输能力、铁路路段的班次安排和运输时间、公路路段的零流运输时间随之确定,这些因素将影响下层模型决策者中的多式联运经营人如何具体安排集装箱的运输过程,以实现其利润最大化的目标。

在子研究二的下层模型中,领导型物流服务商可以清晰掌握多式联运系统的修复情况,在修复后的多式联运系统中,根据货主的集装箱需求量,对集装箱的运输方式(包括多式联运和单运输方式)、运输路径和各条路径上的运量做出决策,目标为实现运输利润的最大化。领导型物流服务商的决策将影响修复后物流运输系统的运作水平,从而影响政府部门最大限度地提升多式联运系统弹性目标的实现。

结合所建立的双层规划模型的特点,本书构造了一种将粒子群优化算法、二进制粒子群优化算法和传统优化算法相结合的混合求解算法,以便在合理的计算时间内找到双层模型的近似全局最优解。通过数值实验,本书表明了子研究二所建立的双层规划模型的有效性,并总结了多式联运港口-腹地集装箱物流运输系统弹性提升的管理启示和政策建议。

(3)子研究三:港口-腹地集装箱物流运输系统弹性提升的两阶段决策模型研究

在一部分非常规突发事件类型发生前,政府部门可以获得一定的预测信息,包括非常规突发事件可能发生的区域,以及对多式联运系统中的节点或路段可能造成的影响。虽然对节点和路段的具体影响程度还无法完全确定,但可以得知影响程度将服从一定的概率分布,即受损节点和路段的运输能力下降百分比将服从一定的概率分布。政府部门可以根据预测信息提前对修复行动所需资源进行准备和放置,这些资源准备将会对非常规突发事件类型发生后的即时修复措施实施有所助益,让多式联运系统在事后得到更好的修复。

子研究三在子研究一和子研究二的基础上,建立两阶段双层规划模型,结合事前准备阶段和事后即时修复阶段,研究港口-腹地集装箱物流运输系统弹性提升的两阶段决策问题。在事前准备阶段,根据非常规突发事件发生的预测信息和对港口-腹地集装箱物流运输系统可能造成的影响,提前对修复行动所需资源进行准备。在事后即时修复阶段,在已实施的事前准备措施的基础上,对受损节点和路段实施即时修复措施。子研究三的研究以多式联运港口-腹地集装箱物流运输系统为例展开,对于单运输方式港口-腹地集装箱物流运输系统同样适用。

在子研究三中,政府部门将进行两个阶段的决策。第一阶段决策在非常规突发事件发生前进行。政府部门根据非常规突发事件的预测信息,提前对修复行动所需资源实施事前准备措施,主要工作为对事后即时修复措施所需资源进行提前准备,但面临一定的事前准备措施预算资金约束和事前准备措施实施时间约束。政府部门希望通过事前准备措施的实施,让事后即时修复措施有更好的实施效果,帮助多式联运系统更好地恢复运作水平,达到提升多式联运系统弹性的目标。政府部门实施事前准备措施后,对应节点和路段的事后即时修复措施实施费用和实施时间将有所下降。

政府部门的第二阶段决策在非常规突发事件发生后进行。政府部门根据非常规突发事件的实际发生情况,对受损多式联运系统做出如何具体实施即时修复措施的决策,同样面临一定的事后即时修复措施预算资金约束和事后即时修复措施实施时间约束。对于在第一阶段实施了事前准备措施的节点和路段,其事后即时修复措施实施费用和实施时间将会下降。因此,在同样的修复预算和实施时间限制下,可以达到更好的即时修复措施实施效果。受损节点和受损路段的即时修复措施均由政府部门统一决策,目标为最大限度地提升物流运输系统弹性。

政府部门充分了解物流运输系统中货主的集装箱需求量,也充分了解多式联运经营人在安排集装箱运输时的行为模式,可以预估在事前准备措施和事后即时修复措施实施后,领导型物流服务商将如何在修复后的多式联运系统中安排集装箱的运输方式、运输路径和各条路径的运量。政府部门实施事前准备措施和事后即时修复措施后,多式联运系统中的港口和多式联运场站的作业能力和单个集装箱作业时间、铁路路段的班次安排和运输时间、公路路段的运输能力和零流运输时间随之确定,这些因素将影响下层模型决策者领导型物流服务商如何具体安排集装箱的运输过程,以实现其最大化利润的目标。

在子研究三的下层模型中,领导型物流服务商可以清晰掌握实施事前准备措施和事后即时修复措施两阶段结合决策的多式联运系统的修复情况,在修复后的多式联运系统中,根据货主的集装箱需求量,对集装箱的运输方式(包括多式联运和单运输方式)、运输路径和各条路径上的运量做出决策,目标为实现运输利润的最大化。需要提到的是,在子研究三中,领导型物流服务商仅进行单阶段的决策,即在政府部门事前准备措施和事后即时修复措施实施完成后,在多式联运系统中做出集装箱具体运输安排决策。但领导型物流服务商的决策会受到政府部门决策的影响,即在政府部门实施单阶段决策(子研究二)以及实施事前和事后两阶段结合决策(子研究三)的多式联运系统中,由于多式联运系统的修复后状态不同,领导型物流服务商的集装箱具体运输安排决策也有所不同。领导型物流服务商的决策将影响物流运输系统的运作水平,从而影响政府部门提升物流运输系统弹性目标的实现。

结合所建立的两阶段双层规划模型的特点,本书运用粒子群优化算法、二进制粒子群优化算法和传统优化算法相结合的混合算法对模型进行求解,在合理的计算时间内找到两阶段双层模型的近似全局最优解。通过数值实验,本书表明了子研究三所建立的两阶段双层规划模型的有效性,并总结了多式联运港口-腹地集装箱物流运输系统弹性提升的管理启示和政策建议。

1.6 研究框架

本书的研究框架如图1.4所示。本书将由简单向复杂逐步深入地推进研究进程,研究工作从单运输方式向多式联运港口-腹地集装箱物流运输系统递进,从事后即时修复阶段向事前准备和事后即时修复两阶段发展,研究港口-腹地集装箱物流运输系统的弹性提升决策问题。

本书共包含6章,各章的内容安排如下。

第1章为绪论,对本书的背景与意义、研究目的、研究问题与方法、研究框架、研究创新与贡献进行系统性的阐述。

第2章为文献综述,对系统弹性研究、运输系统的分配与均衡研究,以及基于双层规划方法的运输系统问题研究的国内外相关文献进行综述。

第3章为本书子研究一的研究内容。子研究一基于事后即时修复阶段,对

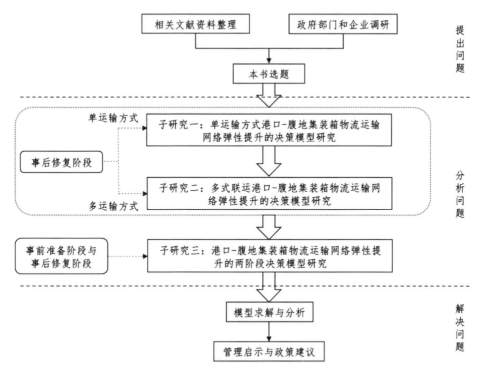

图 1.4　本书的研究框架

单运输方式港口-腹地集装箱物流运输系统的弹性提升问题进行研究分析,为政府部门在非常规突发事件发生后,制定更为有效的即时修复措施实施决策,以提升单运输方式港口-腹地集装箱物流运输系统的弹性提供了决策支持。本书考虑了两种不同的物流运输系统用户行为模式,分别遵循系统最优(SO)原则和用户均衡(UE)原则进行集装箱运输分配。本书构建了不同类型的单层规划模型,与子研究一提出的双层规划模型进行比较,以此说明采用双层规划模型研究港口-腹地集装箱物流运输系统弹性提升问题的有效性。

　　第 4 章为本书子研究二的研究内容。子研究二基于事后即时修复阶段,对多式联运港口-腹地集装箱物流运输系统的弹性提升问题进行研究分析,为政府部门在非常规突发事件发生后,制定更为有效的即时修复措施实施决策,以提升多式联运港口-腹地集装箱物流运输系统的弹性提供了决策支持。对遵循系统最优(SO)原则的港口-腹地集装箱多式联运分配模式进行了分析与求解,丰富了对港口-腹地物流运输系统货运分配问题研究的相关理论和研究成果。

　　第 5 章为本书子研究三的研究内容。子研究三基于事前准备和事后即时修复两阶段,对多式联运港口-腹地集装箱物流运输系统的弹性提升问题进行研究分析,为政府部门在面对非常规突发事件时,制定更为有效的事前准备措施和事后即时修复措施相结合的两阶段实施决策,更进一步提升多式联运港口-腹地集装箱物流运输系统的弹性提供了决策支持。三个子研究扩充了非常规突发事件应急预案体系,为国家科学高效地应对非常规突发事件提供决策参考和科学理论支撑。

第 6 章为总结与展望,对全书研究工作进行总结,并对未来研究方向进行展望。

1.7 研究创新与贡献

本书研究的主要创新与贡献,包括研究理论、研究方法、研究内容以及对实践的指导和贡献方面。

在研究理论方面的创新与贡献如下。

(1)从时间弹性的视角对港口-腹地集装箱物流运输系统的弹性提升问题进行了研究,旨在提升非常规突发事件发生后的多个周期下的港口-腹地集装箱物流运输系统弹性,是从中长期的视角研究分析物流运输系统的弹性提升问题,这对于货运过程周期性重复的港口-腹地集装箱物流运输系统而言十分重要。

(2)在研究港口-腹地集装箱物流运输系统弹性提升问题时,将物流运输系统用户的行为纳入考虑,通过数值实验说明了物流运输系统用户的行为模式将影响政府部门提升港口-腹地集装箱物流运输系统弹性目标的实现。

(3)目前关于物流运输系统的研究模型较多是在常规情境下构建和求解的,本书在非常规突发事件情境下,研究如何制定更为有效的事前准备措施和事后即时修复措施决策,以提升港口-腹地集装箱物流运输系统用户的弹性,填补了目前在非常规突发事件情境下结合用户行为和不同决策者之间相互作用研究物流运输系统弹性提升问题的空白,扩充了非常规突发事件应急预案体系,为国家科学、高效地应对非常规突发事件提供决策参考和科学理论支撑。

(4)在本书第 4 章研究的下层模型中,对港口-腹地集装箱多式联运分配模式进行了分析与求解,是对港口及其腹地间物流运输系统货运分配问题的进一步探索,丰富了对港口-腹地物流运输系统货运分配问题研究的相关理论和研究成果,可以在更具一般性的多式联运系统相关问题的研究中推广运用。

在研究方法方面的创新与贡献如下。

本书运用双层规划模型方法对港口-腹地集装箱物流运输系统的弹性提升

问题进行有效刻画和研究分析。本书根据不同类型港口-腹地集装箱物流运输系统的特点,结合考虑不同物流运输系统用户的行为模式,以及非常规突发事件情境下政府部门的不同决策时间维度,建立了不同的双层规划模型。在双层规划模型中,包含了多个在港口-腹地集装箱物流运输系统的弹性提升问题中需要被考虑的影响因素(请见本书第 1.5 小节"图 1.2 本书研究内容的构建"),包括物流运输系统的基础设施拓扑结构、政府部门的目标和应对措施、物流运输系统用户的目标和行为模式,以及非常规突发事件的具体情境、政府部门的决策时间维度和面临的资金和时间约束等。双层规划模型中包含了政府部门和物流运输系统用户之间的层级关系,在上、下层子模型中包含了两个不同决策者的运筹优化问题,同时包含了政府部门和物流运输系统用户之间的相互作用,两者的决策均会影响到对方的决策和目标实现,从而影响港口-腹地集装箱物流运输系统的弹性水平。有效刻画政府部门与物流运输系统用户的层级关系和相互作用,对于提升港口-腹地集装箱物流运输系统的弹性十分重要。

在研究内容方面的创新与贡献如下。

本书从单运输方式向多式联运港口-腹地集装箱物流运输系统递进,从事后即时修复阶段向事前准备和事后即时修复两阶段发展,研究港口-腹地集装箱物流运输系统的弹性提升决策问题,给出了在面对不同类型非常规突发事件冲击时,结合考虑物流运输系统用户行为模式,提升不同类型港口-腹地集装箱物流运输系统弹性的管理启示和政策建议。

对实践的指导和贡献如下。

在非常规突发事件情境下,本研究为政府部门制定更为合理的修复预算水平和相关措施实施时间决策,实施更为有效的事前准备措施和事后即时修复措施提供科学有效的决策参考,更好地帮助港口-腹地集装箱物流运输系统应对冲击,让港口-腹地集装箱物流运输系统能够更好地应对各种自然和人为非常规突发事件的冲击,更好地支撑国民经济和人民生产生活,从而推动经济社会的繁荣发展。

1.8　本章小结

本章对本书的研究背景、研究目的、研究意义、研究问题与方法、研究内容、研究框架、研究创新与贡献等进行了系统性的阐述。在接下来的第 2 章中,将对国内外相关研究文献进行梳理和总结,以期获得对本书所研究问题更为清晰的理解和认识,得到研究分析港口-腹地集装箱物流运输系统弹性提升问题的启示。

2 国内外相关研究现状

本章对国内外相关研究文献进行梳理和总结。本章首先对系统弹性研究的相关文献进行综述;接着对运输系统的分配与均衡研究的相关文献进行综述;最后对基于双层规划方法的运输系统问题研究的相关文献进行综述。

2.1 系统弹性研究

对于物流运输系统而言,"弹性"是一个相对较新的概念。现有的关于物流运输系统弹性的研究并不丰富。本节在进行相关文献梳理时,将视角扩大至对系统弹性进行研究分析的相关文献中。在对系统弹性相关研究进行梳理的基础上,逐步向运输系统弹性、港口-腹地物流运输系统弹性和集装箱物流运输系统弹性相关文献聚焦并进行综述。学者们对系统弹性问题的研究可分为定性研究和定量研究。其中,定性研究描述了富有弹性的系统拥有哪些特征,并讨论了提升系统弹性的策略;定量研究通过构建并求解各类数学模型,分析影响系统弹性的关键因素,得出提升系统弹性的最优决策。

2.1.1 定性研究

对于系统弹性的定性研究,学者们讨论了系统"弹性"的概念和弹性系统所具备的特征。Holling(1973)在论文中基于生态系统,将系统弹性定义为系统吸收变化和扰动并保持状态的能力。Pimm(1984)将系统弹性描述为在遭受冲击后系统能以多快的速度恢复至均衡状态。Bruneau 等(2003)提出,一个富有弹性的系统应当有能力减少受冲击而使运作水平下降的概率,且能够降低被冲击后造成的负面后果,以及能够在较短的时间内恢复至原有的运作水平或者新的可接受的运作水平,在灾害情境下,可通过事前和事后的有效应对措施帮助系统提升弹性。Rose(2004)将系统弹性分为两种类型,分别为"固有弹性"和"适应弹性"。其中,固有弹性为受到冲击时未实施任何措施下的系统弹性,即系统运用其他能力代替因外部冲击而减少的能力,继续维持运作状态的能力。适应弹性则包含了系统在受到冲击前后所实施的措施,即来自系统外部的努力水平。Chen 等(2012)提到,在测度运输系统弹性时,来自系统外部的努力水平应当被考虑,这些努力水平包括资金和时间等资源的投入,体现在事前准备和事后即时修复措施的实施上。

关于运输系统弹性方面的研究,Murray-Tuite(2006)给出了运输网络系统弹性的 10 个维度,分别是冗余度、多样性、效率、自主构件、强度、合作、适应性、机动性、安全性和快速恢复能力,并基于其中 4 个维度提出了测度运输系统弹性的方法。Ta 等(2009)讨论了货运系统弹性的特性,提出货运系统弹性与物理基础设施、管理组织和货运系统用户有关。Faturechi 等(2015)提出,运输系统弹性概念中包含着可能被实施的措施,以帮助系统恢复至合适的运作水平,弹性可以量化这些为应对冲击而实施的事前减灾和事后修复措施带给运输系统的潜在效益。Wang(2015)提到具有弹性的运输系统应当是可以快速有效地在受到冲击后恢复运作能力,保持运输网络连通性和出行时间可靠性,能够持续支持经济、环境和社会的发展。Mattsson 等(2015)将弹性描述为运输系统受到扰动后维持运作或快速恢复运作水平的能力,提到可以基于图论的相关理论对运输网络系统基础设施的拓扑结构进行研究,分析其脆弱性所在,从而找出提升系统弹性的对策。Kharra 等(2023)采用多标准分析方法,根据可理解、数据可用、合理、可实现、可预测和与目标相关 6 个标准选出最适合用于评估货运系统可持续性和弹性的指标集合,帮助决策者对货运系统进行合理有效评估,并找到提升货运系统可持续性和弹性的策略。

国内方面,学者们主要对供应链系统弹性进行了定性研究或定性与定量方法相结合的研究。刘浩华(2007)阐述了供应链系统弹性的定义是系统在遭遇中断风险后快速恢复至初始或理想状态的能力,并探讨了增强供应链弹性的策略。何丽红等(2010)分析比较了供应链系统柔性和弹性两个概念的区别,提出柔性概念侧重于适应变化,弹性概念侧重于在实施措施的帮助下快速恢复运作的能力。刘家国等(2015)列出了对供应链系统弹性造成影响的15个关键因素,并运用解释结构模型构建了供应链弹性系统模型。王宇奇等(2017)提出具有弹性的供应链系统在面对扰动时,可以显现出快速反应能力、降低负面影响的适应能力、恢复至初始状态或新的理想状态的恢复能力和从中获得经验以实现改进的学习能力。近年来,学者们对于影响供应链弹性的各种因素进行了研究分析(朱新球,2010;刘家国等,2014;张帆等,2015),力求寻找出对供应链系统造成影响的关键因素。目前国内学者们对于运输系统弹性的定性研究较少,吴依伟等(2008)将应急物流网络系统弹性分为柔性和可靠性两个方面进行讨论,综述了这两种属性的测度方法,为应急物流网络系统弹性的研究提供了参考。

综上所述,目前国内外关于物流运输系统弹性的研究并不丰富,有待进一步深入。通过梳理学者们对于系统弹性的相关研究可发现,已有文献在对弹性进行定义和阐述时,较为注重以下几个方面:一是弹性被认为是系统应对和适应不确定性冲击的一种能力;二是富有弹性的系统应当拥有在合理时间内恢复运作状态的能力,可以恢复至初始状态或者新的令人满意的均衡状态;三是在实现系统弹性时可以借助事前和事后措施的帮助。基于此,本书对港口-腹地集装箱物流运输系统弹性进行了定义(请见本书"1.4.1 相关概念阐述"),并对港口-腹地集装箱物流运输系统的弹性提升问题展开研究。

2.1.2 定量研究

在定性研究的基础上,学者们构建模型对系统弹性问题进行了定量研究。本小节重点对运输系统弹性相关定量研究进行梳理,可分为客运系统和货运系统两大类别。关于客运系统弹性方面的研究,Faturechi 等(2014)建立了三阶段随机双层规划模型,用于定量分析并优化在自然或人为灾害事件下公路运输网络系统的时间弹性,其上层模型求解最优灾前减灾、灾前准备和灾后响应措施决策,下层模型刻画了该公路运输网络系统使用者所达到的部分用户均衡(partial user equilibrium)状态。Chen 等(2022a)基于道路网络和地铁网络建立多式联运城市交通网络模型,采用蒙特卡洛法模拟随机扰动进行仿真分析,评估多式联运城市交通网络弹性,并为交通规划者和决策者提供了提升网络弹性以应对紧急情况和自然灾害的指导建议。

关于货运系统弹性方面的研究,Wang 等(2009)分析了物流网络系统弹性的定量评估方法。首先通过网络系统的冗余资源、供给分布的多样性和运输路径可靠性评估系统中每个节点的弹性,再对所有节点的弹性进行加权求和得出物流网络系统的弹性。随后,两位学者又提出了一种定量测度城市间运输网络系统弹性的方法(Ip et al.,2009),由运输网络系统中所有节点弹性的加权来表征,其中节点弹性由该节点与运输网络系统中所有其他节点的可靠路径的加权平均计算得出。Nair 等(2010)对多式联运货运系统弹性进行定量研究,以确定提高多式联运系统节点设施安全的最优策略。Omer 等(2012)提出一个富有弹性的系统,它可以吸收并遏制冲击,受到扰动时能够重组修复,拥有适应冲击的能力,能够应对危险,被破坏后具有快速修复的能力。文中给出了关于海运系统弹性的三种测度方式,包括吨位弹性、时间弹性和费用弹性的测度,均通过海运系统在初始状态下的一项指标取值与受到冲击后海运系统的同一项指标取值的比值来表征弹性水平。该论文中时间弹性的测度方式与本书中港口-腹地集装箱物流运输系统时间弹性的测度方式一致。Chen 等(2022b)研究了因网络中断而导致节点能力降低情境下的快递物流网络弹性,分别针对单节点和双节点能力降低场景设计了模拟过程和算法,通过提高节点的容忍能力并不断调整方案,提升快递物流网络的弹性。Potter 等(2022)将弹性概念应用于铁路货运行业,从区域视角分析了 2015 年至 2021 年间对铁路货运需求造成影响的扰动事件,发现外部扰动会影响长期需求,因此认为提升铁路货运系统弹性以有效应对扰动,对于推进铁路货运行业发展十分重要。Schofer 等(2022)研究了新冠疫情防控期间美国铁路货运系统的弹性,运用了美国铁路货运活动相关数据,并对多式联运系统各类参与者进行深度访谈,分析铁路货运系统应如何应对需求冲击带来的挑战,以提升铁路货运系统的弹性。Zhou 等(2024)构建异质货运需求广义成本评估体系用于评估中欧货运网络弹性,通过敏感性分析研究异质需求占比、货运费用、中断持续时间以及不同扰动类型对系统弹性的影响,提出了提升中欧货运一体化网络弹性的策略。

聚焦与本研究紧密相关的港口-腹地物流运输系统弹性和集装箱物流运输系统弹性研究领域。关于港口-腹地物流运输系统弹性的研究方面,Nair 等(2010)针对港口及其多式联运系统给出了定量测度弹性的框架性概念,文中的弹性定义为该系统中各环节的内在可靠性和受扰动后能够缓和负面影响快速恢复的能力,并采用数值模拟实验将弹性的测度运用于港口及其多式联运系统的实际问题中。Chen 等(2012)提出了测度多式联运网络系统弹性的方法,指出应当考虑到金钱、时间和资源对系统恢复至原能力(或部分能力)的影响,在论文中给出了一个“弹性指标”(resilience indicator)的定义,包含了多式联运网络系统的固有能力和灾后可能被采用的修复行动两类因素,从运量弹性的视角,将弹性指标的计算公式设置为突发事件发生并修复后多式联运网络系统所能实现的运量与原多式联运网络系统所能实现的运量的比值。在论文中构建优化模型追求弹性指标值的最大化，即以最小化灾后无法被完成的运量需求为目标，给出在一定预算约束下修复受灾路径的最优决策，并对四种类别的网络系统，即完备网络(complete network)、枢纽式网络(hub-based network)、网格网络(grid network)、随机网络(random network)的系统弹性进行了研究分析。随后，Miller-Hooks 等(2012)同样采用上述运量弹性指标的概念，建立了一个两阶段随机模型，同时考虑灾前准备阶段和灾后恢复阶段，给出了在一定预算和服务水平约束下优化多式联运网络系统弹性的措施实施决策。Hosseini 等(2016)采用贝叶斯网络模型研究内河水运网络的弹性问题，分析内河港口弹性的吸收能力、适应能力和恢复能力，通过灾前和灾后的相关策略增强这三种能力以提升内河港口弹性。Gu 等(2023)提出了一种结合最佳-最差方法和模糊交互式多准则决策方法，针对港口拥堵、劳动力短缺和运费异常波动三种典型情景，对海运供应链弹性策略进行优先排序，得出加速集装箱周转、增加人力资源备份和签订长期航运合同是提升海运供应链弹性的有效策略。

关于集装箱物流运输系统弹性的研究方面，学者们从不同视角对港口-腹地集装箱运输网络系统、集装箱港口运作系统、集装箱海运航线系统和集装箱物流供应链系统的弹性问题进行了研究分析。Chen 等(2017)将弹性概念运用于港口-腹地集装箱物流运输网络系统中，从托运人的角度给出了定量测度该物流运输网络系统弹性的方法，构建了两阶段整数规划模型，并以哥德堡港及其腹地为例进行了数值实验，分析事后修复措施对港口-腹地集装箱物流运输网络系统弹性提升的作用。Chen 等(2018)基于网络博弈理论构建数学模型，探讨了港口-腹地集装箱物流运输网络系统中各个参与方的战略投资决策问题，旨在提升物流运输网络系统的弹性以应对人为非常规突发事件的影响。Xu 等(2019)建立了集装箱港口装卸链系统(handling chain systems)的弹性测度模型，分析了集装箱装卸完成率对于装卸链系统弹性的影响，为港口管理者提升港口装卸链系统弹性提供决策支持。Yuan 等(2020)分析了影响集装箱运输航线运营弹性(operational resilience)的 10 个重要因素，并对不同集装箱运输航线的弹性进行了模拟比较。Xu 等(2023)建立了包含集装箱预处理系统和处理系统的两阶段集装箱物流供应链模型，对集装箱物流供应链弹性进行测度与优化，分析内部要素之间的相互作用机制，设计动态优化方法提高系统的响应性能，增强系统弹性。Shi 等(2023)运用带外生变量的向量自回归模型和三方演化博弈模型，研究了新冠疫情防控期间集装箱航运系统弹性机制构建问题，建议政府部门鼓励班轮公司适当增加集装箱运力，稳定运费，降低港口拥堵导致供应链中断的风险,从而提升集装箱航运系统的弹性。Feng 等(2024)建立模型求解散货运输协调和集装箱空箱调运的最优策略,从而提高多式联运网络的弹性,并揭示了通过激励集装箱化和行程共享以增加供应链弹性的方法。

国内方面,学者们关于系统弹性的定量研究主要针对供应链系统弹性问题。刘希龙(2007)以供应网络系统遭受冲击且恢复后的供应量损失来定量测度入向供应网络①系统的弹性,分析系统弹性提升策略及其对运营成本的影响与成本增加问题,给出了既满足弹性需求又符合成本约束的系统优化决策建议。于海生等(2012)研究了基于中断的供应链系统弹性,分析了供应链网络系统弹性的演化和测度问题,并从实际问题出发研究中断情形下供应链系统弹性决策问题。王薇薇等(2018)建立模型对服务型制造混合供应链②的弹性和稳定性进行了评估,并通过设计策略方案让系统达到更好的弹性水平。学者们基于不同视角构建不同的模型对供应链系统弹性问题进行了研究分析(傅克俊等,2007;李永红等,2010;蔡政英等,2014),旨在定量测度并优化供应链系统的弹性。在港口-腹地物流运输系统弹性的研究方面,陈红(2018)运用网络博弈理论、整数规划方法和基于证据推理法改进的层次分析法,从事前战略层面和事后运营层面展开了提升港口-腹地集装箱多式联运网络系统弹性的研究。

综上所述,学者们在定性研究的基础上,对物流运输系统弹性进行了定量研究,取得了一定的研究成果,但仍有待进一步拓展。对于物流运输系统弹性的定量测度方法还没有一致认同的方式,已有的部分定量研究给予了本研究一定的启示:(1)对物流运输系统弹性的测度应根据研究主体和研究视角的不同,选取合适的弹性测度指标,通过对初始状态下物流运输系统的一项指标值和受到冲击且实施相关措施后的物流运输系统的同一项指标值的比较,来衡量物流运输网络系统的弹性水平。(2)对于物流运输系统弹性的提升和优化问题,可以从事前准备和事后即时修复两个阶段进行探讨。(3)已有文献在对物流运输系统弹性问题进行研究时,对于不同参与者之间的层级关系和相互作用的考虑尚有欠缺。Faturechi 等(2014)在研究中采用双层规划模型,刻画了不同参与者之间的层级关系和相互作用,研究分析了客运系统的弹性优化问题,在下层模型中采用部分用户均衡模型描述公路运输系统用户的行为模式。本书将根据港口-腹地

---

① 该文中的入向供应网络是指由原材料供应商、零部件供应商和企业所构成的供应网络结构。

② 该文中的服务型制造混合供应链是指在融合服务与制造的新制造模式下,由顾客、服务提供商和产品供应商组成的混合供应链。

集装箱物流运输系统这一货运系统的特点,结合考虑政府部门和物流运输系统用户的行为模式和相互作用,对物流运输系统的弹性提升问题进行研究,在下层模型中对港口及其腹地间物流运输系统的集装箱货运分配问题进行分析与求解,研究测度和提升港口-腹地集装箱物流运输系统弹性的方法。

2.2　运输系统的分配与均衡研究

如本书第 1 章所述,物流运输系统用户的行为将对修复后物流运输系统的运作水平产生影响,从而影响政府部门提升物流运输系统弹性的目标实现。在不同的港口-腹地集装箱物流运输系统中,用户的行为模式可能并不相同,进而物流运输网络系统中的集装箱运输分配模式与均衡状态也将有所不同。因此,在研究港口-腹地集装箱物流运输系统的弹性提升问题时,需要对物流运输系统用户的行为模式,以及物流运输系统中的集装箱运输分配与均衡问题进行分析。

本书的研究对象港口-腹地集装箱物流运输系统为货运系统,考虑到客运系统和货运系统的分配与均衡有一定的相似性,例如,用户均在运输系统中进行路径选择以实现个人出行需求(客运)或货物运输需求(货运),路径选择时均追寻一定的目标,包括运输时间最小化和运输成本最小化等,并且现阶段国内外学者对客运系统的研究成果更为丰硕,因此,本节在进行文献综述时,将客运系统的分配与均衡相关研究纳入考虑,以期获得研究货运系统分配与均衡问题的启示,在梳理客运系统相关研究的基础上,着重对货运系统相关研究进行综述。

奠定运输系统中交通流分配基础以实现运输系统均衡的是著名学者Wardrop,他提出了交通网络系统平衡第一原理和第二原理(邵春福,2004)。

Wardrop 第一原理定义了在拥挤对行驶时间产生影响的运输网络系统中,每一位运输网络系统用户非合作地追寻自身行驶时间的最小化,当单个运输网络系统用户无法通过改变自身的路径选择来减少行驶时间,即所有运输网络系统用户均不再改变行驶路径时,运输网络系统达到平衡状态。这时,每一对出发地和目的地(origin-destination,O—D)的各条运输路径可分为两类:一类运输路径被用户使用,该类运输路径上的行驶时间相等;另一类运输路径没有被用户使用,该类运输路径上的行驶时间大于等于前一类运输路径的行驶时间。遵循 Wardrop 第一原理进行的运输分配原则,被称为用户均衡(user equilibrium,UE)原则。

Wardrop 第二原理定义了在拥挤对行驶时间产生影响的运输网络系统中，所有运输网络系统用户充分合作，以总行驶时间最小化为共同目标进行运输分配。遵循 Wardrop 第二原理进行的运输分配原则，被称为系统最优（system optimum, SO）原则。

客运系统的分配与均衡状态的相关研究较为丰富，遵循上述的 Wardrop 两大原理。基于 Wardrop 第一原理（UE），学者们建立了用户均衡和随机用户均衡（stochastic user equilibrium）及其各类拓展模型研究客运系统的分配与均衡（Connors et al., 2009; Lou et al., 2010; Sumalee et al., 2011; Liu et al., 2015）；基于 Wardrop 第二原理（SO），学者们研究了遵循系统最优原则的交通分配问题（Zhang et al., 2008; Clark et al., 2009; Wang et al., 2013）。

货运系统的分配与均衡状态的相关研究相对较少，大多数货运系统分配与均衡的研究遵循 Wardrop 两大原理。Jong 等（2004）提到货运与客运的重要区别在于：货运涉及多样性的决策者，包括货主、承运人和物流服务提供商等；货运也涉及多样性的运输项目，包括多站式的包裹运输和单一式的万吨级散货运输。因此，相较于客运系统，学者们为研究货运系统分配与均衡状态所建立的模型更为复杂（Guélat et al., 1990; Fernández et al., 2003; Hasan, 2009）。较早对货运系统均衡与分配开展研究的是 Friesz 教授团队（Friesz et al., 1982; Friesz et al., 1983; Friesz et al., 1985; Friesz et al., 1986）。Friesz 等（1982）结合考虑货运网络系统中货主和承运人的相互作用，建立货运网络系统均衡的求解模型，其重要思想是货运网络系统中的每一组 O—D 间存在多条可达路径，当达到网络系统均衡状态时，某条路径上存在货运流量，则该条路径上的运输价格为所有路径中的最小值，否则该条路径上不存在货运流量，这是 Wardrop 第一原理在货运网络系统中以价格形式的运用。文中同时证明了货运网络系统均衡解的存在性与唯一性。Friesz 等（1986）采用序贯货主—承运人网络系统模型进行货运流量预测，并结合实际数据将模型运用于三种运输网络系统中。

近年来，学者们对于货运系统分配与均衡问题进行了一些研究。基于 Wardrop 第一原理（UE），Jones 等（2011）建立了一个均衡模型。该模型考虑了路段运输能力约束和拥堵延迟效应，以分析美国进出口集装箱流量问题。Meng 等（2011）研究了多个利益方和多种集装箱类型情境下的多式联运中心辐射型（Hub-and-spoke）网络系统设计问题，运用参数变分不等式模型来刻画多式联运运营商在路径选择时达到的用户均衡状态。Yamada 等（2011）研究了一种将供应链网络系统与运输网络系统相结合的超网络系统均衡模型，在模型中考虑了货物承运人和运输网络系统用户的行为。Uddin 等（2015）研究了一种大规模公铁联运网络系统的货物运输分配问题,并通过基于路径的分配算法(梯度投影)得到了用户均衡货流。Corman 等(2017)基于用户均衡原则建立了一种能够有效确定多式联运网络系统货流和成本的分配模型,平衡成本、运量、出行和到达时间以及旅行时间等各个因素,以用户的广义成本最小化为目标求解集装箱运输网络系统均衡。

基于 Wardrop 第二原理(SO),Zhang 等(2012)建立双层规划模型来研究分析城市货运问题,其上层模型遵循 SO 原则以追求集卡车公司的总成本最小化。Wang 等(2018)建立模型将基于 UE 原则的路径选择与基于 SO 原则的铁路网络系统分配相结合,研究美国的远洋、铁路和公路运输模式的国际和国内集装箱货运量,分析基础设施变化、征收新费用和政策变化对货运分配的影响。Jiang 等(2020)建立双层规划模型来研究需求不确定条件下的区域物流运输网络系统设计问题,在下层模型中承运人基于 SO 原则对货运需求进行运输路线安排,目标为实现总广义运输成本的最小化。Yu 等(2021)构建了一个双层模型来研究货运网络系统设计和运输方案问题,其下层模型遵循 SO 原则以实现总成本最小化。

国内方面,关于运输系统分配与均衡的研究同样是客运较之货运更为丰富和成熟,同样以 Wardrop 两大原理为基础进行研究。关于客运系统的研究,杨文国等(2003)考虑了出行对于环境因素的影响,基于 UE 原则和 SO 原则,分别建立广义用户平衡配流模型和广义系统最优配流模型,研究城市交通网络系统分配问题。徐红利等(2010)基于出行者路径选择过程中的有限理性和参考点依赖,建立变分不等式模型和动态交通演化系统,分析了用户均衡的形成条件和演化过程。要甲等(2011)考虑出行时间的不确定性,建立多模式多类用户均衡交通分配模型,分析在城市交通网络系统中用户对交通出行模式和路径的选择行为。关于货运系统的研究,王保华等(2009)基于需求服务水平的约束,以成本最小化为目标且考虑交通运输系统的外部影响,建立模型研究分析综合运输体系下快捷货运网络系统流量分配问题。吉阿兵等(2013)建立不完全信息下的集装箱运输网络系统的均衡模型,研究多式联运网络系统中的集装箱流分配问题,分析了港口航班密度和运输服务供给能力对发货人选择行为的影响。王海军等(2016)对应急物流系统的选址和分配问题进行研究,以平均车辆运输时间和系统总成本最小化为目标,建立模型研究分析地震灾害发生后的应急配送中心选址和运输车辆路径安排问题。

综上所述,现阶段国内外关于客运系统和货运系统分配与均衡的研究基本遵循 Wardrop 两大原理(UE 和 SO),需要根据运输系统的特点和用户类别具体分析。对于货运系统分配与均衡的求解相较于客运系统更为复杂,涉及多种运输方式和多类别的货运系统用户。已有研究将 Wardrop 原理运用于求解分析货运系统分配与均衡的模型中,取得了一定的研究成果,仍需继续扩展和深入。关于港口-腹地集装箱物流运输系统的分配与均衡问题,有待结合物流运输系统的特点和物流运输系统用户的行为模式进行研究分析。

2.3 基于双层规划方法的运输系统问题研究

2.3.1 结合运输系统用户行为的运输系统相关研究

本节将对运用双层规划方法,结合运输系统用户行为对运输系统问题进行研究的相关文献进行梳理。如本章前文所述,客运系统和货运系统有一定的相似性,并且现阶段国内外学者较多地运用双层规划方法对客运系统问题进行研究。因此,本节在进行文献综述时,同样将运用双层规划方法对客运系统问题进行研究的相关文献纳入考虑,以期获得运用双层规划方法研究货运系统问题的启示,在梳理客运系统问题相关研究的基础上,着重对运用双层规划方法研究货运系统问题的相关文献进行综述。

在基于双层规划方法的客运系统研究方面,Yang 等(1997)建立双层规划模型对交通网络系统的运作状态进行优化,研究如何制定交通网络系统出行收费方案,以避免因出行需求过多造成的交通网络系统拥堵,减少出行时间浪费和对环境造成的不良影响。随后,Yang 等(1998)综述了运用双层规划模型求解交通网络系统设计问题的相关研究,上层模型为最小化总旅行时间的最优投资决策,下层模型为各个网络系统使用者的路径选择决策,采用弹性需求用户均衡模型和 Logit 型随机用户均衡模型等刻画网络系统使用者的行为。Chiou(2005)运用双层规划模型优化交通网络系统设计问题,上层模型的目标函数结合考虑新交通网络系统总旅行时间和总投资费用的最小化,并采用转换因子将投资费用转化为旅行时间,下层模型根据 Wardrop 第一原理(UE)求解用户均衡分配问题。Gao 等(2005)建立双层规划模型来研究交通网络系统设计问题,上层模型为在总投资预算的约束下求解在交通网络系统中新建路段的决策问题,以最小化新交通网络系统的总旅行成本,下层模型采用用户均衡模型刻画交通网络系统中用户的行为模式,并给出相应的求解算法。Chen 等(2011)建立了两类双层规划模型对客运网络系统柔性问题进行研究,在上层模型中基于不同视角对客运网络系统柔性进行定量测度,在下层模型中遵循 UE 原则,求解用户均衡分配问题和用户组合出行分配问题。Takebayashi(2015)运用双层规划模型优化航空和铁路的旅客运输问题,上层模型为航空公司、铁路公司的收益最大化,下层模型为旅客寻求自身效用最大化而对不同的出行方式进行选择,采用随机用户均衡模型进行求解。

在基于双层规划方法的货运系统研究方面,Zhang 等(2012)建立双层规划模型来求解货运安排问题,上层模型目标为最小化货车公司的总运输成本,下层模型采用动态用户均衡模型求解当系统中所有用户(包括货运和客运用户)均以最小化自身成本为目标选择路径时,该运输网络系统最终所达到的均衡状态。该研究未涉及物流运输系统基础设施拓扑结构的优化问题,而是求解在已有物流运输网络系统中的最优路径选择问题。Moreno-Quintero 等(2013)建立了双层规划模型来刻画道路规划者和货物承运人的相互作用,研究了货运系统的道路维护和超载控制问题。Faturechi 等(2014)建立了三阶段随机双层规划模型用于测度并优化自然或人为灾害事件下公路运输网络系统的时间弹性。Lee 等(2014)建立双层规划模型来刻画多式联运系统中托运人和承运人之间的层级关系和相互作用,研究了货主基于不同承运人的价格和路径决策做出选择的问题。Taslimi 等(2017)建立双层规划模型来刻画运输网络系统规划管理者和承运人的关系和相互作用,研究危险品运输网络系统设计问题。Chiou(2017)建立了一种最小-最大(min-max)双层规划模型来研究分析危险品运输问题,针对出行需求不确定性下的最坏情境求解风险规避信号设置策略。近年来,学者们基于双层规划方法,建立模型对货运系统相关问题进行研究,包括物流设施选址问题(Sun et al.,2008;Zhang et al.,2015;Saranwong et al.,2017;Zhang et al.,2018;Zhang et al.,2021)、运输车辆路线安排问题(Xu et al.,2018;Li et al.,2019;Wang et al.,2021),以及货运系统的相关政策制定问题(Zhang et al.,2013;Qiu et al.,2020;Yang et al.,2020;Li et al.,2020),从各个方面对货运系统进行优化。综合而言,这些研究的上层模型为运输系统的规划管理者提升运输系统整体性能做出决策,下层模型根据运输系统用户的行为模式求解运输系统的分配与均衡问题。建立双层规划模型较好地处理了运输系统规划管理者和用户之间的相互关系,实现了对运输系统性能的优化与提升。上述基于双层规划方法的货运系统问题的相关研究,较多是在常规情境下进行的。

国内方面,双层规划模型同样更多地运用于客运系统的优化研究,而将其运用于货运系统优化的研究相对较少。在基于双层规划方法的客运系统研究方面,秦进等(2010)建立双层规划模型来研究可持续发展的客运交通网络系统设计问题,上层模型寻求总投资费用和汽车尾气排放量的最小化,下层模型根据UE原则建立交通网络系统平衡配流模型。四兵锋等(2016)建立双层规划模型来研究城市公交专用道网络系统设计问题,在上层模型基于SO原则寻求交通系统总费用最小化,在下层模型基于UE原则求解城市多出行方式的交通平衡配流问题。孙强等(2011)建立了双层规划模型来研究分析综合交通网络系统设计问题,同时考虑客运和货运需求以及不同的运输方式,在上层模型中寻求消费者剩余最大化,在下层模型中求解运输系统用户对运输方式和路径的决策问题。在基于双层规划方法的货运系统研究方面,学者孙会君和高自友建立了不同的双层规划模型来研究分析物流配送中心的选址与规模扩建问题(孙会君等,2002;孙会君等,2003a;孙会君等,2003b;孙会君等,2003c)。杨龙海等(2007)建立双层规划模型来刻画货主和承运人的行为模式以及相互作用,研究分析货运网络系统分配问题。崔广彬等(2007)建立双层规划模型来研究物流运输系统的设施选址、车辆运输安排和库存控制集成优化问题。张小强等(2017)建立双层规划模型来研究铁路集装箱运输系统最优决策问题,在上层模型中研究铁路运营企业制定班列开行计划和定价方案,以寻求利润最大化,在下层模型中刻画集装箱货主对运输方式进行选择,以寻求总广义运输费用最小化。

综上所述,现有研究运用双层规划方法,结合运输系统用户行为对运输系统问题进行研究。这些研究的上层模型为运输系统规划管理者提升运输系统整体性能而做出设计、投资、管理和控制等决策,下层模型根据运输系统规划管理者的决策,在运输系统中为运输系统用户做出O—D间运输方式和运输路径等决策,实现运输系统的分配与均衡。对运输系统进行性能提升和优化时,运输系统规划管理者应当将运输系统用户的相应行为考虑在内,他们的行为将影响运输系统性能的实现,从而影响规划管理者的决策。本书中双层规划模型的建立以此为参考依据,在明晰运输系统规划管理者,即政府部门的主导地位,以及物流运输系统用户的从属地位后,在上层模型中由政府部门进行决策以最大限度地提升物流运输系统的弹性,在下层模型中由物流运输系统用户根据政府部门的决策制定集装箱的具体运输安排决策,并对修复后物流运输系统的运作水平产生影响,从而影响政府部门的目标实现。

运用双层规划方法的货运系统相关问题研究,较多是在常规情境下进行,结合非常规突发事件情境的货运系统问题研究较为稀少。非常规突发事件情境下提升货运系统弹性以更好应对冲击是值得研究的重要问题。本书将基于港口-腹地集装箱物流运输系统的特点,结合考虑政府部门和物流运输系统用户的目标与行为,以及不同决策者之间的层级关系和相互作用,在非常规突发事件情境下,在面临资金和时间等更为复杂的约束情形下,对港口-腹地集装箱物流运输系统的弹性提升问题进行研究分析,为政府部门提供提升港口-腹地集装箱物流运输系统弹性的最优决策支持,填补了目前在非常规突发事件情境下结合物流运输系统用户行为和不同决策者之间相互作用研究货运系统弹性提升问题的空白。

2.3.2 双层规划模型求解方法相关研究

本书通过建立并求解双层规划模型,对港口-腹地集装箱物流运输系统的弹性提升问题进行研究。因此,在本节中对双层规划模型求解的相关文献进行较为简洁的综述,以期得到在求解双层规划模型的方法上的启示。

双层规划问题已被学者们证明是 NP-hard 问题(Jeroslow,1985;Ben-Ayed et al.,1990;Bard,1991),即使是搜索线性双层规划问题的局部最优解也是 NP-hard 问题(Vicente et al.,1994)。因此,双层规划模型的求解较为困难,学者们用于求解双层规划模型的方法主要包括以下几种。

(1)运用 Karush-Kuhn-Tucker 条件将满足一定条件的双层规划转化为单层规划问题,如下层模型为凸优化问题的双层规划模型,可采用单层规划问题的求解方法进行求解(Bard,1998[269-270];李和成等,2007;Hajibabai et al.,2014;Asadabadi et al.,2018;Alizadeh et al.,2019)。

(2)对于部分特定结构的双层规划模型,采用特定的优化算法进行求解。如采用信赖域方法(Trust Region Method)及其扩展方法(刘国山等,1998;Colson et al.,2005;Liu et al.,2013;Chiou,2016;Abareshi et al.,2019),其主要思想为每次迭代在邻域内求解与原问题近似的问题,如果所得到的解对应的目标函数值有所改进,则扩大领域半径继续求解。采用信赖域方法求解对于双层规划模型的结构有一定的特殊要求,如 Liu 等(2013)的方法适用于下层模型为严格凸优化问题且约束条件均为线性函数的双层规划模型求解。又如采用下降法(Descent Method),Vicente 等(1994)给出了两种下降算法对下层模型为严格凸二次优化问题的双层规划问题进行求解。

(3)运用启发式算法对双层规划模型进行求解。启发式算法的优势是对于所求解双层规划模型的结构,以及目标函数和约束条件的可微性和凸性等性质均没有特殊要求(Zhang et al.,2021)。已有研究运用启发式算法实现了对双层规划模型的求解,包括粒子群算法(Li et al.,2006;赵志刚等,2007;

Cheraghalipour et al.，2019；Soares et al.，2020；Zhang et al.，2021），遗传算法（李尔涛等，2004；Chen et al.，2010；戴晓峰等，2014；Alves et al.，2016；Perera et al.，2020），模拟退火算法（秦进等，2007；Lin et al.，2012；楼振凯，2017），蚁群算法（陈刚等，2012；Wang et al.，2015；王道平等，2017）。其要点为根据所建立双层规划模型的不同特点开发合适的启发式算法对其进行求解。

综上所述，学者们对于双层规划模型的求解方法仍在不断探索，对于一部分具有特殊结构性质的双层规划模型，可以运用 Karush-Kuhn-Tucker 条件转换，以及优化算法进行求解。对于非凸、非连续的双层规划模型，可考虑采用启发式算法。本书将根据所建立的双层规划模型的结构特点，寻求合适的算法对其进行求解。

2.4 本章小结

本章对系统弹性研究、运输系统的分配与均衡研究和基于双层规划方法的运输系统问题研究相关文献进行了综述。通过对相关文献的梳理和分析，对于本书问题有了更清晰的理解和认识，看到了值得进一步拓展和深入研究的重要问题，同时得到了在研究港口-腹地集装箱物流运输系统弹性提升问题时的启示。结合对已有研究文献的梳理，总结如下。

（1）弹性对于物流运输系统而言是相对较新的概念，现阶段对于物流运输系统弹性的定量研究分析有待进一步深入。已有文献在对弹性进行定义和阐述时，较为注重的几个方面包括：存在一定的事件对系统造成冲击导致系统能力下降，富有弹性的系统应当拥有在合理时间内恢复运作状态的能力，可以恢复至初始状态或者新的令人满意的均衡状态，在实现系统弹性时可以借助事前和事后措施的帮助。对物流运输系统弹性的测度应根据研究主体和研究视角的不同，选取合适的弹性测度指标，通过对初始状态下物流运输系统的一项指标值和受到冲击且实施相关措施后的物流运输系统的同一项指标值的比较，来衡量物流运输系统的弹性水平。学者们关于物流运输系统弹性的研究较多是从运量弹性的视角进行，侧重于对非常规突发事件发生后紧接着的单个运输周期下的物流运输系统弹性进行测度与提升。而本书研究对象为港口-腹地集装箱物流运输系统，集装箱货运过程将在物流运输系统中周期性重复，因此，本书研究考虑多个运输周期、从中长期视角提升物流运输系统的弹性，这对于港口-腹地集装箱物流运输系统而言十分重要。本研究将根据港口-腹地集装箱物流运输系统的特点,并结合考虑物流运输系统中不同参与者的行为模式,从时间弹性的视角定量测度和提升港口-腹地集装箱物流运输系统的弹性,进一步丰富物流运输系统定量研究的相关理论和研究成果。

(2)现阶段关于客运系统的分配与均衡研究发展较为成熟,而关于货运系统的分配与均衡研究仍有待拓展,本书对港口-腹地集装箱物流运输系统进行研究时,结合考虑物流运输系统规划管理者和多类物流运输系统用户的目标与行为及其相互作用,以及集装箱运输的多式联运模式,在第 4 章研究的下层模型中,对遵循系统最优(SO)原则的港口-腹地集装箱多式联运分配模式进行了分析与求解。这是对港口及其腹地间物流运输系统货运分配问题的进一步探索,丰富了港口-腹地物流运输系统货运分配问题研究的相关理论和研究成果;可以在港口-腹地物流运输系统相关研究中,以及更具一般性的多式联运系统相关问题的研究中推广运用。

(3)现有研究运用双层规划方法,并结合运输系统用户行为对运输系统相关问题进行研究分析,取得了一定的研究成果。关于货运系统的相关研究,特别是结合非常规突发事件的货运系统性能提升和优化研究略显不足。对货运系统进行性能提升和优化时,规划管理者应当将货运系统用户的相应行为考虑在内,他们的行为将影响货运系统性能的实现,从而影响规划管理者的决策。本书在非常规突发事件情境下,根据不同类型港口-腹地集装箱物流运输系统的特点,结合考虑不同物流运输系统用户的行为模式,以及政府部门决策的不同时间维度,基于事后即时修复阶段,分别对单运输方式港口-腹地集装箱物流运输系统的弹性提升问题(第 3 章)和多式联运港口-腹地集装箱物流运输系统的弹性提升问题(第 4 章)进行研究分析。其中,在对单运输方式港口-腹地集装箱物流运输系统的弹性提升问题进行研究时,分别对遵循 SO 原则和 UE 原则的不同集装箱货运分配模式进行了研究。而后进一步基于事前准备和事后即时修复两阶段,对多式联运港口-腹地集装箱物流运输系统的弹性提升问题(第 5 章)进行研究分析。本书结合考虑政府部门和物流运输系统用户的目标与行为,以及不同决策者之间的层级关系和相互作用,在面临资金和时间等更为复杂的约束下,为政府部门提供提升港口-腹地集装箱物流运输系统弹性的决策支持,填补了目前在非常规突发事件情境下结合物流运输系统用户行为和不同决策者之间相互作用研究物流运输系统弹性提升问题的空白,扩充了非常规突发事件应急预案体系,为国家科学高效应对非常规突发事件提供决策参考和科学理论支撑。

3 单运输方式港口-腹地集装箱物流运输系统弹性提升的决策模型研究

    港口-腹地集装箱物流运输系统是促进经济社会发展的关键性基础设施。提升港口-腹地集装箱物流运输系统弹性,以应对各种非常规突发事件,是非常有意义的研究课题。本章对单运输方式(集卡车公路运输)港口-腹地集装箱物流运输系统的弹性提升问题进行了研究分析。考虑了两种不同的物流运输系统用户行为模式,基于 SO 和 UE 理论,建立了两个双层规划模型求解分析物流运输系统的弹性提升问题。根据双层规划模型的特点,采用将粒子群优化算法与传统的优化算法相结合的混合算法对模型进行求解,数值实验结果表明了所提出模型的有效性。

    本章首先详细阐述了本章研究问题;接着构建了提升单运输方式港口-腹地集装箱物流运输系统弹性的双层规划模型;然后阐述了将粒子群优化算法与传统的优化算法相结合的混合算法,以及模型的具体求解过程;再通过数值算例说明双层规划模型的有效性,并对运输系统弹性提升问题进行分析讨论;最后分析讨论了本章研究的管理启示。

3.1 问题描述

如本书第 1 章所述,港口-腹地集装箱物流运输系统作为支撑国民经济和人民生产生活的重要基础设施,对经济社会的发展极为关键。然而,自然或人为灾害等各种非常规突发事件对港口-腹地集装箱物流运输系统构成威胁。非常规突发事件发生后,港口-腹地集装箱物流运输系统的基础设施运输能力下降,导致整个港口-腹地集装箱物流运输系统的运作能力下降,给经济社会造成损失。提升港口-腹地集装箱物流运输系统的弹性以应对各类突发事件的冲击非常重要。

本章的研究对象为单运输方式港口-腹地集装箱物流运输系统(在本章后续内容中简称"运输系统"),选择公路运输,即集卡车公路运输作为运输系统中的运输方式。这样选择的原因是,公路运输是目前最主要的货物运输方式。根据我国交通运输部发布的《2020 年交通运输行业发展统计公报》,公路、铁路和水路三种运输方式在 2020 年全社会营业性货运量中的占比分别为 73.8％、9.8％和 16.4％。① 一部分规模相对较小,处于发展初期的运输系统仅由公路相连接,如 Jones 等(2011)提到,当时的美国南佛罗里达铁路设施较少,几乎所有港口与腹地间的集装箱运输均通过公路运输来实现。

腹地集装箱需求由货主决定后,区域间长距离的整个集装箱运输过程包括:从位于另一地区的发货地发出,通过公路运输、铁路运输、内河水路运输或者多式联运方式运至发货地区域内的港口,再通过海上运输运至收货地区域内的港口,接着通过公路运输、铁路运输、内河水路运输或者多式联运方式运至收货点,即腹地需求点。本章对收货地区域内的港口与其腹地间的物流运输系统进行研究,且为单公路运输方式的物流运输系统。

运输系统的基础设施结构如图 3.1 所示,由节点和连接不同节点的路段组成。节点包括港口、路段交会点和腹地点仓库等,不同节点间由公路路段进行连接。

---

① 2020 年交通运输行业发展统计公报［EB/OL］.(2021-05-19)［2021-07-02］. https://xxgk. mot. cn/2020/jigou/zhghs/202105/t20210517_3593412.html.

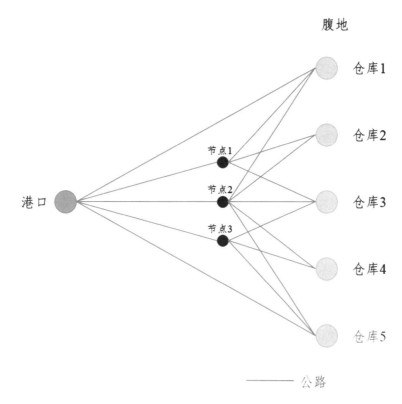

图 3.1 单运输方式港口-腹地集装箱物流运输系统基础设施结构

本章研究聚焦集装箱从港口出发,运输至腹地点的运输过程。研究目标为测度并提升运输系统的弹性,采用双层规划模型进行研究(关于双层规划模型的基本介绍,请见本书"1.4.3 研究方法"小节)。运输系统中的参与者包括运输系统规划管理者和运输系统用户。如本书第 1 章所述,运输系统规划管理者为政府部门,处于主导地位,为上层模型的决策者;运输系统用户包括货主和集装箱承运人,处于从属地位,为下层模型的决策者。

提升单运输方式港口-腹地集装箱物流运输系统弹性问题的双层规划模型决策框架图如图 3.2 所示。

在非常规突发事件发生后,政府部门在给定的修复预算资金约束下,需要对受损运输系统做出如何具体实施即时修复措施的决策。即时修复措施是指为降低非常规突发事件的负面影响,恢复运输系统能力而立即实施的相关活动(Chen et al.,2012)。在本章研究中,政府部门对受到非常规突发事件影响的路段实施的即时修复措施,包括对公路的受损部分进行填补和维修等,修复一定比

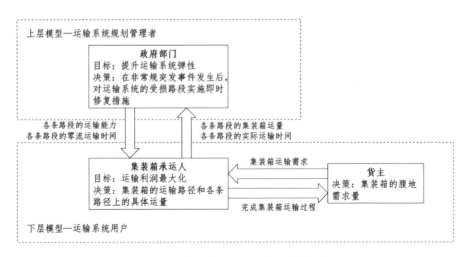

图 3.2　第 3 章双层规划模型决策框架

例的路段运输能力,目标为最大限度地提升运输系统弹性。政府部门充分了解运输系统中货主的集装箱需求量,也充分了解承运人在进行集装箱运输时的行为模式,可以预估即时修复措施实施后,承运人将如何在修复后的运输系统中安排集装箱的运输路径和各条路径上的货运量。在政府部门实施即时修复决策后,修复后运输系统的各条路段的运输能力和零流运输时间随之确定,这两个因素将影响下层模型决策者中的承运人如何具体安排集装箱的运输过程,以实现其最大化利润的目标。

运输系统用户中的货主决定集装箱的腹地需求量,该需求量为固定值,这样的假设也在已有文献中被采用,例如 Chen 等(2017)、Corman 等(2017)和 Yang 等(2020)的研究。腹地集装箱需求量不因非常规突发事件的发生而改变。对于货运而言,需求不因非常规突发事件的发生而改变,原因包括:(1)集装箱需求由腹地货主决定,对于一些生活必需品的需求,例如食品和日用品,不会因为非常规突发事件的发生而改变;(2)本章研究中的集装箱运输过程为从港口出发,运至腹地点,即集装箱在非常规突发事件发生时已经到达港口,或者正在海上运输的过程中,不会因为非常规突发事件的发生而停止;(3)即使腹地货主因为非常规突发事件的发生而改变需求,集装箱从位于另一地区的发货地出发,也需要经历数日或者数十日的海运才能到达本地区的港口,即需求改变带给港口-腹地集装箱物流运输系统的影响具有滞后性。因此在本章研究所涉及的时间范围内,假设腹地集装箱需求不变是合理的。

运输系统用户中的承运人(carrier)为集卡车公司和集卡车司机,承运人可以清晰掌握运输系统的修复情况,在修复后的运输系统中,根据货主的集装箱需求量,对集装箱的运输路径和各条路径上的运量做出决策,目标为实现运输利润的最大化(Talley et al.,2018)。在系统最优(SO)分配原则下,决策者为集卡车公司,目标为实现集卡车公司运输总利润的最大化。在用户均衡(UE)原则下,决策者为单个集卡车司机,目标为实现自身利润的最大化。集装箱的运输路径和各条路径上的运量确定后,运输系统中各条路段的集装箱运量和实际运输时间随之确定。

需要提到的是,在本章研究中,连接两个节点间的 1 条公路为"路段",集装箱从港口出发运输至腹地需求点经过的所有路段组成港口至该腹地需求点的 1 条"路径"。根据 Sheffi(1985)[58],设为 O—D 间的路段-路径关联矩阵(link-path incidence matrix),其元素 $\delta_{ap}=1$ 表示路段 a 在路径 p 上,$\delta_{ap}=0$ 表示路段 a 不在路径 p 上。则可通过 $\boldsymbol{h}=\boldsymbol{f} \cdot \Delta^{\mathrm{T}}$,由各条路径上的运量 $\boldsymbol{f}=(\cdots,f_p,\cdots)$ 计算得出各条路段上的运量 $\boldsymbol{h}=(\cdots,h_a,\cdots)$。

各条路段的集装箱运量和实际运输时间将影响运输系统的运作水平,从而影响上层模型决策者,即政府部门实现其最大限度提升运输系统弹性的目标。由于货主在腹地的集装箱需求为固定值,因此在本章研究中,实际被研究的运输系统用户为集卡车公司和集卡车司机。但需要注意的是,货主在港口-腹地集装箱物流运输系统中是不可或缺的参与者,因为货物运输是一种派生需求(刘南等,2019)[51],首先要有本源需求,即货主对货物有需求,派生出采用集装箱运输方式将货物运输至腹地的需求,才会有集卡车公司和集卡车司机对集装箱的实际运输过程,从而实现货物从港口运输至腹地需求点这一目标。

3.2 建模分析

3.2.1 模型描述与假设

本章研究的目标运输系统中只存在一个港口,所有集装箱均从港口出发,运输至其腹地需求点,且为单运输方式,即公路运输。港口至腹地点的集装箱运输活动每天重复进行,腹地点的日均集装箱运输需求由腹地货主决定,为固定值且不受非常规突发事件的影响,即将腹地集装箱需求量作为外生变量。在初始状态下,即非常规突发事件发生前,各个腹地点的运输需求均可得到满足。运输系统中集装箱的规格和装载的货物种类相同,即集装箱为同质的(Corman et al.,2017)。集装箱规格均为40英尺集装箱(FEU[①]),1 FEU可换算为2 TEU[②](彭传圣,2006)。每辆集卡车每次运输量为1 FEU。

本书研究不涉及客运流量及其变化情况,即本书研究中的路段运输能力均为去除行驶于该路段上的客运流量后的剩余运输能力,这样的假设曾在Jourquin等(2006)的论文中被提到。部分已有文献专注于对货运相关问题进行研究时,也未将客运流量涉及在内,例如Lee等(2014)、Corman等(2017)和Wang等(2018)的研究。在本书研究中,非常规突发事件发生后,政府部门也是针对路段的集装箱货运能力制定修复决策。如本章前文所述,货运需求不因非常规突发事件的发生而改变,但对于客运而言则有所不同。当出发地和目的地之间的路段遭受了非常规突发事件的冲击时,其间的客运需求可能会有所改变,且客运需求的改变是可以立刻显现的。客运需求改变的原因包括:(1)出于出行安全等因素的考虑,部分非必要出行需求将被推迟或者取消,例如旅行和探望亲朋等;(2)部分必要出行可能改为其他交通方式,例如乘坐飞机出行。而这一点在货运中较难实现,因为集装箱货运由公路运输改为航空运输,运输成本将大幅增加,一般而言承运人不会改选空运。因此,政府部门需要根据客运流量的具体变化情况对路段的客运能力制定相关修复决策,本书则不涉及该部分的研究。本书仅对将客运能力分离后的物流运输系统中的路段的货运能力和货运量变化情况进行研究分析。

集卡车公司和集卡车司机作为运输系统中的承运人,追求自身利润最大化。在本章研究中,设定货主支付的相同O—D之间的集装箱委托运输费用单价为固定值,且不受非常规突发事件的影响。由于腹地集装箱运输量(即腹地货主需求)和委托运输费用单价均为固定值,则承运人的运输收益(revenue)为固定值,其追求自身利润最大化的目标可以转化为追求自身成本最小化。

非常规突发事件仅对运输系统中的路段造成影响。非常规突发事件发生后,对于每一条受损路段,政府部门最多实施一次即时修复措施。政府部门在制

---

① FEU(Forty-feet Equivalent Unit)指长度为40英尺的集装箱,其尺寸为长度40英尺×宽度8英尺×高度8英尺6英寸。其中1英尺≈0.30米,1英寸≈2.54厘米。

② TEU(Twenty-feet Equivalent Unit)指长度为20英尺的集装箱,其尺寸为长度20英尺×宽度8英尺×高度8英尺6英寸。TEU一般被作为集装箱的国际标准计量单位,也称国际标准箱单位。

定即时修复措施决策时,能够清晰正确地预估承运人在修复后的运输系统中进行集装箱运输时的行为模式,充分了解即时修复措施实施后,承运人将如何在修复后的运输系统中进行集装箱的运输安排。运输系统的修复状态将保持一段时间,其间将重复完成数次集装箱按需求量从港口运输至腹地的过程,与运输系统修复状态的持续时间相比,即时修复措施的实施时间是较为短暂的。因此,为了帮助运输系统更好地恢复状态,让即时修复措施的实施环节尽可能完成得更好,对即时修复措施的实施时间不作限制。

需要提到的是,在一些关于运输系统弹性的研究中,学者们对即时修复措施的实施时间进行了限制,在模型中具体表征为即时修复措施的实施时间不可超过预设的最大实施时间,以及即时修复措施的实施时间与措施实施结束后的实际货运时间之和,不可超过预设的最大运输时间(Chen et al.,2012;Miller-Hooks et al.,2012)。这些文献均从运量弹性的视角进行研究,即在最大运输时间的约束下,寻求可送达集装箱需求量的最大化,关注的是运输系统受到冲击后的单个运输周期下集装箱需求量的完成情况,以同一最大运输时间约束下运量弹性指标值的大小表征运输系统弹性的高低。从运量弹性的视角进行研究,对即时修复措施的实施时间的约束需要被考虑,因为过长的即时修复措施的实施时间可能出现在措施实施结束后,距离最大运输时间节点的时间间距较短的情况,即可用于在运输系统中进行集装箱运输的时间较短,导致虽然运输系统有较好程度的修复,但没有足够的时间完成集装箱运输过程,集装箱需求量完成较少,运输系统的运量弹性水平实际较低,与最大限度提升运输系统弹性水平的目标不相符。因此,对即时修复措施实施时间的限制需要被纳入运量弹性测度模型中。而本章研究从运输时间弹性的视角进行研究,关注的是非常规突发事件后多个周期的集装箱需求量运输过程。对于时间弹性的研究,可以对即时修复措施的实施时间进行限制,但并非必要约束。在本章研究中,为了达到最优的即时修复措施实施效果,最大限度地提升运输系统弹性,未对即时修复行动的实施时间进行限制。在本书后续的第 4 章研究中,加入了即时修复措施的实施时间约束,并进行了相关分析讨论。

即时修复行动实施完成后,集卡车公司和集卡车司机可以接收到准确的修复信息,并根据修复后的运输系统状态调整运输决策,包括集装箱运输路径和各条路径的货运量等决策,以实现运输成本最小化的目标。运输系统中存在路段阻抗,即存在路段拥堵延时现象。随着一条路段上货运量的增加,集卡车在该条路段上的实际运输时间也相应增加(Lee et al.,2014;Corman et al.,2017)。

根据以上描述,本章研究的模型建立基于以下假设。

（1）腹地集装箱运输需求量为固定值，且不受非常规突发事件的影响。

（2）所有集装箱为同质的。

（3）非常规突发事件对运输系统中的路段造成影响。在非常规突发事件发生后，对于每一条受损路段最多实施一次即时修复措施。

（4）政府部门拥有足够的时间来完成即时修复行动，即未设置即时修复行动的实施时间约束。

（5）运输系统中存在路段阻抗，集卡车在一条路段上的实际运输时间随路段货运量增加而增加。

本章研究在构建运输系统弹性提升的决策模型时所使用的参数和变量如表 3.1 所示。

表 3.1　第 3 章模型中的参数和变量

符号	含义
A	运输系统中的所有路段集合，$a \in A$
W	腹地需求点仓库集合，$w \in W$
A_w	与仓库 w 相连接的路段集合，$A_w \subseteq A$
K	路段交会点集合，即去除运输系统中的港口和腹地需求点仓库的节点集合，$k \in K$
U	非常规突发事件类型集合，$u \in U$
A_u	被非常规突发事件影响的路段集合，$A_u \subseteq A$
A_{nu}	未被非常规突发事件影响的路段集合，$A_{nu} \subseteq A$
sp	运输系统中的港口，仅存在 1 个港口
w	运输系统中的 1 个腹地需求点仓库
k	运输系统中的 1 个路段交会点
a	运输系统中的 1 条路段，在本章研究中均为公路路段。$a(sp,k)$ 代表路段 a 的起点为港口 sp，终点为路段交会点 k
ξ	一个具体的非常规突发事件情境
c_a^*	初始状态下，即非常规突发事件发生前路段 a 的运输能力

符号	含义
$c_a^u(\xi)$	非常规突发事件情境 ξ 发生后且即时修复措施实施前,路段 a 的运输能力
$c_a(\xi)$	非常规突发事件情境 ξ 发生后且即时修复措施实施后,路段 a 的运输能力
$Ttotal_{singlemode}^*$	初始状态下,一个运输周期内运输系统中的集装箱总运输时间。其中,$Ttotal_{singlemode}^{*SO}$ 为遵循 SO 原则的集装箱总运输时间,$Ttotal_{singlemode}^{*UE}$ 为遵循 UE 原则的集装箱总运输时间
$Ttotal_{singlemode}(\xi)$	非常规突发事件情境 ξ 发生后且即时修复措施实施后,一个运输周期内运输系统中的集装箱总运输时间。其中,$Ttotal_{singlemode}^{SO}(\xi)$ 为遵循 SO 原则的集装箱总运输时间,$Ttotal_{singlemode}^{UE}(\xi)$ 为遵循 UE 原则的集装箱总运输时间
$GCtotal_{singlemode}^*$	初始状态下,一个运输周期内集装箱承运人的总广义运输成本。其中,$GCtotal_{singlemode}^{*SO}$ 为遵循 SO 原则的总广义运输成本,$GCtotal_{singlemode}^{*UE}$ 为遵循 UE 原则的总广义运输成本
$GCtotal_{singlemode}(\xi)$	非常规突发事件情境 ξ 发生后且即时修复措施实施后,一个运输周期内集装箱承运人的总广义运输成本。其中,$GCtotal_{singlemode}^{SO}(\xi)$ 为遵循 SO 原则的总广义运输成本,$GCtotal_{singlemode}^{UE}(\xi)$ 为遵循 UE 原则的总广义运输成本
h_a^*	初始状态下,一个运输周期内路段 a 上的集装箱运量
q	单位货运时间价值
r_a	路段 a 的运输费用,不受非常规突发事件的影响
t_a^{*0}	初始状态下,路段 a 的零流运输时间,即路段 a 上没有道路阻抗时的运输时间
t_a^*	初始状态下,路段 a 的实际运输时间
ch_u	非常规突发事件类型 u 对路段 a 的零流运输时间的影响参数
$t_a^{r0}(\xi)$	非常规突发事件情境 ξ 发生后且即时修复措施实施后,路段 a 的零流运输时间

续表

符号	含义
$t_a(\xi)$	非常规突发事件情境 ξ 发生后且即时修复措施实施后,路段 a 的实际运输时间
D_w	腹地需求点仓库 w 的日均集装箱需求量
b_a	非常规突发事件发生后,对路段 a 实施即时修复措施,修复其 100% 初始运输能力 c_a^* 的修复费用。当对路段 a 实施即时修复措施修复 $x\% \cdot c_a^*$ 运输能力时,则对应修复费用为 $x\% \cdot b_a$
B	实施即时修复措施的总修复预算
$l_a(\xi)$	上层模型决策变量。政府部门在非常规突发事件情境 ξ 发生后,选择对受损路段 a 实施修复程度为 $l_a(\xi)\left[0 \leqslant l_a(\xi) \leqslant 1\right]$ 的即时修复措施,其中 $l_a(\xi)=1$ 表示路段 a 的运输能力修复至其初始运输能力(完全修复), $l_a(\xi)=0$ 表示路段 a 上未实施任何即时修复措施(完全未修复)
$h_a(\xi)$	下层模型决策变量。非常规突发事件情境 ξ 发生后且即时修复措施实施后,一个运输周期内路段 a 的集装箱运量

3.2.2　运输系统弹性的测度

本章研究关注非常规突发事件发生后的即时修复阶段,运输系统的弹性指其在受到非常规突发事件的中断影响后,在一定的总修复预算限制下,通过即时修复措施的帮助,恢复到一定程度运作水平的能力。本章研究采用的时间弹性由初始状态下运输系统总运输时间 $Ttotal_{singlemode}^*$ 与修复后运输系统总运输时间 $Ttotal_{singlemode}(\xi)$ 的比值来定量表征,从运输时间的视角测度非常规突发事件对于运输系统运作水平的影响。

由于非常规突发事件具有随机性,因此将运输系统弹性水平 R_T 定义为其在不同非常规突发事件情境下弹性的期望值(陈红,2018),如式(3.1)所示:

$$R_T = E\left[Ttotal_{singlemode}^* / Ttotal_{singlemode}(\xi)\right] \tag{3.1}$$

其中 $Ttotal_{singlemode}^*$ 为初始状态下运输系统总运输时间,可由式(3.2)计算得出:

$$Ttotal_{singlemode}^* = \sum_{a \in A} h_a^* \cdot t_a^* \tag{3.2}$$

式中，h_a^* 为初始状态下，一个运输周期内路段 a 上的集装箱运量；t_a^* 为初始状态下，路段 a 上的实际运输时间。h_a^* 和 t_a^* 均由下层决策者，即集装箱承运人对集装箱的具体运输安排决定。对于初始状态而言，即运输系统受到非常规突发事件冲击前，运输系统的运作状态稳定，每个运输周期下集装箱承运人对集装箱的具体运输安排相同，各条路段集装箱运量分配和路段实际运输时间相同。因此，h_a^* 和 t_a^* 均为固定值，则 $Ttotal_{singlemode}^*$ 也为固定值。初始状态下，运输系统各条路段上的集装箱运量分配（h_a^*）和路段实际运输时间（t_a^*）的求解模型请见附录 1（遵循 SO 原则）和附录 2（遵循 UE 原则）。

$Ttotal_{singlemode}(\xi)$ 为对应于非常规突发事件情境 ξ 的修复后运输系统总运输时间，将由本章建立的双层规划模型进行求解。

3.2.3 上层模型

如本章前节所述，非常规突发事件发生后，政府部门在给定的修复预算资金约束下，对运输系统做出如何具体实施即时修复措施的决策，包括对公路的受损部分进行填补和维修等，对受损路段的运输能力进行一定比例的修复。实施这些即时修复措施需要花费一定的资金，对于每一条受损路段，运输能力的修复比例越高，则花费的资金越多。政府部门在一定的总修复预算限制下，追求运输系统弹性最大限度地提升，即追求运输系统弹性水平 R_T 的最大化。

在运输系统弹性测度公式（3.1）中，如前文所述，分子初始状态下的运输系统总运输时间 $Ttotal_{singlemode}^*$ 为固定值，因此，对于一个具体发生的非常规突发事件情境 ξ，政府部门的目标可以替换为最小化非常规突发事件发生后且即时修复措施实施后的运输系统总运输时间 $Ttotal_{singlemode}(\xi)$，则上层模型的表达式为：

$$\min \ Ttotal_{singlemode}(\xi) = \sum_{a \in A} h_a(\xi) \cdot t_a(\xi) \tag{3.3}$$

s. t.

$$\sum_a b_a \cdot \frac{l_a(\xi) \cdot [c_a^* - c_a^u(\xi)]}{c_a^*} \leqslant B \tag{3.4}$$

$$0 \leqslant l_a(\xi) \leqslant 1, a \in A_u \tag{3.5}$$

$$l_a(\xi) = 0, a \in A_{nu} \tag{3.6}$$

$$\forall a \in A$$

在上层模型中，目标函数式（3.3）寻求即时修复措施实施后的运输系统总运输时间 $Ttotal_{singlemode}(\xi)$ 最小化，以最大限度地提升运输系统在非常规突发事件

情境 ξ 下的弹性水平。其中，$h_a(\xi)$ 为非常规突发事件情境 ξ 发生后且即时修复措施实施后，路段 a 上的货运量，由集卡车公司或集卡车司机在下层模型中进行决策；$t_a(\xi)$ 为路段 a 上的实际运输时间，由政府部门的即时修复措施决策和集卡车公司或集卡车司机的集装箱运输决策共同决定，路段实际运输时间 $t_a(\xi)$ 的具体计算公式将在下一小节中详细阐述。

约束式（3.4）是修复预算约束。约束式（3.5）表示，如果路段 a 受到非常规突发事件的影响而运输能力下降，则政府部门可以对其实施即时修复措施，并且对于每一条受损路段只实施一次即时修复措施。约束式（3.6）表示，如果非常规突发事件未影响路段 a，则政府部门不会对其实施任何即时修复措施。需要提到的是，对于不同的非常规突发事件情境 ξ，被非常规突发事件影响的路段集合 A_u 和未被非常规突发事件影响的路段集合 A_{nu} 有所不同。

政府部门实施即时修复决策后，修复后运输系统的各条路段的运输能力和零流运输时间随之确定。修复后路段 a 的运输能力 $c_a(\xi)$ 可由式（3.7）计算得出：

$$c_a(\xi) = c_a^u(\xi) + l_a(\xi) \cdot [c_a^* - c_a^u(\xi)] \tag{3.7}$$

政府部门实施即时修复措施后，受损路段将恢复一定比例的路段运输能力，但不会超过其在初始状态下的路段运输能力。参考 Chen 等（2012）的论文，设置路段零流运输时间随着路段运输能力的变化而变化，当路段 a 的运输能力下降 $z\%$ 时，路段 a 的零流运输时间增加 $ch_u \cdot z\%$。对于不同的非常规突发事件类型，参数 ch_u 的取值也不相同。对于遭受非常规突发事件影响的路段 $a \in A_u$，其修复后的路段零流运输时间 $t_a^{r0}(\xi)$ 为：

$$t_a^{r0}(\xi) = t_a^{*0} \cdot \left\{ 1 + ch_u \cdot \left[\frac{c_a^* - c_a(\xi)}{c_a^*} \right] \right\} \tag{3.8}$$

修复后路段 a 的运输能力 $c_a(\xi)$ 和零流运输时间 $t_a^{r0}(\xi)$ 将影响下层模型决策者，即集卡车公司和集卡车司机如何具体安排集装箱的运输过程，以实现其成本最小化的目标。

3.2.4　下层模型 1：系统最优模型

本章研究基于 SO 和 UE 原则分别建立了两种不同的下层模型。

在第一个下层模型中，假设由一个组织统一管理调配运输系统中的所有集卡车司机，即运输系统中的所有集装箱需求量均由同一家集卡车公司运输，或者由两家及以上的集卡车公司同属于一个货运协会或联盟，共同完成运输系统中的集装箱运输任务(为方便描述,本章后续内容中统称其为"集卡车公司",指代运输系统中的唯一集卡车公司,或者统一管理所有集卡车公司的货运协会或联盟)。需要提到的是,港口与其腹地之间的集装箱运输业务可分别由多个货运协会或联盟承担。假设各个货运协会或联盟之间无业务交集,即每个腹地点的集装箱运输业务仅由一个货运协会或联盟承担,可按货运协会或联盟的业务范围将运输系统划分为多个子运输系统。本小节研究关注其中一个子运输系统,即由一个货运协会或联盟承担所有集装箱运输业务的运输系统的弹性提升问题。港口其他腹地区域的集装箱运输业务可由其他货运协会或联盟,以及其他集卡车公司承担,不在本小节研究的下层模型涉及的范围内,但可按本章研究思路另建模型(与其自身的物流运输系统用户行为相关,与本小节研究的运输系统不相关),做出提升其运输系统弹性的决策。

集卡车公司协调所属的集卡车司机充分合作,统一规划集装箱在运输系统中的具体运输路径,从而决定运输系统中各条路段的集装箱运量,目标为最大限度地降低整个集卡车公司的总运输成本。此下层模型可以被描述为遵循Wardrop 第二原理的 SO 模型。

根据模型假设,每辆集卡车每次运输 1 FEU 集装箱,因此,一个运输周期内安排在一条路径上进行运输的集装箱运量的值,与该运输周期内在该条路径上通行的集卡车流量的值相等。本章研究中的运输工具均为集卡车,所以未进行标准车当量数换算。根据本书第 3.1 节所述,可由各条路径上的集卡车流量计算得出各条路段上的集卡车流量,即可由各条路径上的集装箱运量计算得出各条路段上的集装箱运量。

本小节基于路段运输流量建立下层 SO 模型,即集卡车公司对集装箱运输路线和货运量的决策具体表示为每条路段(arc/link)上的集装箱运量,而非每条路径(path/route)上的集装箱运量。这样选择的原因是,基于路段运输流量建立的下层 SO 模型是一个严格的凸优化问题,具有唯一的最优解。如果基于路径运输流量建模,不能保证下层模型的凸性,也无法保证其最优解的唯一性(Sheffi,1985)[67]。在双层模型的求解过程中,下层 SO 模型最优解的唯一性是非常重要的。在下层 SO 模型中,集卡车公司根据运输系统的修复状态,安排集装箱运输路线和货运量,目标函数为寻求集卡车公司的总广义运输成本 $GCtotal_{singlemode}(\xi)$ 最小化:

$$\min GCtotal_{singlemode}(\xi) = \sum_{a \in A}[r_a + q \cdot t_a(\xi)] \cdot h_a(\xi) \tag{3.9}$$

其中,$r_a + q \cdot t_a(\xi)$ 是路段 a 的单位集装箱广义运输成本。在广义运输成本函数中，既包含了集装箱的运输费用，也包含了时间成本（Grey，1978），运用单位货运时间价值因子（参数 q）将时间转换为金钱。货运时间价值是指决策者为了减少货物运输时间而愿意支付的货币价值（Tao et al.，2020），影响货运时间价值的因素包括货运模式、货物类别和货物价值等（Jong，2008）。根据本章研究的假设，货运模式均为集装箱公路运输，且集装箱为同质的，即货物类别和货物价值是一样的，因此，模型中的集装箱货运时间价值相等。

在运输系统中考虑路段阻抗，随着路段上集卡车流量的增加，每辆集卡车在该条路段上的实际运输时间也相应增加。在本章研究中，采用"美国联邦公路局函数"（Bureau of Public Road Function，简称"BPR 函数"）刻画路段阻抗，其基本数学表达式为：

$$T_a = T_a^0 \cdot \left[1 + \alpha \cdot \left(\frac{X_a}{C_a} \right)^{\beta} \right] \tag{3.10}$$

其中 T_a 和 X_a 分别为路段 a 上的实际运输时间和运输流量。T_a^0 为路段 a 的零流运输时间。C_a 为路段 a 的"实际运输能力"，这是一个预设值，代表当路段运输流量 X_a 达到 C_a 值时，对应的路段阻抗值将比 T_a^0 时高 α，即路段运输流量达到数值 C_a 时的实际运输时间比零流运输时间高 α。在本章研究中，将该数值设置为路段 a 的修复后运输能力 $c_a(\xi)$。α 和 β 均为BPR函数参数（Sheffi，1985）[358]。

如前文所述，一个运输周期内安排在路段 a 上进行运输的集装箱运量 $h_a(\xi)$，与该运输周期内在路段 a 上通行的集卡车数量相等，即 $h_a(\xi)$ 的值等于路段 a 上的集卡车流量（对应 X_a）。本章研究中的运输工具均为集卡车，所以未进行标准车当量数换算。路段 a 的修复后运输能力 $c_a(\xi)$ 对应 BPR 函数中的 C_a，与一个运输周期内允许在路段 a 上通行的最大集卡车数量相等。因此，目标函数（3.9）中的修复后运输系统的各条路段实际运输时间 $t_a(\xi)$ 可按下式进行计算：

$$t_a(\xi) = t_a^{r0}(\xi) \cdot \left\{ 1 + \alpha \cdot \left[\frac{h_a(\xi)}{c_a(\xi)} \right]^{\beta} \right\} \tag{3.11}$$

下层 SO 模型的约束条件包括：

$$\sum_{a \in A_w} h_a(\xi) = D_w \tag{3.12}$$

$$\sum_{a(;,k) \in A} h_a(\xi) - \sum_{a(k,;) \in A} h_a(\xi) = 0 \tag{3.13}$$

$$h_a(\xi) \leqslant c_a(\xi) \tag{3.14}$$

$$h_a(\xi) \geqslant 0 \tag{3.15}$$

$$\forall a \in A, \forall k \in K$$

其中，约束式（3.12）表示所有腹地需求点的集装箱需求均可被满足。约束式(3.13)为运输流量守恒约束。约束式(3.14)表示各条路段上的集装箱运量不能超过修复后的路段运输能力。式(3.15)表示决策变量类型。

结合上层模型,可建立双层模型-下层 SO 模型,如下所示。

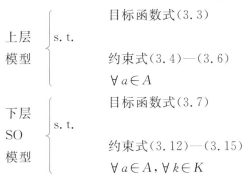

3.2.5　下层模型 2:用户均衡模型

在第二个下层模型中,假设不存在统一管理协调集卡车司机行动的组织机构,由集卡车司机各自选择运输路径,从而决定运输系统中各条路段的集装箱运量,以非合作的方式最小化自己的运输成本。当所有集卡车司机均无法通过改变个人决策来降低自身的运输成本时,整个运输系统达到均衡状态。这时,在运输系统中,对于每一组 O—D,其间的各条运输路径可分为两类:一类运输路径上有集卡车流量,该类运输路径上的运输成本相等;另一类运输路径上没有集卡车流量,该类运输路径上的运输成本大于等于前一类运输路径的运输成本。此下层模型可以被描述为遵循 Wardrop 第一原理的 UE 模型。

本小节同样基于路段运输流量建立下层 UE 模型,也是一个严格的凸优化问题,具有唯一的最优解(Sheffi,1985)[141]。下层 UE 模型同样采用了广义成本函数,运用单位货运时间价值因子(参数 q)将时间转换为金钱。在下层 UE 模型中,每位集卡车司机根据运输系统的修复状态,选择各自的集装箱运输路径,目标函数为寻求自身广义运输成本的最小化:

$$\min \sum_{a \in A} \int_0^{h_a(\xi)} \left[r_a + q \cdot t_a(\xi, v) \right] \mathrm{d}v \tag{3.16}$$

目标函数式(3.16)是用于求解用户均衡状态的特殊函数,该函数本身没有直观的经济学或者行为学解释(Sheffi,1985)[59-60]。如本章前节所述,一个运输周期内安排在路段 a 上进行运输的集装箱运量 $h_a(\xi)$ 的值等于路段 a 上的集卡车流量,在目标函数式(3.16)中 $h_a(\xi)$ 代表的是路段 a 上的运输流量值。本章研究中的运输工具均为集卡车,所以未进行标准车当量数换算。下层 UE 和 SO 模型具有相同的约束条件(3.12)—(3.15),如本书第 3.2.4 小节所示。两个下层模型之间的唯一区别是目标函数不同。

结合上层模型,可建立双层模型-下层 UE 模型,如下所示。

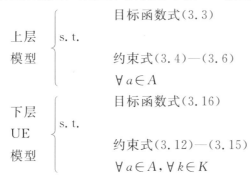

3.3　模型求解

如本书第 2 章所述,双层规划问题已被证明是 NP-hard 问题(Jeroslow,1985;Ben-Ayed et al.,1990;Bard,1991),采用传统的优化算法对其进行求解是十分困难的。本章研究为提升运输系统弹性建立的两个双层规划模型,其下层模型均为凸优化问题,但决策变量和约束条件较多,若运用 Karush-Kuhn-Tucker 条件将双层规划转化为单层规划问题后再进行求解,转换工作较为繁重,不易实现。并且,随着运输系统规模提升,其包含的腹地需求点和路段将不断增加,不同节点间的连接关系更加复杂,在提升运输系统弹性的双层规划模型中,决策变量更多,约束条件更为复杂,采用 Karush-Kuhn-Tucker 条件进行模型转换将更为困难。因此,需要根据本书所建立的双层规划模型的特点,并权衡在非常规突发事件情境下进行决策的及时性和精确性,寻求合适的求解算法对所建立的双层规划模型进行求解。

对于双层规划模型的求解,不少学者采用启发式算法对双层规划模型进行求解(Assadipour et al.,2016;Soares et al.,2020;Zhang et al.,2021),其特点是对于求解问题的可微性和凸性等性质均没有特殊要求(Zhang et al.,2021)。本章研究采用启发式算法中的粒子群优化算法(Particle Swarm Optimization Algorithm,简称"PSO 算法"),求解本章研究提出的提升运输系统弹性的双层规划模型。

3.3.1 标准粒子群算法描述

粒子群算法是由 Kennedy 等(1995)首先提出的,是一种受启发于鸟类觅食行为的群体智能随机优化算法。该算法较易实现,优点是其具有记忆函数,适用于大规模、非线性、不可微等复杂模型的求解(Zhang et al.,2021)。

首先,简单介绍标准粒子群算法的思想,粒子群算法中所使用的参数和变量如表 3.2 所示。

表 3.2 第 3 章粒子群算法中的参数和变量

符号	含义
n	种群规模,即粒子群算法中的粒子数量
P_i	粒子 i 的位置,对应求解问题的一个解,$i \in [1, n]$
v_i	粒子 i 的速度,$i \in [1, n]$
$pbest$	粒子最优位置,即个体最优解
$gbest$	种群最优位置,即所有粒子中的最优位置
c_1 和 c_2	学习因子
r_1 和 r_2	取值在 $[0, 1]$ 之间的随机参数
w	惯性权重
$wMax$	最大惯性权重
$wMin$	最小惯性权重
$iter$	当前迭代次数
$iterMax$	最大迭代次数
M	罚因子,为取值足够大的正数
ε	容忍度

标准粒子群算法可以描述为以下形式。

(1)随机初始化产生粒子群中粒子 i 的速度 v_i 和位置 P_i,$i \in [1, n]$。每一个粒子 i 对应被求解模型的一个解,通过粒子的适应度函数(fitness function)取值来评价粒子的优劣。参考 López 等(2018)的研究,运用罚函数的思想来构建粒

子的适应度函数。优化问题的一般形式为:

$$\min_{x} F(x) \tag{3.17}$$

s. t.

$$G_s(x) \leqslant 0, s = 1, 2, \cdots, S \tag{3.18}$$

$$H_t(x) = 0, t = 1, 2, \cdots, T \tag{3.19}$$

$$x \in X$$

对于由式(3.17)—(3.19)构成的优化问题,粒子 i 的适应度函数值 $\text{fitness}(P_i)(i \in [1, n])$ 可根据下式进行计算:

$$\text{fitness}(P_i) = F(P_i) + M \cdot \sum_{s=1}^{S} \max[0, G_s(P_i)] + M \cdot \sum_{t=1}^{T} \mid H_t(P_i) \mid$$

$$\tag{3.20}$$

其中 M 为罚因子,是取值足够大的正数。对于求解目标函数最小化的优化问题,适应度函数值小的粒子优于适应度函数值大的粒子。将初始化群体粒子中每一个粒子 i 的位置 P_i 设置为 $pbest$,$i \in [1, n]$。找到 $\text{fitness}(P_i)(i \in [1, n])$ 最小的粒子,将其位置设置为 $gbest$。

(2)在每一次迭代过程中,根据以下两个公式更新粒子速度 v_i 和位置 P_i,$i \in [1, n]$。

$$v_i(t+1) = w \cdot v_i(t) + c_1 \cdot r_1 \cdot [pbest - P_i(t)] +$$
$$c_2 \cdot r_2 \cdot [gbest - P_i(t)] \tag{3.21}$$

$$P_i(t+1) = P_i(t) + v_i(t+1) \tag{3.22}$$

其中 w 为惯性权重。根据 Shi 等(1998)的研究,当 w 随着迭代次数增加而线性减小时,将提升算法的收敛性能。因此,本章研究采用以下公式计算每一次迭代过程中对应的 w 取值:

$$w = wMax - iter \cdot \frac{wMax - wMin}{iterMax} \tag{3.23}$$

将更新后的位置 $P_i(t+1)$ 代入式(3.20)中,计算得出更新后粒子 i 的适应度函数值。将该值分别与 $pbest$ 的适应度函数值和 $gbest$ 的适应度函数值进行比较,判断更新后粒子 i 的优劣,并按照以下规则对 $pbest$ 和 $gbest$ 进行更新:如果更新后粒子 i 的适应度函数值优于 $pbest$ 的适应度函数值,将 $pbest$ 更新为粒子 i 的当前位置 $P_i(t+1)$;如果更新后粒子 i 的适应度函数值优于 $gbest$ 的适应度函数值,将 $gbest$ 更新为粒子 i 的当前位置 $P_i(t+1)$。

(3)迭代过程重复进行,当达到算法终止条件,或者迭代次数达到 $iterMax$ 时,迭代终止,输出 $gbest$。

3.3.2 粒子群算法与传统优化算法相结合的混合算法

本章研究采用粒子群算法与传统优化算法相结合的混合算法对其进行求解,该算法能够在合理的计算时间内找到近似全局最优解(赵志刚等,2007;Soares et al.,2020)。在非常规突发事件情境下,政府部门进行修复决策时,需要权衡决策的及时性(求解运算时间)和决策的精准性。如果追求绝对最优的修复决策,可能需要大量的计算时间,这样将会造成即时修复措施的实施时间延长,不利于及时修复运输系统以恢复其运作能力,将会带来经济社会损失。因此,在有限的时间内,基于近似全局最优解做出恰当的修复决策是较为合理的策略。

混合算法对上层模型运用粒子群算法进行求解;对下层模型运用传统优化算法进行求解,在本章研究中传统优化算法是通过 MATLAB 软件和 TOMLAB/CONOPT 优化问题求解器来实现的。TOMLAB/CONOPT 求解器采用广义简约梯度法(Generalized Reduced Gradient method,简称 GRG method)及其扩展方法求解非线性规划问题(Holmström et al.,2007a),适用于本章研究中两个下层模型的求解。本章建立的两个下层模型均为凸优化问题,其局部最优解即为全局最优解(Boyd et al.,2004)。并且在本章研究中,两个下层模型的目标函数均为严格凸函数,可知当下层模型的可行解集合非空时,其全局最优解存在且唯一,运用 TOMLAB/CONOPT 求解器所求得的下层模型局部最优解即为其唯一全局最优解。

本章研究采用了粒子群算法与 TOMLAB/CONOPT 优化问题求解器相结合的求解方法,求解算法步骤如图 3.3 所示,具体步骤描述如下。

步骤 1:运输系统初始状态相关参数设置。包括:

(1)运输系统中各条路段的初始运输能力 c_a^* 、零流运输时间 t_a^{*0} 、运输费用 r_a 和修复费用 b_a 。

(2)腹地需求量 D_w 。

(3)修复预算总额 B 。

(4)货运时间价值因子 q 。

(5)BPR 函数相关参数(α 和 β)等。

步骤 2:非常规突发事件情境相关参数设置。包括:

(1)非常规突发事件类型 u 。

(2)受非常规突发事件影响的路段集合 A_u 和未受非常规突发事件影响的路

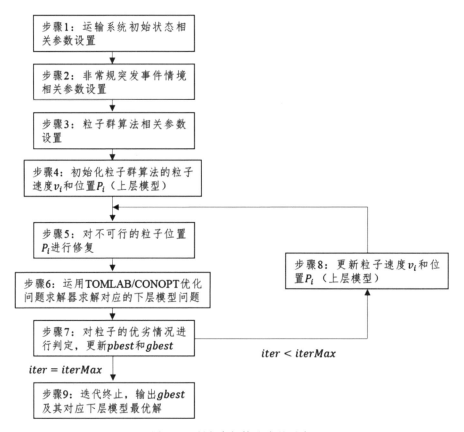

图 3.3 研究求解算法步骤示意

段集合 A_{nu} 。

（3）受影响路段的灾后且修复前运输能力 $c_a^u(\xi)$ 等。

步骤 3：粒子群算法相关参数设置。包括：

（1）种群规模 n 。

（2）最大迭代次数 $iterMax$ 。

（3）学习因子 c_1 和 c_2 。

（4）最大加权系数 $wMax$ 和最小加权系数 $wMin$ 。

（5）容忍度 ε 等。

步骤 4：对于上层模型的决策变量,初始化粒子群算法的粒子速度 v_i 和位置 $P_i,i\in[1,n]$ 。对于每一个粒子 i ,速度向量 v_i 和位置向量 P_i 的维数与上层模型决策变量的数量相等,即与运输系统中的路段数量相等。

（1）随机生成初始粒子速度 $v_i,i\in[1,n]$ 。限定初始粒子速度的最大值和最小值分别为 4 和 -4。在随后的迭代过程中,由于使用了加权系数,从而移除了对粒子速度上下界的限制(López et al.,2018)。

(2)随机生成初始粒子位置 P_i,$i \in [1, n]$。对于受非常规突发事件冲击的路段 $a \in A_u$,随机生成 $p_{i,a}$,$p_{i,a}$ 服从 $[0, 1]$ 区间上的均匀分布;对于未受非常规突发事件冲击的路段 $a \in A_{nu}$,$p_{i,a} = 0$。

步骤 5:当粒子位置 P_i 为不可行解时,对其进行修复。每个粒子位置 P_i,对应模型的一个解,可能会因为不满足上层模型的约束而不可行。在这种情况下,参考 Alves 等(2016)论文中的方法,对不可行解进行修复,而对于可行解则不需要进行修复。具体修复方法如下,修复过程示例如图 3.4 所示。

(1)对于上层模型约束式(3.5),对应受非常规突发事件影响的路段 $a \in A_u$,如果 $p_{i,a} > 1$,则调整为 $p_{i,a} = 1$;如果 $p_{i,a} < 0$,则调整为 $p_{i,a} = 0$。根据初始粒子位置 P_i 的生成方法可知,初始粒子位置 P_i 不会违反该约束。

(2)对于上层模型约束式(3.6),对应未受非常规突发事件影响的路段 $a \in A_{nu}$,如果 $p_{i,a} \neq 0$,则调整为 $p_{i,a} = 0$。根据初始粒子位置 P_i 的生成方法可知,初始粒子位置 P_i 不会违反该约束。

(3)对于上层模型约束式(3.4),即时修复措施的实施费用总和不超过修复预算约束的限制,如果粒子位置 P_i 不满足该项约束,首先,计算粒子位置 P_i 对应的即时修复措施实施费用总和:

$$B_{P_i} = \sum_a b_a \cdot \frac{p_{i,a} \cdot [c_a^* - c_a^u(\xi)]}{c_a^*} \tag{3.24}$$

接着,对于受非常规突发事件冲击的路段 $a \in A_u$,将 $p_{i,a}$ 的值调整为 $p_{i,a} \cdot B/B_{P_i}$。

通过以上的调整,可知调整后的粒子位置 P_i 满足上层模型的所有约束,为上层模型的可行解。

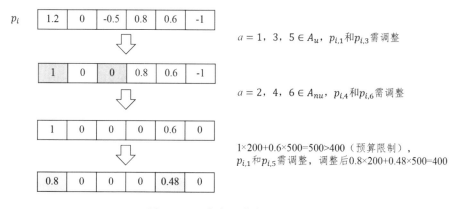

图 3.4　不可行解的修复过程示例

步骤6：将上层模型的解（即粒子位置P_i）代入下层模型中，运用 TOMLAB/CONOPT 优化问题求解器求解其对应的下层模型问题。

（1）计算修复后路段运输能力$c_a(\xi)$和零流运输时间$t_a^{r0}(\xi)$。

（2）运用 TOMLAB/CONOPT 优化问题求解器求解下层模型，得到下层模型的最优解$H_i(h_{i,a} \in H_i, a \in A)$，向量$H_i$的维数与下层模型决策变量的数量相等，向量$H_i$与粒子位置$P_i$相对应。

步骤7：粒子位置P_i及其对应的下层模型最优解向量H_i组成了双层规划模型的一个解(P_i, H_i)，将(P_i, H_i)代入双层模型中，对粒子的优劣情况进行判定，更新 *pbest* 和 *gbest*。

（1）本章研究结合(P_i, H_i)是否为双层规划模型可行解，和适应度函数值的大小两个方面，对不同粒子的优劣进行判定，具体判定方法为：

首先，判定(P_i, H_i)是否为双层规划模型的可行解。由于 TOMLAB/CONOPT 优化问题求解器在求解下层模型时采用的是广义简约梯度法及其扩展方法，得到的结果可能存在很小的误差，导致下层模型的等式约束式（3.12）和（3.13）有不被精确地满足的可能性。鉴于这种情形可能会出现，参考 Soares 等（2020）论文中的方法，对下层模型的等式约束设置容忍度ε（ε 为取值较小的正数）。即对于下层模型等式约束式（3.12）和（3.13），允许：

$$\left| \sum_{a \in A_w} h_a(\xi) - D_w \right| \leqslant \varepsilon \tag{3.25}$$

$$\left| \sum_{a(:,k) \in A} h_a(\xi) - \sum_{a(k,:) \in A} h_a(\xi) \right| \leqslant \varepsilon \tag{3.26}$$

如果(P_i, H_i)满足上层和下层模型的所有约束，根据前文所述，H_i为下层模型的唯一最优解，则(P_i, H_i)为双层规划模型的一个可行解。

接着，计算(P_i, H_i)相应的适应度函数值$\text{fitness}(P_i, H_i)$。由于本章研究中双层规划模型的最终目标是求解上层目标函数的最小值，即最小化修复后运输系统中的集装箱总运输时间，因此，对上层模型运用罚函数的思想来构建(P_i, H_i)的适应度函数。在步骤5中对粒子P_i进行了上层模型可行性修复，上层模型约束中不含H_i，可知(P_i, H_i)不会违反上层模型约束，即适应度函数中不存在惩罚项，可以直接用上层模型目标函数值作为适应度函数值：

$$\text{fitness}(P_i, H_i) = \sum_{a \in A} h_{i,a} \cdot t_a(\xi) \tag{3.27}$$

对于不同粒子i和粒子j的优劣判定，按表 3.3 进行。

表 3.3　第 3 章混合算法中不同粒子 i 和粒子 j 的优劣判定

$(P_i,H_i)/(P_j,H_j)$是否为双层规划模型的可行解	适应度函数值	
	$\text{fitness}(P_i,H_i)$ $<\text{fitness}(P_j,H_j)$	$\text{fitness}(P_i,H_i)$ $\geqslant\text{fitness}(P_j,H_j)$
可行/可行	(P_i,H_i)优	(P_j,H_j)优
可行/不可行	(P_i,H_i)优	(P_i,H_i)优
不可行/可行	(P_j,H_j)优	(P_j,H_j)优
不可行/不可行	(P_i,H_i)优	(P_i,H_i)优

(2)对于初始粒子位置 P_i,将初始化群体粒子中每一个粒子 i 的位置 P_i 设置为 $pbest$, $i\in[1,n]$,对应记录其下层最优解 H_i 。根据表 3.3 的判定方法找到最优的粒子,将其位置设置为 $gbest$,对应记录其下层最优解。

(3)对于非初始粒子位置 P_i ,如果粒子 i 及其对应的 H_i 优于 $pbest$ 及其对应下层最优解,将 $pbest$ 更新为粒子 i 的当前位置 P_i ,对应记录其下层最优解 H_i ;如果粒子 i 及其对应的 H_i 优于 $gbest$ 及其对应下层最优解,将 $gbest$ 更新为粒子 i 的当前位置 P_i ,对应记录其下层最优解。

步骤 8:迭代过程重复进行。如果迭代次数未达到最大迭代次数 $iterMax$,对于上层模型的决策变量,根据公式(3.21)和(3.22)更新粒子速度 v_i 和位置 P_i ,增加迭代次数,并转到步骤 5;如果迭代次数达到最大迭代次数 $iterMax$,转到步骤 9。

步骤 9:迭代终止,输出 $gbest$ 及其对应下层模型最优解,同时输出其对应的上层目标函数值,即为双层规划模型的解。

3.4　模型应用

3.4.1　数值算例描述

本节将通过数值算例研究,展示本章所建立的双层规划模型的有效性,对运输系统弹性提升问题进行分析讨论。以本书第 3.1 节中图 3.1 所示的运输系统为例(为方便阅读,将图 3.1 引用至此处)。该运输系统由 1 个港口和 5 个腹地需求点(仓库)组成,港口和腹地仓库之间由 16 条公路路段相连。各条路段的编号情况如表3.4所示。

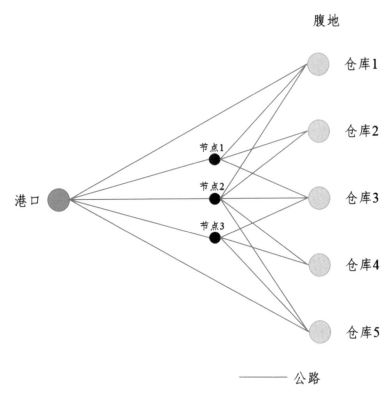

图 3.1　单运输方式港口-腹地集装箱物流运输系统基础设施结构示意

表 3.4　第 3 章数值算例中的路段编号

路段编号	出发地	目的地	路段编号	出发地	目的地
1	港口	仓库 1	9	节点 2	仓库 3
2	港口	节点 1	10	节点 2	仓库 4
3	节点 1	仓库 1	11	节点 2	仓库 5
4	节点 1	仓库 2	12	港口	节点 3
5	节点 1	仓库 3	13	节点 3	仓库 3
6	港口	节点 2	14	节点 3	仓库 4
7	节点 2	仓库 1	15	节点 3	仓库 5
8	节点 2	仓库 2	16	港口	仓库 5

（1）运输系统初始状态相关参数

运输系统中各条路段的初始运输能力c_a^*、零流运输时间t_a^{*0}、运输费用r_a和修复费用b_a，如表3.5所示。从港口到腹地仓库1、仓库2、仓库3、仓库4和仓库5的日均集装箱运输需求分别为1000、500、800、500和1200FEU。政府部门实施即时修复措施的总修复预算为4000（单位：万元）。对于下层模型的目标函数，货运时间价值参数$q=10$。对于BPR函数，设置参数$\alpha=0.5$，$\beta=2$。

表3.5　第3章数值算例中的路段参数设置

路段编号	c_a^*	t_a^{*0}	r_a	b_a
1	1200	11	150	2400
2	1600	5	60	3200
3	600	6	80	1200
4	1000	5	70	2000
5	900	6	60	1800
6	2400	5	60	4800
7	900	7	70	1800
8	600	6	60	1200
9	600	5	70	1200
10	600	6	60	1200
11	800	7	80	1600
12	1800	6	40	3600
13	1000	6	70	2000
14	1000	5	80	2000
15	800	7	90	1600
16	1300	13	140	2600

在初始状态下，对应下层SO模型和UE模型，运输系统各条路段的集装箱运量、运输系统总运输时间（对应上层模型）和总广义运输成本（对应下层模型）如表3.6所示。在同样的运输系统初始状态下，对应同样的腹地需求量D_w、路段的初始运输能力c_a^*、零流运输时间t_a^{*0}和运输费用r_a，遵循SO原则和UE原

则的集装箱货运分配是不同的。需要提到的是,对于下层 SO 模型而言,下层模型目标函数值即为总广义运输成本 $GCtotal_{singlemode}^{*SO}$;而对于下层 UE 模型而言,下层模型目标函数只是用于求解用户均衡状态的特殊函数,没有直观的经济学或者行为学解释(Sheffi,1985)[59-60],其函数值并不等于总广义运输成本 $GCtotal_{singlemode}^{*UE}$,但在求得用户均衡状态下各条路段集装箱运量和实际运输时间后,可以计算出对应的总广义运输成本 $GCtotal_{singlemode}^{*UE}$。

表 3.6　下层 SO 模型和 UE 模型对应的运输系统初始运输状态

下层模型	初始状态下各条路段的集装箱运量								总运输时间(上层)	总广义运输成本(下层)
SO模型	路段 1	路段 2	路段 3	路段 4	路段 5	路段 6	路段 7	路段 8	50358	1028230
	456	845	227	322	296	1262	317	178		
	路段 9	路段 10	路段 11	路段 12	路段 13	路段 14	路段 15	路段 16		
	219	196	352	918	285	304	329	519		
UE模型	路段 1	路段 2	路段 3	路段 4	路段 5	路段 6	路段 7	路段 8	50813	1030418
	339	903	278	326	299	1363	383	174		
	路段 9	路段 10	路段 11	路段 12	路段 13	路段 14	路段 15	路段 16		
	214	193	399	975	286	307	382	420		

(2)非常规突发事件情境相关参数

在本章的数值算例研究中,参考 Chen 等(2012)、Chen 等(2017)的相关研究,考虑了 3 种不同的非常规突发事件类型,分别为恐怖袭击类型($u=1$)、地震类型($u=2$)和雨雪天气类型($u=3$)。非常规突发事件类型 u 对路段 a 的零流运输时间的影响参数分别为 $ch_1=3$,$ch_2=5$ 和 $ch_3=4$。表 3.7 描述了每种非常规突发事件类型对运输系统中的路段造成的影响。每种非常规突发事件类型的示意如图 3.5 所示。

表 3.7　数值算例中的非常规突发事件类型及其对运输系统的影响

非常规突发事件类型	对运输系统的影响
恐怖袭击	随机选择运输系统中的若干条路段,运输能力下降至 0

非常规突发事件类型	对运输系统的影响
地震	随机选择运输系统中的某个区域,区域内的路段运输能力下降一定百分比,其中位于震中的路段运输能力随机下降 90% $\sim100\%$,其余路段运输能力随机下降 $60\%\sim80\%$
雨雪天气①	随机选择运输系统中的某个区域,区域内的路段运输能力随机下降 $70\%\sim100\%$

①:指大范围地区的暴雨或降雪等天气,积水或冰雪覆盖运输系统路段对其运输能力造成负面影响。

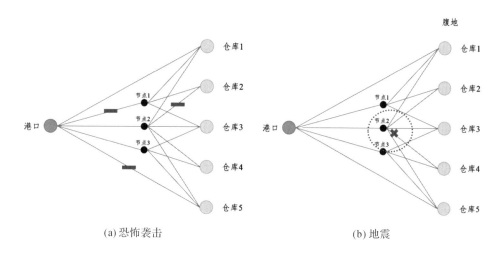

(a) 恐怖袭击　　　　　　　　　　　(b) 地震

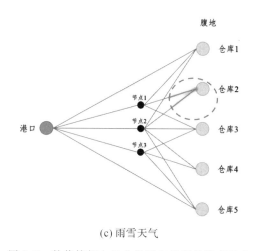

(c) 雨雪天气

图 3.5　数值算例中的非常规突发事件类型示意

（3）蒙特卡洛模拟（Monte Carlo Simulation）

在本章研究中，采用蒙特卡洛法来模拟非常规突发事件的发生（Chen et al.，2012；Miller-Hooks et al.，2012；Chen et al.，2017），从而计算得出运输系统在每种非常规突发事件类型下的弹性水平。具体步骤如下。

步骤1：对于每个非常规突发事件类型，在每一次迭代时，根据预先设定的概率分布函数随机选择一个非常规突发事件情境。基于选定的非常规突发事件情境，再根据预先设定的每条路径运输能力下降的概率分布函数，随机生成一组数值，表示每条受影响路段的运输能力下降百分比，由此创建一个因非常规突发事件发生，导致运输系统中部分路段受损而运输能力有所下降的情境。

步骤2：将运输系统初始状态相关参数和上述非常规突发事件情境相关参数代入双层规划模型中并求解，得出运输系统即时修复措施的决策，并得到在本次非常规突发事件情境下的运输系统弹性，已有研究将其称之为"点弹性值"（Nair et al.，2010）。

步骤3：计算所有蒙特卡洛模拟迭代次数下的点弹性值的均值，即为该非常规突发事件类型下的运输系统弹性水平。

（4）混合算法中的粒子群算法相关参数

对于粒子群算法，参考已有文献的参数设置方式（赵志刚等，2007；Zhang et al.，2021），设置种群规模 $n=40$，学习因子 $c_1=2$，$c_2=2$，参数 $wMax=0.9$，$wMin=0.4$，容忍度 $\varepsilon=0.01$。综合考虑计算精确性和计算时间的平衡，在合理的计算时间内找到近似全局最优解，本章研究将最大迭代次数 $iterMax$ 设置为 50 次。关于混合算法有效性的分析讨论，请见本书附录3。

（5）运输系统弹性计算

在非常规突发事件发生后，运输系统的运输能力将会显著降低，如果政府部门没有准备足够的修复预算实施足够的即时修复措施，腹地点的集装箱货运需求可能无法被满足。在这种情况下，集装箱将被滞留堆积在港口，腹地需求点人民的生产和生活将会受到影响。无法完成运输的集装箱将随着时间的推移而不断增加，这将造成巨大的经济和社会损失。这时，非常规突发事件后的集装箱总运输时间，也就是运输系统时间弹性计算公式（3.1）中的分母，可以认为是无限大的。因此，当修复后的运输系统无法完成腹地集装箱的运输需求时，定义运输系统的点弹性值为0。在这种情况下，政府部门应当增加修复预算并实施额外的修复措施，使修复后的运输系统可以满足所有腹地点的集装箱运输需求。

对于每种非常规突发事件类型,随机生成 100 个非常规突发事件情境。表 3.8 列出了三种非常规突发事件类型情境下,下层 SO 模型和 UE 模型的运输系统弹性水平和总运输时间均值。总运输时间对应上层模型的目标函数值,其中点弹性值等于 0 的非常规突发事件情境未纳入总运输时间均值计算中。假设每种非常规突发事件类型的发生概率相等,则下层 SO 模型和 UE 模型的运输系统弹性水平分别为 0.8723 和 0.8737。在三种非常规突发事件类型下,下层 UE 模型的运输系统弹性水平略高一些,而下层 UE 模型的运输系统的总运输时间均值较短。下层 UE 模型的运输系统弹性水平较高的原因是,其初始总运输时间 $Ttotal_{singlemode}^{*UE}$($Ttotal_{singlemode}^{*UE}$ 的具体值为 50813),即运输系统时间弹性计算公式(3.1)中的分子,大于下层 SO 模型的运输系统初始总运输时间 $Ttotal_{singlemode}^{*SO}$($Ttotal_{singlemode}^{*SO}$ 的具体值为 50358)。非常规突发事件地震类型下,运输系统的弹性水平最低,这表明地震对于运输系统的破坏性最大。

表 3.8　运输系统弹性水平计算结果

模型类别	运输系统弹性(总运输时间均值)		
	恐怖袭击	地震	雨雪天气
双层模型-下层 SO 模型	0.9164 (54213)	0.7761 (65514)	0.9244 (55162)
双层模型-下层 UE 模型	0.9174 (54635)	0.7787 (65921)	0.9249 (55652)

3.4.2　实施与未实施即时修复措施的运输系统弹性比较分析

本小节基于"双层模型-下层 SO 模型",比较了实施与未实施即时修复措施的运输系统弹性。未实施任何即时修复措施的运输系统弹性可以理解为运输系统的固有弹性(Rose,2004),即系统运用自身其他能力代替因外部冲击而减少的能力,继续维持运作。固有弹性与本书研究定义的弹性不同,其不包含非常规突发事件后的努力水平,例如本章研究中政府部门实施的即时修复措施,而这些努力水平在测度运输系统弹性时应当被考虑(Chen et al.,2012)。对于固有弹性而言,体现了利用运输系统冗余代替因非常规突发事件而减少的运输能力进行集装箱运输的能力。这里的运输系统冗余指的是在初始状态下除去完成集装箱运输需求所需的能力以外,运输系统的剩余运输能力(Chen et al.,2017)。

　　首先,以一个具体的恐怖袭击情境为例,比较实施与未实施即时修复措施的运输系统点弹性值。在此情境中,路段 6、路段 14 和路段 16 均受到影响,运输能力下降至 0。假设恐怖袭击后未实施任何即时修复措施,在这种情况下,仓库 4 和仓库 5 的集装箱运输需求无法被满足,越来越多的集装箱将滞留堆积在港口。根据本章前文的定义,运输系统的点弹性值为 0。当政府部门在恐怖袭击后,运用本章建立的"双层模型-下层 SO 模型"求解并实施了即时修复措施,则运输系统的点弹性值分别为 0.7345(修复预算 2000 万元)、0.8676(修复预算 4000 万元)和 0.9370(修复预算 6000 万元)。修复后的运输系统总运输时间低于未进行修复的运输系统总运输时间,并且随着修复预算的增加,运输时间持续减少(见表 3.9)。这说明实施即时修复措施对于运输系统弹性产生了正面积极的影响,恐怖袭击对运输系统造成的破坏性后果有所降低。

表 3.9　实施与未实施即时修复措施的运输系统弹性比较

是否实施即时修复措施	修复预算	即时修复措施决策（上层决策变量）			总运输时间	点弹性值
		路段 6	路段 14	路段 16		
实施即时修复措施	6000	1.00	0.60	0	53741	0.9370
	4000	0.83	0	0	58044	0.8676
	2000	0.42	0	0	68564	0.7345
未实施即时修复措施	—					0

　　对于三种非常规突发事件类型的所有情境,与未实施即时修复措施相比,点弹性值提升 0—0.2、0.2—0.4、0.4—0.6、0.6—0.8 和 0.8—1 的情境数量统计分别如图 3.6(a)、(b)和(c)所示。对于三种非常规突发事件类型类型,实施即时修复措施的运输系统点弹性值均得到了有效提升。以地震类型的 100 个情境

为例[见图3.6(b)],在实施修复预算为2000万元的即时修复措施后,分别有56例和34例情境达到了0.4—0.6和0.6—0.8的点弹性值提升;在实施修复预算为6000万元的即时修复措施后,有95例情境达到了0.8—1的点弹性值提升,运输系统弹性提升效果显著。因此,恰当的即时修复措施对于提升运输系统弹性而言至关重要。

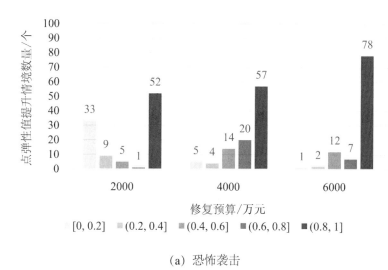

（a）恐怖袭击

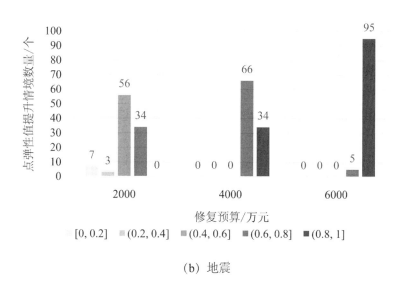

（b）地震

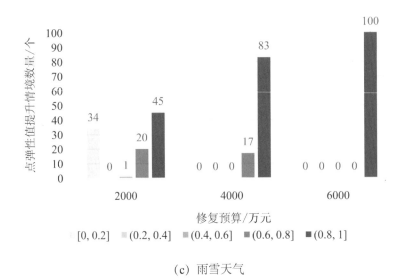

（c）雨雪天气

图 3.6　运输系统实施即时修复措施后的点弹性值提升情况

注：与运输系统未实施任何即时修复措施的对应点弹性值对比。

　　综上所述，实施即时修复措施，可以有效提升运输系统的弹性，缩短修复后运输系统的总运输时间，降低非常规突发事件造成的负面影响。恰当的即时修复措施十分重要且必要，如果不采取或未采取足够的即时修复措施，运输系统的弹性水平会处于较低水平，造成集装箱总运输时间增加，带来经济社会的损失。甚至可能因为运输系统的运作能力没有及时修复至可接受的水平，出现腹地点运输需求无法被满足的情况，集装箱在港口被滞留堆积，从而导致更为严重的后果，影响人民的生产和生活。因此，在非常规突发事件发生后，实施恰当的即时修复措施以提升运输系统的弹性对于经济社会非常重要，本章研究的模型是有效的且具有现实意义的。

3.4.3　总修复预算对运输系统弹性的影响分析

　　对于每种非常规突发事件类型，基于"双层模型-下层 SO 模型"，将总修复预算分别调整为 2000 万元、3000 万元、5000 万元和 6000 万元，以分析即时修复行动的最大预算对运输系统弹性水平的影响（见图 3.7）。不同非常规突发事件类型下的运输系统弹性水平随着总修复预算的增加而提升，这种现象在非常规突发事件的地震和雨雪天气类型中尤为明显［见图 3.7（b）和（c）］。在三种非常规突发事件类型下，运输系统弹性水平的提升速度随着总修复预算的增加而减慢，这一结果与 Nair 等(2010)提到的"弹性遵循收益递减规律"一致。

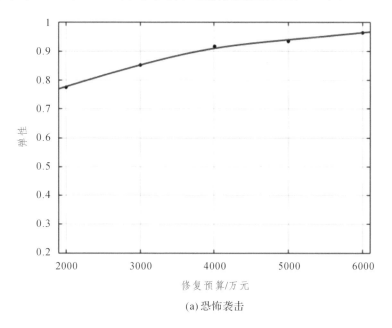

(a) 恐怖袭击

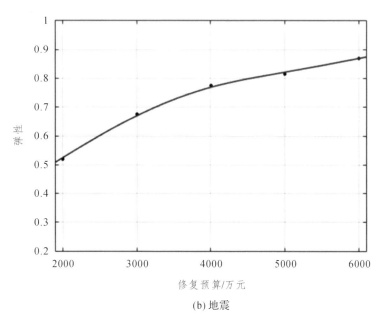

(b) 地震

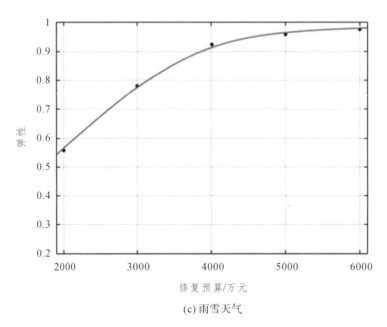

(c) 雨雪天气

图 3.7　不同总修复预算下的运输系统弹性水平

对于每一种非常规突发事件类型,随着总修复预算水平的逐步提高,点弹性值的分布越来越密集(见图 3.8),点弹性值的方差逐步降低(见表 3.10),这一点在雨雪天气类型下尤为明显。这代表点弹性值的波动范围越来越小,即修复后运输系统的状态越来越稳定,非常规突发事件对于运输系统造成的负面影响的随机性随着总修复预算的增加而逐步降低,即时修复措施的实施帮助运输系统更好地吸收了扰动。因此,在研究运输系统弹性问题时,将事后努力水平考虑在内十分有必要,在本章研究中努力水平为总修复预算水平及其相应的即时修复措施,不同修复预算水平下实施的即时修复措施对运输系统弹性的提升效果有所不同。

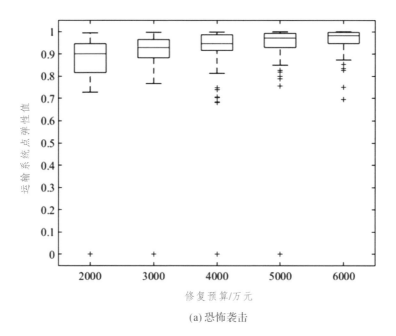

(a) 恐怖袭击

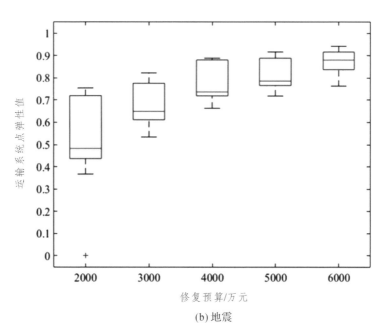

(b) 地震

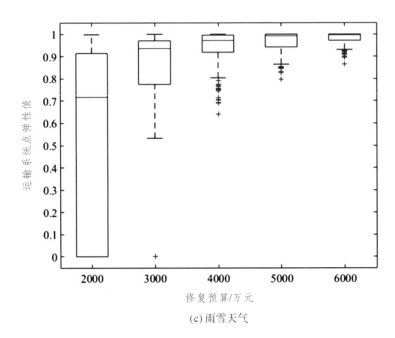

(c)雨雪天气

图 3.8　不同总修复预算下运输系统点弹性值分布情况

表 3.10　不同总修复预算下的运输系统点弹性值方差

非常规突发事件类型	不同总修复预算下的点弹性值方差				
	2000 万元	3000 万元	4000 万元	5000 万元	6000 万元
恐怖袭击	0.1027	0.0665	0.0221	0.0206	0.0027
地震	0.0374	0.0075	0.0063	0.0038	0.0017
雨雪天气	0.1722	0.0987	0.0095	0.0029	0.0012

　　不同的非常规突发事件类型将以不同方式影响运输系统,对运输系统造成不同程度的损坏。政府部门可以根据未来可能发生的非常规突发事件类型制定合适的总修复预算水平,通过实施恰当的即时修复措施提升运输系统弹性。例如,运输系统中出现雨雪天气的可能性较高,如果政府部门希望达到高于 0.8 的弹性水平,则应当准备 4000 万元的总修复预算[见图 3.8(c)]。又例如,运输系统发生地震的可能性较高,如果政府部门仍然希望达到高于 0.8 的弹性水平,则应当将准备的总修复预算提高至 5000 万元[见图 3.8(b)]。本章研究建立的双层规划模型可以帮助政府部门选择一个合理的预算水平,让运输系统在面对非

常规突发事件时达到令人满意的弹性水平。

3.4.4　下层 SO 模型与 UE 模型的运输系统弹性比较分析

　　本小节讨论运输系统用户行为对运输系统弹性的影响。以两个具体的非常规突发事件情境为例：情境 1 为恐怖袭击类型，路段 1、路段 13、路段 14 和路段 15 受到影响，运输能力均下降至 0；情境 2 为地震类型，路段 10 处于地震震中区域，受损较为严重，运输能力下降 91％，路段 6—9 和路段 11—14 也受到地震的影响，运输能力分别下降 65％、79％、75％、70％、74％、68％、68％和 64％。当总修复预算为 4000 万元时，在相同的非常规突发事件情境中，对应于不同的 SO 和 UE 下层模型，政府部门做出的即时修复措施决策（上层模型决策变量）和集装箱承运人做出的各条路段集装箱运量安排决策（下层模型决策变量）如表 3.11 所示。

表 3.11　下层 SO 模型与 UE 模型的运输系统弹性比较

情境	下层模型	即时修复措施决策（集装箱运量）								总运输时间（上层）	点弹性值	总广义运输成本（下层）
情境 1	SO 模型	路段 1	路段 2	路段 3	路段 4	路段 5	路段 6	路段 7	路段 8	52518	0.9589	1058137
		1 (512)	— (1001)	— (208)	— (328)	— (465)	— (1516)	— (280)	— (172)			
		路段 9	路段 10	路段 11	路段 12	路段 13	路段 14	路段 15	路段 16			
		— (335)	— (243)	— (486)	— (257)	0 (0)	0.8 (257)	0 (0)	— (714)			
	UE 模型	路段 1	路段 2	路段 3	路段 4	路段 5	路段 6	路段 7	路段 8	53126	0.9565	1051428
		0 (0)	— (1133)	— (404)	— (287)	— (442)	— (1580)	— (595)	— (213)			
		路段 9	路段 10	路段 11	路段 12	路段 13	路段 14	路段 15	路段 16			
		— (358)	— (76)	— (338)	— (858)	0 (0)	1 (425)	1 (433)	— (429)			

续表

情境	下层模型	即时修复措施决策（集装箱运量）								总运输时间（上层）	点弹性值	总广义运输成本（下层）
情境2	SO模型	路段1	路段2	路段3	路段4	路段5	路段6	路段7	路段8	56674	0.8886	1098601
		—	—	—	—	—	0	0	0			
		(780)	(1520)	(220)	(500)	(800)	(0)	(0)	(0)			
		路段9	路段10	路段11	路段12	路段13	路段14	路段15	路段16			
		0	0	0	1	0	1	—	—			
		(0)	(0)	(0)	(994)	(0)	(500)	(494)	(706)			
	UE模型	路段1	路段2	路段3	路段4	路段5	路段6	路段7	路段8	56881	0.8933	1099634
		—	—	—	—	—	0	0	0			
		(728)	(1572)	(272)	(500)	(800)	(0)	(0)	(0)			
		路段9	路段10	路段11	路段12	路段13	路段14	路段15	路段16			
		0	0	0	1	0	1	—	—			
		(0)	(0)	(0)	(1046)	(0)	(500)	(546)	(654)			

得到以下结论：

（1）非常规突发事件情境的具体情况和运输系统用户的行为均会影响政府部门的即时修复措施实施决策，从而影响运输系统的点弹性值。在情境1中，对应下层SO和UE模型，政府部门的即时修复措施实施决策是不同的。在情境2中，对应下层SO和UE模型，政府部门的即时修复措施实施决策是相同的，但集装箱承运人对于各条路段集装箱运量安排的决策是不同的，导致运输系统的点弹性值不同。因此，政府部门在进行即时修复措施决策时，需要考虑集装箱承运人的不同行为模式，这样才能做出最恰当的决策来帮助运输系统恢复运作能力，最大限度地提升运输系统弹性。

（2）面对非常规突发事件情境，下层SO和UE模型的运输系统的点弹性值没有占据绝对优势的一方。在情境1中，下层遵循SO原则的运输系统点弹性值（0.9589）更高；而在情境2中，下层遵循UE原则的运输系统点弹性值（0.8933）更高。当总修复预算为4000万元时，对于每种非常规突发事件类型，与下层遵循SO原则的运输系统点弹性值相比，下层遵循UE原则的运输系统在大部分非常规突发事件情境下点弹性值较高（见表3.12，其中物流运输系统点弹性值等于 0 的非常规突发事件情境未进行比较)。如本章第 3.4.1 小节所述,下层 UE 模型的运输系统弹性水平较高的原因是,其初始总运输时间($Ttotal_{singlemode}^{*UE}$ 的具体值为 50813),也就是运输系统时间弹性计算公式(3.1)中的分子,大于下层 SO 模型的运输系统初始总运输时间($Ttotal_{singlemode}^{*SO}$ 的具体值为 50358)。

(3)在表 3.11 的两个非常规突发事件情境中,下层遵循 SO 原则的运输系统总运输时间(上层目标函数的值)均低于下层遵循 UE 原则的运输系统总运输时间。对于所有非常规突发事件情境,下层遵循 SO 原则的运输系统总运输时间低于或等于下层遵循 UE 原则的运输系统总运输时间(见表 3.12)。这一结果表明,在面对非常规突发事件情境时,与集卡车司机独立决策实现的遵循 UE 原则的集装箱运输过程相比,由集卡车公司统一协调合作实现的遵循 SO 原则的集装箱运输过程在总运输时间消耗上有更好的表现。

表 3.12　下层 SO 模型与 UE 模型的运输系统弹性和总运输时间比较

非常规突发事件类型	点弹性值较高时的占比		点弹性值相等时的占比	总运输时间较短时的占比		总运输时间相等时的占比
	下层 SO 模型	下层 UE 模型		下层 SO 模型	下层 UE 模型	
恐怖袭击[i]	22%	76%	0	96%	0	2%
地震	11%	89%	0	100%	0	0
雨雪天气	9%	79%	12%[ii]	100%	0	0

注:(i)在 2% 的恐怖袭击情境下,下层 SO 模型和 UE 模型的物流运输系统点弹性值均等于 0,在恐怖袭击类型的数据比较中未计入该部分情境。

(ii)在 12% 的雨雪天气情境下,下层 SO 模型和 UE 模型的物流运输系统点弹性值均等于 1,即运输系统均被修复至初始状态。

综上所述,运输系统中集装箱承运人的行为将影响政府部门提升运输系统弹性目标的实现。面对相同的非常规突发事件情境,当集装箱承运人的行为模式不同时,政府部门的最优即时修复措施决策也可能不同。在研究运输系统弹性问题时,将运输系统用户的行为考虑在内是十分必要的。政府部门应当根据不同的运输系统用户行为模式,选择不同的即时修复措施实施方案,以实现有效提升运输系统弹性的目标。

3.4.5　腹地需求变化对运输系统弹性的影响分析

在当前经济发展水平下,仓库 1、仓库 2、仓库 3、仓库 4 和仓库 5 的日均集装箱运输需求分别为 1000 FEU、500 FEU、800 FEU、500 FEU 和 1200 FEU。从长期的角度来看,随着经济的快速发展,腹地集装箱货运需求量将会有所增长(刘南等,2019)[54]。需要说明的是,此时的集装箱货运需求量仍然是外生变量。因为集装箱需求量变化的原因是外生性的,即在一个较长时间段内,由经济发展引起的集装箱需求量变化。集装箱需求量仍然不因非常规突发事件的发生而改变,即在本章研究涉及的非常规突发事件发生以及紧接着的修复后阶段这一时间段内,集装箱需求量不会发生变化。

对于非常规突发事件的地震类型,分别讨论了 5%、10%、15%、20%、25%、30%、35% 和 40% 的集装箱运输需求增长下,运输系统弹性的变化情况。在不同需求水平下,当修复预算为 4000 万元时的运输系统的弹性水平如图 3.9 所示。需要提到的是,在计算需求变化后的运输系统弹性水平时,公式(3.1)中的分子,即初始状态下的运输系统总运输时间 $Ttotal^*_{singlemode}$,为集装箱承运人根据变化后的运输需求量重新安排集装箱运输路线和货运量后的运输系统总运输时间,随运输需求的变化而变化。相同运输分配原则下(SO 原则或 UE 原则),对于同一个需求增长百分比而言,该数值仍然为固定值;对于不同的需求增长百分比而言,该数值并不相等。

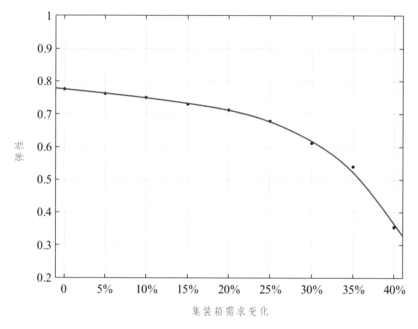

图 3.9　不同集装箱运输需求水平下的运输系统弹性

随着腹地集装箱运输需求的增长,运输系统的弹性水平不断下降。更进一步,随着需求的不断增长,运输系统的弹性水平下降速度呈加速趋势。这是因为集装箱运输需求的增加使得运输系统中的货运流量愈发饱和,即运输系统的冗余能力不断降低。如本章前节所述,运输系统冗余能力指的是运输系统在除去完成集装箱运输需求所需能力后的剩余运输能力(Chen et al.,2017)。腹地运输需求量增加后,运输系统在面对非常规突发事件时,可以被使用的冗余能力减少,因此,运输系统弹性有所下降。政府部门可以利用本章研究所提出的双层规划模型及时调整总修复预算和即时修复措施决策,基于腹地需求的变化,帮助运输系统达到合适的弹性水平。例如,当腹地集装箱运输需求水平增长了30%时,如果政府部门希望达到不低于原需求水平下的运输系统弹性(0.77),则政府部门需要将修复预算提高至6000万元;如果政府部门希望达到更高的运输系统弹性,如高于0.8的弹性水平,则政府部门需要将总修复预算继续提高至7000万元(见图3.10)。

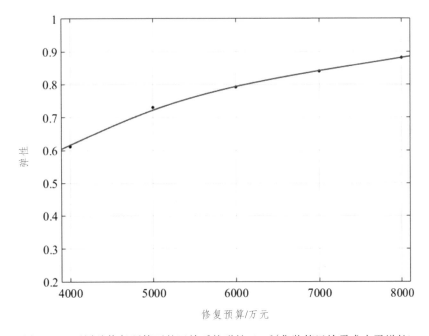

图3.10　不同总修复预算下的运输系统弹性(30%集装箱运输需求水平增长)

3.4.6　与单层规划模型的比较分析

　　为了说明采用双层规划模型研究运输系统弹性问题的有效性,在本小节中构建了不同类型的单层规划模型,与本章研究提出的双层规划模型进行比较。

　　双层规划模型中包含了许多影响运输系统弹性的因素,包括运输系统的基础设施拓扑结构、政府部门的目标和应对措施、集装箱承运人的目标和行为模式等,以及不同运输系统参与者之间的层级关系和相互作用等。由于单层规划模型的局限性,仅使用一个单层规划模型很难同时考虑这些影响因素。因此,当建立单层规划模型来研究运输系统的弹性问题时,不得不忽略部分运输系统参与者的目标和行为,以及不同参与者之间的相互作用。

　　基于 SO 原则,在原集装箱运输需求水平下,分别建立了两个不同的单层规划模型。在单层规划模型 1 中,考虑了运输系统的基础设施拓扑结构和政府部门的目标,未考虑集装箱承运人的目标(见附录 4 中该模型的数学表达式)。在单层规划模型 2 中,仅关注运输系统的运输能力,求解运输系统的最大流问题,尝试通过运输能力最大化来实现运输系统弹性的提升,而集装箱承运人的行为和货主的腹地集装箱运输需求则均未考虑(见附录 5 中该模型的数学表达式)。运用 TOMLAB/CONOPT 优化问题求解器求解这两个单层规划模型问题。首先,运用单层规划模型求解政府部门的即时修复措施决策;然后,根据 SO 原则求解每条路段上的实际集装箱货运量。

　　以另一个具体的地震情境为例,其中路段 16 处于地震震中区域,受损较为严重,运输能力下降 93%,路段 6 和路段 10—15 也受到地震的影响,运输能力分别下降 61%、62%、61%、68%、62%、68% 和 78%。运用本章中的双层模型-下层 SO 模型得到的结果,与两个单层规划模型得到的结果进行对比,可见按照双层规划模型求解得到的即时修复措施实施后的修复运输系统的点弹性值较高,如表 3.13 所示。

表 3.13 双层规划模型与不同单层规划模型决策的运输系统弹性对比

模型类别	即时修复措施决策（实际集装箱运量）								总运输时间（上层）	点弹性值
双层规划模型	路段 1	路段 2	路段 3	路段 4	路段 5	路段 6	路段 7	路段 8	67147	0.7500
	—	—	—	—	—	0.29	—	—		
	(780)	(1520)	(220)	(500)	(800)	(500)	(0)	(0)		
	路段 9	路段 10	路段 11	路段 12	路段 13	路段 14	路段 15	路段 16		
	—	1	0	0	0	0	0	1		
	(0)	(500)	(0)	(0)	(0)	(0)	(0)	(1200)		
单层规划模型 1	路段 1	路段 2	路段 3	路段 4	路段 5	路段 6	路段 7	路段 8	87636	0.5746
	—	—	—	—	—	0.47	—	—		
	(780)	(1520)	(220)	(500)	(800)	(1300)	(0)	(0)		
	路段 9	路段 10	路段 11	路段 12	路段 13	路段 14	路段 15	路段 16		
	—	1	1	1	0	0	0	0.72		
	(0)	(500)	(800)	(400)	(0)	(0)	(400)	(0)		
单层规划模型 2	路段 1	路段 2	路段 3	路段 4	路段 5	路段 6	路段 7	路段 8	119700	0.4207
	—	—	—	—	—	0.64	—	—		
	(731)	(1346)	(269)	(500)	(577)	(750)	(0)	(0)		
	路段 9	路段 10	路段 11	路段 12	路段 13	路段 14	路段 15	路段 16		
	—	0	0	0.24	0	0	0	0.63		
	(223)	(230)	(297)	(379)	(0)	(270)	(109)	(794)		

这一结果表明,运用双层规划模型得到的运输系统弹性水平优于两个单层规划模型。原因是在双层规划模型中可以纳入更多的影响因素,包括运输系统的基础设施拓扑结构、不同运输系统参与者的目标和行为,以及不同参与者之间的相互作用,这些因素和相互作用都将影响到提升运输系统弹性这一目标的实现。更进一步,虽然政府部门和集装箱承运人的目标可能存在冲突,但在双层规划模型中可以很好地处理这两个冲突的目标。相比之下,单层规划模型则存在局限性,在建立单层规划模型时不得不忽略部分运输系统参与者的目标和行为。然而,这些运输系统参与者的目标和行为将会影响运输系统的弹性水平。采用

单层规划模型进行运输系统弹性提升的决策,政府部门在非常规突发事件发生后实施即时修复措施,不能正确预估运输系统用户的行为及其对政府部门提升运输系统弹性的影响,将导致运输系统弹性没有得到最大限度的提升,修复资源没有得到最有效的利用。以表 3.13 中单层规划模型 1 的求解结果为例,根据单层规划模型 1 得到的即时修复措施决策,将路段 16 的受损能力修复了 72%,但路段 16 的实际货运量为 0,即集装箱承运人为了实现系统最优(SO)分配,并未选择在路段 16 上安排任何集装箱的运输,政府部门在路段 16 上花费的修复资源是无意义的。因此,在研究运输系统弹性提升问题时,集装箱承运人的目标和行为不可忽略。

地震类型下所有情境的双层规划模型与两个不同单层规划模型求解结果对比如图 3.11 所示。对于所有情境,采用双层规划模型得到的运输系统点弹性值均高于两个单层规划模型得到的运输系统点弹性值。其中,双层规划模型与单层规划模型 1 求解的运输系统点弹性值的最大差值为 0.2545,双层规划模型与单层规划模型 2 求解的运输系统点弹性值的最大差值为 0.8886。对于单层规划模型 2 的求解结果,在超过 80% 的非常规突发事件情境下的运输系统点弹性值为 0。原因是在单层规划模型 2 中,修复后的运输系统虽然实现了运输能力

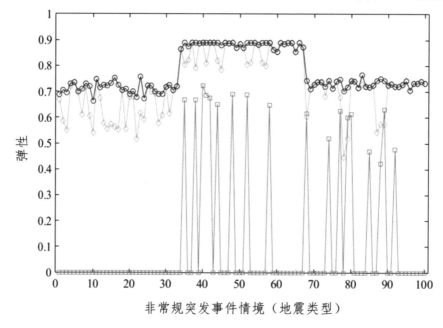

图 3.11 与单层规划模型决策的运输系统弹性对比(地震类型)

最大化(运输系统可实现的集装箱总运量最大化),但腹地货主的集装箱运输需求被忽略,导致修复后的运输系统能力和实际的集装箱运输需求不相匹配,其中一部分路段运输能力修复程度较高,可以完成较多数量的集装箱运输,但在该路段对应的港口至腹地需求点间并没有较高的集装箱运输需求;另一部分路段运输能力修复程度较低,但在该路段对应的港口至腹地需求点间有较高的集装箱运输需求,导致无法满足腹地点的运输需求,集装箱将在港口滞留堆积,带来经济损失和社会损失。因此,在研究运输系统弹性提升问题时,不仅是集装箱承运人的目标和行为不可忽略,另一种运输系统用户,即货主的运输需求也必须考虑在内。

综上所述,单层规划模型不适用于求解运输系统弹性提升的决策问题,无法帮助政府部门制定对运输系统实施即时修复措施的最优决策,因其局限性而忽略的部分运输系统参与者的目标和行为,以及不同参与者之间的相互作用,均为会对运输系统弹性造成影响的重要因素,在研究分析运输系统弹性提升的决策问题时需要纳入考虑。本章建立的双层规划模型包含了运输系统的基础设施拓扑结构、政府部门的目标和对应措施、集装箱承运人的目标和行为,以及不同运输系统参与者之间的层级关系和相互作用,可以支持政府部门制定更有效的即时修复措施实施决策,提升运输系统弹性以更好地应对非常规突发事件的冲击。

3.5 管理启示

本章研究从运输时间弹性的视角,对单运输方式(集卡车公路运输)港口-腹地集装箱物流运输系统的弹性提升问题进行了研究分析,通过数值实验得到以下管理启示。

(1)在非常规突发事件发生后,实施恰当的即时修复措施可以有效提升运输系统的弹性,缩短修复后运输系统的总运输时间,降低非常规突发事件造成的负面影响。如果不采取或未采取足够的即时修复措施,运输系统的弹性水平会处于较低水平,造成集装箱总运输时间的增加,甚至出现腹地点运输需求无法被满足、集装箱在港口滞留堆积的情况,影响人民的生产和生活。因此,实施恰当的即时修复措施提升运输系统的弹性对于经济社会非常重要。

(2)非常规突发事件对于运输系统造成的负面影响的随机性随着总修复预算的增加而逐步降低。运输系统弹性遵循"收益递减规律",即运输系统弹性提升速度随着总修复预算的增加而减慢。政府部门可以根据未来可能发生的非常规突发事件类型制定合适的总修复预算水平,让运输系统在面对非常规突发事件时达到令人满意的弹性水平。

(3)运输系统中集装箱承运人的行为模式将影响政府部门提升运输系统弹性目标的实现。数值实验表明,面对相同的非常规突发事件情境,当集装箱承运人的行为模式不同时(遵循 SO 原则或者 UE 原则),政府部门的最优即时修复措施决策也可能不同。在研究运输系统弹性问题时,集装箱承运人的目标和行为必须考虑在内。政府部门应当根据不同的运输系统用户行为模式,选择不同的即时修复措施实施方案,以实现有效提升运输系统弹性的目标。

(4)从长期的角度来看,随着腹地集装箱运输需求的增长,运输系统的弹性水平不断下降。政府部门应当根据腹地集装箱运输需求的变化情况调整总修复预算,以便在非常规突发事件情境下对运输系统实施更为恰当的即时修复措施,达到合适的运输系统弹性水平。

(5)政府部门在进行即时修复措施实施决策时,正确预估运输系统用户的行为及其对提升运输系统弹性的影响十分关键,否则将导致运输系统弹性没有实现最大限度的提升,修复资源没有得到最好的利用。本章研究所提出的双层规划模型包含了运输系统的基础设施拓扑结构、政府部门的目标和行为、集装箱承运人的目标和行为,以及不同运输系统参与者之间的相互作用等影响运输系统弹性的重要因素,可以为政府部门在非常规突发事件情境下,对运输系统实施更为有效的即时修复措施提供决策支持。

3.6　本章小结

港口-腹地集装箱物流运输系统对经济社会发展具有重要意义。然而,各种非常规突发事件,包括自然灾害或人为灾害,可能对港口-腹地集装箱物流运输系统造成破坏,使其运输能力大幅降低,对经济社会造成负面影响。本章对单运输方式港口-腹地集装箱物流运输系统的弹性测度和提升问题进行研究分析。建立双层规划模型,结合考虑运输系统的基础设施拓扑结构、政府部门的目标和应对措施、集装箱承运人目标和行为模式,以及不同决策者之间的层级关系和相互作用,在非常规突发事件情境下,为政府部门如何在有限修复资源约束下对受损运输系统实施最有效的即时修复措施提供了决策方法,提升运输系统的弹性水平,使运输系统在非常规突发事件发生后能够及时恢复至合适的运作水平。在下层模型中,对不同的集装箱货运分配模式(SO 原则和 UE 原则)进行了研究。结合所建立的双层规划模型的特点,构造了一种将粒子群优化算法和传统优化算法相结合的混合求解算法,通过 MATLAB 软件和 TOMLAB/CONOPT 优化问题求解器来实现求解过程,在合理的计算时间内找到双层模型的近似全局最优解。数值实验表明了本章所建立双层规划模型的有效性。

本章研究的主要创新与贡献包括以下几方面。

(1)从时间弹性的视角对单运输方式港口-腹地集装箱物流运输系统的弹性提升问题进行了研究。学者们关于货运系统弹性的研究较多是从运量弹性的视角进行(Nair et al.,2010;Chen et al.s,2012;Miller-Hooks et al.,2012;Chen et al.,2017),运量弹性视角侧重于非常规突发事件发生后,对紧接着的单个周期下的货运系统弹性进行测度与提升。本章研究考虑到在政府部门实施即时修复措施后,运输系统的修复状态将会持续一段时间,在这期间将会重复多个周期的货运过程。因此,采用时间弹性的视角去测度与提升在这期间内多个周期下的运输系统弹性,是从中长期视角研究分析运输系统的弹性提升问题,这对于货运过程周期性重复的运输系统而言十分重要。

(2)本章在研究运输系统弹性提升问题时,将运输系统用户的行为纳入考虑,通过数值实验说明了运输系统用户的行为模式将影响政府部门提升运输系统弹性目标的实现,政府部门应当根据不同的运输系统用户行为模式进行即时修复措施实施决策,以实现有效提升运输系统弹性的目标。

(3)大多数关于货运系统的研究模型是在常规情境下构建和求解的,而在面对非常规突发事件情境时,关于如何对货运系统运作能力进行修复提升的研究较少。本书通过建立双层规划模型,考虑了运输系统的基础设施拓扑结构、不同运输系统参与者的目标和行为,以及参与者之间的相互作用,可以支持政府部门在非常规突发事件发生后,制定更为有效的即时修复措施,以提升港口-腹地集装箱物流运输系统的弹性,填补了目前在非常规突发事件情境下结合运输系统用户行为和政府部门与运输系统用户相互作用研究货运系统弹性提升问题的空白。

港口-腹地集装箱物流运输系统是促进经济社会发展的关键基础设施,提升港口-腹地集装箱物流运输系统弹性以更好地面对非常规突发事件的冲击非常重要。本章研究对单运输方式(集卡车公路运输)港口-腹地集装箱物流运输系统的弹性提升问题进行了研究分析,通过数值实验结果表明了所提出的双层规划模型的有效性,说明了在研究运输系统弹性提升问题时考虑运输系统用户的行为模式十分必要。在接下来的第 4 章中,将继续考虑运输系统用户的目标和行为,对另一部分规模较大且发展较为成熟的多式联运港口-腹地集装箱物流运输系统的弹性测度与提升问题进行研究。

4 多式联运港口-腹地集装箱物流运输系统弹性提升的决策模型研究

第 3 章对单运输方式港口-腹地集装箱物流运输系统的弹性提升问题进行了研究分析。本章将在第 3 章的研究基础上,继续通过建立并求解双层规划模型,研究多式联运港口-腹地集装箱物流运输系统的弹性测度与提升问题,并通过数值实验结果表明所提出模型的有效性。

本章首先详细阐述本章研究问题;接着构建提升多式联运港口-腹地集装箱物流运输系统弹性的混合整数双层规划模型;然后阐述求解算法和模型的具体求解过程;再通过数值算例说明双层规划模型的有效性,并对多式联运系统弹性提升问题进行分析讨论;最后分析讨论本章研究的管理启示。

4.1 问题描述

一部分规模相对较小、处于发展初期的港口-腹地集装箱物流运输系统仅由公路相连接,在本书第 3 章中已对这类单运输方式港口-腹地集装箱物流运输系统的弹性提升问题进行了研究。而另一部分规模较大、发展较为成熟的港口-腹地集装箱物流运输系统则包含了公路运输、铁路运输、内河水路运输等运输方式,以及由不同运输方式组合完成的多式联运,本书将其称为多式联运港口-腹地集装箱物流运输系统。集装箱多式联运是一种先进的运输方式,在运输过程中可以选择各种运输方式和运输路径的组合,以提升运输效率,降低运输成本。

本章的研究对象为包含铁路和公路两种运输方式的多式联运港口-腹地集装箱物流运输系统(在本章后续内容中简称"多式联运系统")。需要提到的是,公铁联运和公水联运过程较为相似。首先进行货源组织,通过铁路或内河水路运输将集装箱批量运输至多式联运场站或内河港,进行运输模式转换,再由集卡车通过公路运输至腹地需求点。本章研究以公铁联运港口-腹地集装箱物流运输系统为研究对象展开,对于包含内河水路运输的多式联运系统同样适用。

多式联运系统的基础设施结构如图 4.1 所示,包括节点和连接不同节点的路段。节点包括港口、多式联运连接点和腹地点等,其中多式联运连接点包括多式联运场站、无水港和内河港等,集装箱的运输方式可以在多式联运连接点进行转换(为方便描述,本书后续内容中将各类多式联运连接点统称为"多式联运场

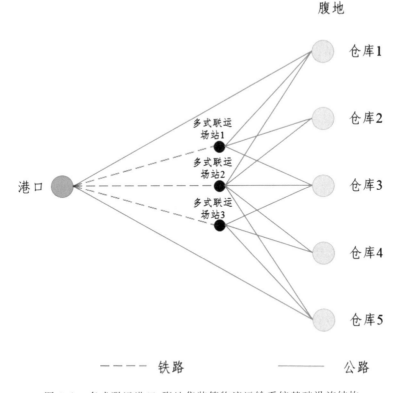

图 4.1 多式联运港口-腹地集装箱物流运输系统基础设施结构

站",指多式联运系统中可以实现运输方式转换的站点)。不同节点间由铁路路段和公路路段进行连接。铁路运输在中长距离运输中具有成本优势(刘畅,2020),可以实现批量运输,单趟铁路列车最大可装载量为 42 FEU(陈红,2018),1 FEU 可换算为 2 TEU。但铁路运输无法直接完成 O—D 间的门到门运输,需要进行运输模式的转换,由公路运输完成短途接驳。公路运输可以直接完成 O—D 间的门到门运输,也可以作为其他运输方式的短途接驳,在短距离运输中具有成本和时效优势,但单次运输量少,每辆集卡车每次运输量为 1 FEU。

多式联运系统与单运输方式港口-腹地集装箱物流运输系统主要区别包括以下几方面。

(1)多式联运系统中包含多种运输方式,一种运输方式的货运量将会影响该运输方式的运输时间,即货运量越大,运输时间越长。原因为:对于公路运输而言,更多的货运量带来更大的路段阻抗,集卡车的实际运输时间也相应增加;对于铁路运输而言,更多的货运量带来更长的集装箱装卸时间,以及列车排序作业等待时间等。运输时间包含在多式联运经营人的广义运输成本函数中,因此运输时间是决定该运输方式对多式联运经营人吸引力的重要因素之一,将会影响到其是否选择该运输方式进行集装箱的运输,以及选择多少数量的集装箱采用该运输方式进行运输(Liu et al.,2021)。集装箱的运输在多式联运系统中的 O—D 运输过程,可以选择多式联运方式,也可以选择单运输方式,需要提到的是,单运输方式仅公路运输可以实现。在研究分析多式联运系统弹性问题时,需要考虑不同运输方式的运输时间和广义运输成本的刻画方式,以及不同运输模式间的衔接转换等问题。

(2)多式联运系统在面对非常规突发事件时,不仅路段可能受到影响,部分节点,包括港口和多式联运场站也同样可能受到影响。港口和多式联运场站遭受非常规突发事件打击后,集装箱装卸作业能力将会有所下降。

本章研究同样聚焦集装箱从港口出发,运输至腹地点的运输过程。研究目标为测度并提升多式联运系统的弹性,同样采用双层规划模型进行研究。多式联运系统中的参与者包括多式联运系统规划管理者和多式联运系统用户。

多式联运系统规划管理者为政府部门,在本章研究中,港口、多式联运场站、铁路路段和公路路段在常规情境下的规划管理工作和非常规突发事件情境下的应对措施部署工作均由政府部门承担。在本章研究中,以"政府部门"指代对港口-腹地集装箱物流运输系统进行规划管理,并在非常规突发事件情境下对港口-腹地集装箱物流运输系统进行相关资源调度和应对措施部署的国家机构(请见本书第 1.4.2 小节中的相关阐述),是多式联运系统的规划管理者。

政府部门处于主导地位,为上层模型的决策者;多式联运系统用户包括货主和集装箱多式联运经营人,处于从属地位,为下层模型的决策者。

提升多式联运港口-腹地集装箱物流运输系统弹性的双层规划模型决策框架如图 4.2 所示。

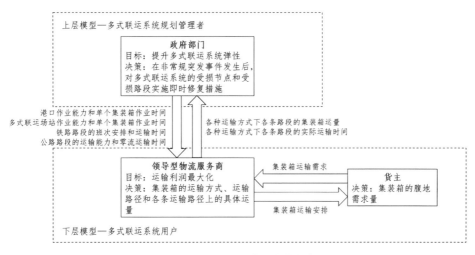

图 4.2 双层规划模型决策框架

在非常规突发事件发生后,政府部门对受损多式联运系统做出如何具体实施即时修复措施的决策,并面临给定的修复预算资金约束和即时修复措施实施时间约束。需要提到的是,在第 3 章的研究中,为了帮助物流运输系统更好地恢复状态,让即时修复措施的实施环节尽可能完成得更好,没有对即时修复措施的实施时间进行约束。在本章研究中,增加了对即时修复措施实施时间的约束,并分析其对于多式联运系统弹性的影响。

受损节点和受损路段的即时修复措施均由政府部门统一决策,对于受到非常规突发事件影响的港口或者多式联运场站,即时修复措施包括对受损港机进行修复,或者调用集装箱正面吊运机进行集装箱的装载作业等,以修复港口或者多式联运场站的集装箱装卸作业能力;对于受到非常规突发事件影响的铁路路段,即时修复措施包括对受损铁轨进行更换,对铁路地基进行维修等,以修复铁路路段的运输能力;对于受到非常规突发事件影响的公路路段,即时修复措施包括对受损部分进行填补和维修等,修复一定比例的路段运输能力。政府部门的目标为最大限度地提升多式联运系统弹性。

政府部门充分了解多式联运系统中货主的集装箱运输需求量,也充分了解多式联运经营人在安排集装箱运输时的行为模式,可以预估即时修复措施实施后,多式联运经营人将如何在修复后的多式联运系统中安排集装箱的运输方式、运输路径和各条路径的运量。政府部门实施即时修复决策后,修复后多式联运系统中的港口和多式联运场站的作业能力和单个集装箱作业时间、铁路路段的班次安排和运输时间、公路路段的运输能力和零流运输时间随之确定,这些因素将影响下层模型决策者中的多式联运经营人如何具体安排集装箱的运输过程,以实现其最大化利润的目标。

多式联运系统用户的其中之一与第 3 章相同,为集装箱货主,他们决定了集装箱的腹地需求量。货主的需求为本源需求,派生出采用集装箱运输方式将货物运输至腹地的需求。在本章研究中,腹地集装箱需求量同样为固定值,且不因非常规突发事件的发生而改变(相关阐述请见本书第 3.1 节)。

另一个多式联运系统用户则与第 3 章有所不同。在第 3 章研究中,另一个物流运输系统用户为集卡车公司和集卡车司机,采用了两种不同的物流运输系统分配模式,即 SO(系统最优)和 UE(用户均衡)模型。对于第 3 章的研究对象、单运输方式港口-腹地集装箱物流运输系统而言,集装箱在港口装载到集卡车上以后,后续从港口出发到目的地仓库的运输只涉及公路运输一种模式,均由这辆集卡车完成,即在运输过程中不再涉及集装箱的卸载、装载或者车辆更换。因此,可以由集卡车司机个人在多条运输路径中选择一条具体运输路径,当所有集卡车司机均非合作地选择对于自身而言成本最小化的路径,则实现了 UE 分配。当存在统一管理协调集卡车司机行动的组织机构,统一规划所有集装箱在物流运输系统中的具体运输路径时,则实现了 SO 分配。

而对于本章的研究对象——多式联运系统而言,涉及多种运输模式和模式间的衔接与转换。以公铁联运方式为例,首先进行货源组织,确定装载到同一班次列车上进行批量运输的集装箱,集装箱在港口被装载到铁路列车上,再通过铁路运输到达多式联运场站,从铁路列车上卸载,然后被装载到集卡车上,由集卡车运送至目的地仓库。这一系列过程无法由个体决策者,如集卡车司机对单个集装箱进行决策来完成,而需要由多式联运经营人,对所有集装箱统一进行运输方式、运输路径和各条路径集装箱运量的决策。多式联运经营人追求总运输利润的最大化。因此,在多式联运系统中将由多式联运经营人统一规划集装箱的运输安排决策而实现 SO 分配,不会实现由个体决策者非合作决策的 UE 分配。

本章研究中的另一个多式联运系统用户为多式联运经营人。多式联运经营人是整个集装箱多式联运过程的组织者,其与货主签订集装箱运输合同,根据多式联运系统内的可用运力情况,组织安排集装箱的具体运输方式和运输过程,将集装箱委托给铁路和公路承运人进行运输,并向承运人支付运输费用(甘家华等,2018)。

具体而言,在本章研究中的多式联运经营人为领导型物流服务商(lead logistics provider,LLP),是下层模型的决策者。领导型物流服务商整合多式联运系统中的各种运力资源,制订集装箱运输的整体方案。领导型物流服务商清晰掌握多式联运系统的修复情况,在修复后的多式联运系统中,根据货主的集装箱需求量,对集装箱的运输方式、运输路径和各条运输路径上的运量做出决策。运输方式决策包括对多式联运和单运输方式(公路运输)的选择,运输路径决策包括对不同多式联运路径的选择,和对不同单运输方式路径的选择。根据本书第3.1节所述,可运用路段-路径关联矩阵,由各条路径上(含多式联运路径和单运输方式路径)的运量计算得出各条路段上的运量。即领导型物流服务商做出决策后,多式联运系统中各种运输方式下各条路段的集装箱运量和实际运输时间随之确定,这些因素将影响上层模型决策者,即政府实现其最大限度地提升多式联运系统弹性的目标。

需要提到的是,集装箱的实际运输是由港口作业、多式联运场站作业、铁路列车运输和集卡车公路运输完成的,但货主实际是将集装箱运输任务委托给领导型物流服务商来完成的。具体运输的方案,包括哪些集装箱选择多式联运,哪些集装箱选择仅集卡车公路运输,是由领导型物流服务商进行决策的。这一点与本书第3章的研究模型有所不同,在第3章研究中,由于物流运输系统仅涉及公路运输方式,货主是直接将集装箱运输任务委托给集卡车公司或者集卡车司机来完成的。因此,在本章研究中,实际被研究的多式联运系统用户为领导型物流服务商,而不是港口企业、多式联运场站经营企业、铁路公司或者集卡车公司。

4.2 建模分析

4.2.1 模型描述与假设

本章研究的目标多式联运系统中只存在一个港口,所有集装箱均从港口出发,运输至其腹地需求点。多式联运系统中包含两种运输方式,分别为铁路运输和公路运输。多式联运系统中可以存在若干个多式联运场站,运输模式的转换仅在多式联运场站中进行。港口至腹地点的集装箱运输活动周期性重复进行,单个周期时间为1周(共7天),腹地点的集装箱周需求量由腹地货主决定,为固定值且不受非常规突发事件的影响。初始状态下,即非常规突发事件发生前,各个腹地点的运输需求均可得到满足。假设多式联运系统中集装箱的规格和装载的货物种类相同,即集装箱为同质的。铁路列车单趟最大运输量为 42 FEU。铁路公司出于对运营成本的考虑,要求每趟列车必须实现满载,即每趟列车需装载集装箱 42 FEU。对于无法实现满载的列车不会发车。单趟铁路列车无经停站点,即只有一个出发地和一个目的地,且出发地均为港口,目的地均为多式联运场站。每辆集卡车每次运输量为 1 FEU。

与第 3 章相同,本章研究的多式联运系统不涉及客运流量及其变化情况,相关阐述请见本书第 3.2.1 小节。在非常规突发事件发生后,政府部门制定修复决策时针对多式联运系统的集装箱货运能力进行。

港口与其腹地之间的集装箱运输业务可分别由多个领导型物流服务商承担。假设各个领导型物流服务商之间无业务交集,即每个腹地点的集装箱运输业务仅由一个领导型物流服务商承担,可按领导型物流服务商的业务范围将多式联运系统划分为多个子多式联运系统。本章研究关注其中一个子多式联运系统,即由一个领导型物流服务商承担所有集装箱运输业务的多式联运系统的弹性提升问题。

领导型物流服务商作为集装箱运输安排的实际决策者,追求自身利润最大化。在本章研究中,同样设定货主支付的相同 O—D 之间的集装箱委托运输费用单价为固定值,且不受非常规突发事件的影响。由于腹地集装箱运输量(即腹地货主需求)和委托运输费用单价均为固定值,则领导型物流服务商的运输收益为固定值,其追求自身利润最大化的目标可以转化为追求自身成本最小化。

非常规突发事件会对多式联运系统中的节点和路段造成影响,其中节点包括港口和多式联运场站,路段包括铁路路段和公路路段。受影响的节点集装箱装卸作业能力将会有所下降,受影响的路段运输能力将会有所下降。非常规突发事件发生后,对于每一个受损节点和每一条受损路段,政府部门最多实施一次即时修复措施。非常规突发事件发生后,政府部门希望尽快完成即时修复措施,让多式联运系统尽快重新开启运作状态。因此,对即时修复措施设置最大实施时间的限制。出于轨道交通运输安全的考虑,对于受损的铁路路段,必须完全修复至初始状态才可以安排列车运输。政府部门在制定即时修复措施决策时,能够清晰准确地预估领导型物流服务商在安排集装箱运输时的行为模式,充分了解即时修复措施实施后,领导型物流服务商将如何在修复后的多式联运系统中进行集装箱的运输安排。即时修复行动实施完成后,领导型物流服务商可以接收到准确的修复信息,并根据修复后的多式联运系统状态调整运输决策,以实现成本最小化的目标。对于公路路段考虑路段阻抗,随着一条公路路段上货运量的增加,集卡车在该条公路路段上的实际运输时间也相应增加。

根据以上描述,本章研究的模型建立基于以下假设:

(1)腹地集装箱运输需求量为固定值,且不受非常规突发事件的影响。

(2)所有集装箱为同质的。

(3)每趟铁路列车必须实现满载(42 FEU,可换算为 84 TEU)才会发车,且无经停站点,只有一个出发地和一个目的地,分别为港口和多式联运场站。

(4)非常规突发事件对多式联运系统中的节点和路段造成影响。在非常规突发事件发生后,对于每一个受损节点和每一条受损路段最多实施一次即时修复措施。铁路路段必须完全修复至初始状态才可以安排列车运输。

(5)对于即时修复措施有最大实施时间约束。

(6)多式联运系统中的公路路段存在路段阻抗,集卡车在一条公路路段上的实际运输时间随路段货运量的增加而增加。

本章研究在构建多式联运系统弹性提升的决策模型时所使用的参数和变量如表 4.1 所示。

表 4.1　第 4 章模型中的参数和变量

符号	含义
A	多式联运系统中的所有路段集合,$a \in A$
A_{rail}	多式联运系统中的所有铁路路段集合,$a_{rail} \in A_{rial}$,$A_{rial} \subseteq A$
A_{road}	多式联运系统中的所有公路路段集合,$a_{road} \in A_{road}$,$A_{road} \subseteq A$
$A_{virtual}$	多式联运系统中的所有虚拟路段集合,代表集装箱的装载或卸载过程,$a_{virtual} \in A_{virtual}$,$A_{virtual} \subseteq A$
$A_{virtual,sp}$	港口虚拟路段集合,代表集装箱的装载过程,$a_{virtual,sp} \in A_{virtual,sp}$,$A_{virtual,sp} \subseteq A_{virtual}$
$A_{virtual,dp}$	多式联运场站虚拟路段集合,代表集装箱的卸载过程,$a_{virtual,dp} \in A_{virtual,dp}$,$A_{virtual,dp} \subseteq A_{virtual}$
DP	多式联运系统中的所有多式联运场站集合,$dp \in DP$
W	腹地需求点仓库集合,$w \in W$
A_w	与仓库 w 相连接的路段集合,$A_w \subseteq A$
U	非常规突发事件类型集合,$u \in U$

续表

符号	含义
A_u	被非常规突发事件影响的路段集合，$A_u \subseteq A$
A_{nu}	未被非常规突发事件影响的路段集合，$A_{nu} \subseteq A$
sp	多式联运系统中的港口，仅存在1个港口
dp	多式联运系统中的1个多式联运场站
w	多式联运系统中的1个腹地需求点仓库
a	多式联运系统中的1条路段，$a(sp,w)$代表路段a的起点为港口sp，终点为腹地需求点仓库w。不同下标对应不同类型的路段：a_{rail}代表铁路路段，a_{road}代表公路路段，$a_{virtual}$代表虚拟路段（$a_{virtual,sp}$代表港口虚拟路段，$a_{virtual,dp}$代表多式联运场站虚拟路段）
ξ	一个具体的非常规突发事件情境
c_a^*	初始状态下，即非常规突发事件发生前路段a的运输能力
$c_a^u(\xi)$	非常规突发事件情境ξ发生后且即时修复措施实施前，路段a的运输能力（对于虚拟路段$a_{virtual}$而言，为其作业能力，也可视为虚拟路段a的运输能力）
$c_a(\xi)$	非常规突发事件情境ξ发生后且即时修复措施实施后，路段a的运输能力（对于虚拟路段$a_{virtual}$而言，为其作业能力，也可视为虚拟路段a的运输能力）
$Ttotal_{intermodal}^*$	初始状态下，一个运输周期内多式联运系统中的集装箱总运输时间
$Ttotal_{intermodal}(\xi)$	非常规突发事件情境ξ发生后且即时修复措施实施后，一个运输周期内多式联运系统中的集装箱总运输时间
$GCtotal_{intermodal}^*$	初始状态下，一个运输周期内领导型物流服务商的总广义运输成本
$GCtotal_{intermodal}(\xi)$	非常规突发事件情境ξ发生后且即时修复措施实施后，一个运输周期内领导型物流服务商的总广义运输成本
$N_{a_{rail}}^{max}$	铁路路段a_{rail}上的最大计划列车数量
$N_{a_{rail}}(\xi)$	非常规突发事件情境ξ发生后且即时修复措施实施后，铁路路段a_{rail}上的计划列车数量

符号	含义
h_a^*	初始状态下,一个运输周期内路段 a 上的集装箱运量。不同下标对应不同类型的路段,其中,$h_{a_{rail}}^*$ 为铁路路段 a_{rail} 上的集装箱运量,$h_{a_{road}}^*$ 为公路路段 a_{road} 上的集装箱运量,$h_{a_{virtual}}^*$ 为虚拟路段 $a_{virtual}$ 上的集装箱运量
$y_{a_{rail}^*,n}$	初始状态下,领导型物流服务商是否选择铁路路段 a_{rail} 上的第 n 班次列车进行集装箱运输($n \leqslant N_{a_{rail}}^{max}$),为 0-1 变量。$y_{a_{rail}^*,n}=1$ 表示领导型物流服务商选择铁路路段 a_{rail} 上的第 n 班次列车进行集装箱运输;$y_{a_{rail}^*,n}=0$ 表示领导型物流服务商未选择铁路路段 a_{rail} 上的第 n 班次列车进行集装箱运输
q	单位货运时间价值
r_a	路段 a 的运输费用,不受非常规突发事件的影响
$t_{a_{rail}}^*$	初始状态下,铁路路段 a_{rail} 的运输时间
$t_{a_{road}}^{*0}$	初始状态下,公路路段 a_{road} 的零流运输时间,即路段 a 上没有道路阻抗时的运输时间
$t_{a_{road}}^*$	初始状态下,公路路段 a_{road} 的实际运输时间
$t_{a_{virtual,sp},single}^*$	初始状态下,港口虚拟路段 $a_{virtual,sp}$ 上单个集装箱(FEU)的装载时间
$t_{a_{virtual,dp},single}^*$	初始状态下,多式联运场站虚拟路段 $a_{virtual,dp}$ 上单个集装箱(FEU)的卸载时间
$t_{a_{virtual,dp},wait}^*$	初始状态下,列车在多式联运场站的单位等待作业时间。同一铁路线路,第 1 班次列车无等待作业时间,第 2 班次列车等待作业时间为 $t_{a_{virtual,dp},wait}^*$,…,第 n 班次列车等待作业时间为 $(n-1) \cdot t_{a_{virtual,dp},wait}^*$
$t_{a_{virtual,sp},n}^*$	初始状态下,铁路路段 a_{rail} 上的第 n 班次列车,在其对应的港口虚拟路段 $a_{virtual,sp}$ 上的运输时间
$t_{a_{virtual,dp},n}^*$	初始状态下,铁路路段 a_{rail} 上的第 n 班次列车,在其对应的多式联运场站虚拟路段 $a_{virtual,dp}$ 上的运输时间

续表

符号	含义
$t_{a_{rail}}(\xi)$	非常规突发事件情境 ξ 发生后且即时修复措施实施后,铁路路段 a_{rail} 的实际运输时间
ch_u	非常规突发事件类型 u 对公路路段 a_{road} 零流运输时间的影响参数
$t_{a_{road}}^{r0}(\xi)$	非常规突发事件情境 ξ 发生后且即时修复措施实施后,公路路段 a_{road} 的零流运输时间
$t_{a_{road}}(\xi)$	非常规突发事件情境 ξ 发生后且即时修复措施实施后,公路路段 a_{road} 的实际运输时间
$t_{a_{virtual,sp},single}(\xi)$	非常规突发事件情境 ξ 发生后且即时修复措施实施后,港口虚拟路段 $a_{virtual,sp}$ 上单个集装箱(FEU)的装载时间
$t_{a_{virtual,dp},single}(\xi)$	非常规突发事件情境 ξ 发生后且即时修复措施实施后,多式联运场站虚拟路段 $a_{virtual,dp}$ 上单个集装箱(FEU)的卸载时间
$t_{a_{virtual,dp},wait}(\xi)$	列车在多式联运场站的单位等待作业时间。同一铁路线路,第 1 班次列车无等待作业时间,第 2 班次列车等待作业时间为 $t_{a_{virtual,dp},wait}(\xi)$,…,第 n 班次列车等待作业时间为 $(n-1) \cdot t_{a_{virtual,dp},wait}(\xi)$
$t_{a_{virtual,sp},n}(\xi)$	铁路路段 a_{rail} 上的第 n 班次列车,在其对应的港口虚拟路段 $a_{virtual,sp}$ 上的运输时间
$t_{a_{virtual,dp},n}(\xi)$	铁路路段 a_{rail} 上的第 n 班次列车,在其对应的多式联运场站虚拟路段 $a_{virtual,dp}$ 上的运输时间
D_w	腹地需求点仓库 w 的日均集装箱需求量
b_a	非常规突发事件发生后,对路段 a 实施即时修复措施,修复其 100% 初始运输能力 c_a^* 的修复费用。当对路段 a 实施即时修复措施修复 $x\% \cdot c_a^*$ 运输能力时,则对应修复费用为 $x\% \cdot b_a$
B	实施即时修复措施的总修复预算
$t_{rec,a}$	非常规突发事件发生后,对路段 a 实施即时修复措施,修复其 100% 初始运输能力 c_a^* 的修复时间。当对路段 a 实施即时修复措施修复 $x\% \cdot c_a^*$ 运输能力时,则对应修复时间为 $x\% \cdot t_{rec,a}$

符号	含义
T_{recmax}	所有路段即时修复措施的最大允许实施时间
$l_a(\xi)$	上层模型决策变量。政府部门在非常规突发事件情境 ξ 发生后,选择对受损路段 a 实施修复程度为 $l_a(\xi)$($0 \leqslant l_a(\xi) \leqslant 1$)的即时修复措施,其中 $l_a(\xi)=1$ 表示路段 a 的运输能力修复至其初始运输能力(完全修复),$l_a(\xi)=0$ 表示路段 a 上未实施任何即时修复措施(完全未修复) 对于铁路路段 $a_{rail} \in A_{rail}$,$l_{a_{rail}}(\xi)$ 为 $0-1$ 变量;对于公路路段 $a_{road} \in A_{road}$ 和虚拟路段 $a_{virtual} \in A_{virtual}$,$l_{a_{road}}(\xi)$ 和 $l_{a_{virtual}}(\xi)$ 为连续变量
$h_{a_{rail}}(\xi)$	下层模型决策变量。非常规突发事件情境 ξ 发生后且即时修复措施实施后,领导型物流服务商安排在铁路路段 a_{rail} 的集装箱运量
$y_{a_{rail},n}(\xi)$	下层模型决策变量。非常规突发事件情境 ξ 发生后且即时修复措施实施后,领导型物流服务商是否选择铁路路段 a_{rail} 上的第 n 班次列车进行集装箱运输($n \leqslant N_{a_{rail}}(\xi)$),为 $0-1$ 变量。$y_{a_{rail},n}(\xi)=1$ 表示领导型物流服务商选择铁路路段 a_{rail} 上的第 n 班次列车进行集装箱运输;$y_{a_{rail},n}(\xi)=0$ 表示领导型物流服务商未选择铁路路段 a_{rail} 上的第 n 班次列车进行集装箱运输
$h_{a_{road}}(\xi)$	下层模型决策变量。非常规突发事件情境 ξ 发生后且即时修复措施实施后,领导型物流服务商安排在公路路段 a_{road} 的集装箱运量

4.2.2　集装箱多式联运

如本章前文所述,与单运输方式港口-腹地集装箱物流运输系统相比较,多式联运系统中包含多种运输方式,一种运输方式的货运量将会影响该运输方式的运输时间,运输时间是决定该运输方式对领导型物流服务商吸引力的重要因素之一,将会影响领导型物流服务商是否选择该运输方式,以及在选择后具体安排通过该运输方式进行运输的集装箱运量。对于多式联运运输方式,不同运输模式将在多式联运场站进行衔接转换。因此,需要对集装箱多式联运过程进行梳理,以便建立模型刻画领导型物流服务商的行为模式,分析其对于政府部门提升多式联运系统弹性目标的影响。

(1)多式联运系统中的集装箱装载和卸载作业(虚拟路段)

在多式联运系统中,集装箱从港口出发运输至腹地需求点的整个运输过程可以选择多式联运方式,也可以选择单运输方式(公路运输)。如选择多式联运方式,则涉及铁路和公路运输两种不同的运输方式。在港口时需要进行装载作业,将货物装载到铁路列车上;在多式联运场站需要进行卸载作业,将货物卸载到多式联运场站堆场,再通过集卡车公路运输至腹地需求点。

参考 Guélat 等(1990)的论文,本章通过节点的扩展来描述港口的装载作业和多式联运场站卸载作业,并引入"虚拟路段"的概念,表示装载作业和卸载作业过程。港口和多式联运场站装卸作业的节点扩展和虚拟路段引入如图 4.3 所示。其中,图 4.3(a)展示了港口装载作业的节点扩展和虚拟路段引入,对于港口的集装箱装载作业,不同铁路线路对应各自的作业效率和作业能力。作业效率和作业能力与集装箱装卸作业的设备性能与数量有关。对于集装箱运输需求较大的铁路线路,作业效率相对较高,作业能力相对较强;集装箱运输需求较小的铁路线路,作业效率相对较低,作业能力相对较弱。图 4.3(b)展示了多式联运场站卸载作业的节点扩展和虚拟路段引入,不同多式联运场站的作业效率和作业能力也不相同。单趟铁路列车的集装箱在进行装载和卸载作业时,需要一定的作业时间和作业费用,对应虚拟路段的"运输时间"和"运输费用"[在本书后续内容中,为方便描述,有时会将实体路段(包括铁路和公路路段)和虚拟路段统称为路段运输时间和运输费用,其中对于虚拟路段,对应其作业时间和作业费用]。

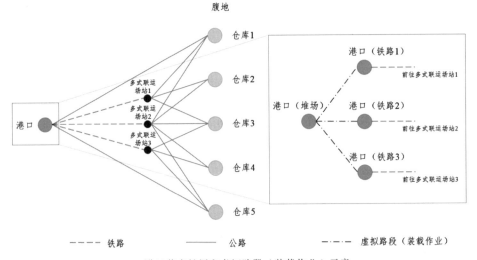

(a)港口节点扩展和虚拟路段(装载作业)示意

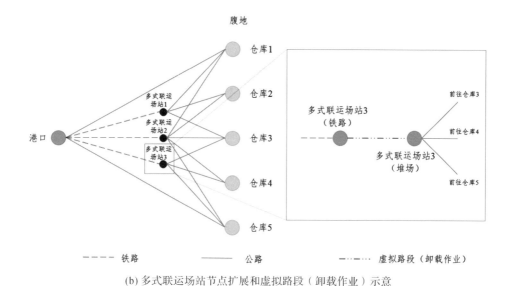

(b) 多式联运场站节点扩展和虚拟路段（卸载作业）示意

图 4.3　多式联运系统节点扩展和虚拟路段示意

（2）多式联运系统中的铁路运输

与公路路段相类似，铁路路段上的集装箱运量不可超过该条铁路路段的最大运输能力，在 Liu 等（2021）的论文中也有这样的设定。在实际中，铁路公司将对各方面因素综合考虑，包括港口装载作业能力、铁路路段对应多式联运场站卸载作业能力、集装箱运输货源量、运营成本和维修成本等因素，从而决定在该条铁路路段上开设的列车次数，例如 10 班次/周。则对于领导型物流服务商而言，该条铁路路段的实际运输能力为 $42 \times 10 = 420$ FEU/周。

非常规突发事件发生后，为了让集装箱能够尽快运至腹地需求点，铁路列车在港口完成集装箱装载作业后即可发车。本章研究中的运输周期开始时间点，可视为集装箱海运过程完成，集装箱从船舶卸载到港口堆场，这时港口-腹地的运输周期开始。一个运输周期开始后，各条铁路路段上的第 1 班次列车开始进行装载作业，第 1 班次列车的集装箱在港口虚拟路段 $a_{virtual,sp}$ 上的运输时间为 $42 \cdot t_{a_{virtual,sp},single}(\xi)$，其中 $t_{a_{virtual,sp},single}(\xi)$ 为该条虚拟路段的单个集装箱（FEU）装载作业时间；第 2 班次列车的集装箱装载作业需要等待第 1 班次列车的集装箱装载作业完毕后进行，等待时间为第 1 班次列车的装载作业时间 $42 \cdot t_{a_{virtual,sp},single}(\xi)$。因此，第 2 班次列车的集装箱在港口虚拟路段 $a_{virtual,sp}$ 上的运输时间为等待时间加上自身 42 FEU 集装箱的装载作业时间，一共为

$84 \cdot t_{a_{virtual, sp}, single}(\xi)$。依此类推,第 n 班次列车的集装箱在港口虚拟路段 $a_{virtual, sp}$ 上的运输时间为其等待时间加上装载作业时间,一共为 $n \cdot 42 \cdot t_{a_{virtual, sp}, single}(\xi)$。需要提到的是,从港口出发的不同铁路线路,在各自的列车装载完毕后可能会出现列车发车时间重合的情况。在这种情况下,通过统一调度,在第 1 趟列车出发后,根据要求等待一定的间隔时间,第 2 趟列车(和第 1 趟列车的铁路线路不同)即可出发。该间隔时间相对于集装箱的整个运输过程所需时间而言是很短暂的,因此可忽略不计。

铁路列车到达多式联运站点后,将进行集装箱卸载作业。卸载作业时是否存在等待时间,如图 4.4 所示,可分为两种情况。

(1)港口作业效率高于多式联运场站作业效率,列车到达多式联运场站后需要等待前一列车集装箱卸载完毕后,才能进行卸载作业[见图 4.4(a)]。

(2)港口作业效率低于或等于多式联运场站作业效率,这种情况出现在非常规突发事件发生后,港口受损严重,即使实施了即时修复措施,港口的作业效率还是处于较低水平。在这种情况下,列车到达多式联运场站后无须等待即可进行卸载作业[图 4.4(b)]。

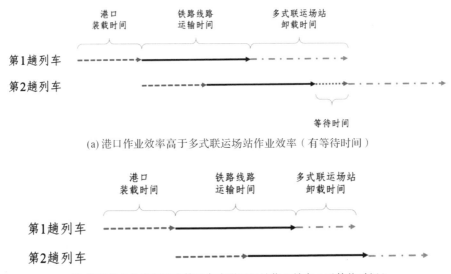

(a)港口作业效率高于多式联运场站作业效率(有等待时间)

(b)港口作业效率低于或等于多式联运场站作业效率(无等待时间)

图 4.4　货运列车在多式联运场站卸载作业的等待时间示意

4.2.3 上层模型

本章研究同样采用时间弹性来测度多式联运系统的弹性,由初始状态下多式联运系统总运输时间 $Ttotal^*_{intermodal}$ 与修复后多式联运系统总运输时间 $Ttotal_{intermodal}(\xi)$ 的比值来定量表征,从运输时间的视角测度非常规突发事件对于多式联运系统运作水平的影响。由于非常规突发事件具有随机性,与本书第 3 章相同,将多式联运系统弹性水平 R_T 定义为其在不同非常规突发事件情境下弹性的期望值,如式(4.1)所示。

$$R_T = E[Ttotal^*_{intermodal} / Ttotal_{intermodal}(\xi)] \tag{4.1}$$

其中 $Ttotal^*_{intermodal}$ 由下层决策者,即领导型物流服务商对集装箱的具体运输安排决定。对于初始状态而言,即多式联运系统受到非常规突发事件冲击前,多式联运系统的运作状态稳定,每个运输周期下领导型物流服务商对集装箱的运输方式、运输路径和各条运输路径上的货运量决策相同,其中运输路径包括多式联运路径和单运输方式路径。因此,初始状态下各种运输方式下各条路段集装箱运量分配和路段实际运输时间相同,$Ttotal^*_{intermodal}$ 为固定值。关于初始状态下领导型物流服务商在多式联运系统的集装箱运输安排,以及 $Ttotal^*_{intermodal}$ 的具体求解过程请见附录 6。

因此,对于一个具体发生的非常规突发事件情境 ξ,政府部门的目标同样可以替换为最小化非常规突发事件发生后且即时修复措施实施后的多式联运系统总运输时间 $Ttotal_{intermodal}(\xi)$。

非常规突发事件发生后,政府部门在给定的修复预算资金和最大实施时间约束下,对多式联运系统做出如何具体实施即时修复措施的决策。对于受损港口和多式联运场站,政府部门的即时修复措施包括对受损港机进行修复,或者调用集装箱正面吊运机进行集装箱的装载作业等;对于受损铁路路段,即时修复措施包括对受损铁轨进行更换,对铁路地基进行维修等;对于受损公路路段,即时修复措施包括对受损部分进行填补和维修等。政府部门对于受损节点和路段实施即时修复措施,需要花费一定的资金和时间。对于每一个受损节点和每一条受损路段,运输能力的修复比例越高,则花费的资金越多,实施的时间越长。

上层模型的表达式为:

$$\min Ttotal_{intermodal}(\xi) = \sum_{a_{rail} \in A_{rail}} h_{a_{rail}}(\xi) \cdot t_{a_{rail}}(\xi)$$

$$+ \sum_{a_{road} \in A_{road}} h_{a_{road}}(\xi) \cdot t_{a_{road}}(\xi)$$

$$+ \sum_{a_{virtual,sp} \in A_{virtual,sp}} \sum_{n=1}^{N_{a_{rail}}(\xi)} 42 \cdot y_{a_{rail},n}(\xi) \cdot t_{a_{virtual,sp},n}(\xi)$$

$$+ \sum_{a_{virtual,dp} \in A_{virtual,dp}} \sum_{n=1}^{N_{a_{rail}}(\xi)} 42 \cdot y_{a_{rail},n}(\xi) \cdot t_{a_{virtual,dp},n}(\xi)$$

$$(4.2)$$

$s.t.$

$$\sum_a b_a \cdot \frac{l_a(\xi) \cdot [c_a^* - c_a^u(\xi)]}{c_a^*} \leqslant B \tag{4.3}$$

$$t_{rec,a} \cdot \frac{l_a(\xi) \cdot [c_a^* - c_a^u(\xi)]}{c_a^*} \leqslant T_{recmax} \tag{4.4}$$

$$l_{a_{rail}}(\xi) \in \{0,1\}, a_{rail} \in A_u \bigcap A_{rail} \tag{4.5}$$

$$0 \leqslant l_{a_{road}}(\xi) \leqslant 1, a_{road} \in A_u \bigcap A_{road} \tag{4.6}$$

$$0 \leqslant l_{a_{virtual}}(\xi) \leqslant 1, a_{virtual} \in A_u \bigcap A_{virtual} \tag{4.7}$$

$$l_a(\xi) = 0, a \in A_{nu} \tag{4.8}$$

$$\forall a \in A$$

在上层模型中,目标函数式(4.2)寻求即时修复措施实施后的多式联运系统总运输时间 $Ttotal_{intermodal}(\xi)$ 最小化,以最大限度地提升多式联运系统在非常规突发事件情境 ξ 下的弹性水平。其中,第一项为铁路路段总运输时间,第二项为公路路段总运输时间,第三项为港口虚拟路段总运输时间,第四项为多式联运场站虚拟路段总运输时间。$h_{a_{rail}}(\xi)$ 为铁路路段上的集装箱运量,$h_{a_{road}}(\xi)$ 为公路路段上的集装箱运量,$y_{a_{rail},n}(\xi)$ 为是否选择铁路路段 a_{rail} 上的第 n 班次列车进行集装箱运输,由领导型物流服务商在下层模型中进行决策;$t_{a_{rail}}(\xi)$ 为铁路路段上的运输时间,$t_{a_{road}}(\xi)$ 为公路路段上的实际运输时间,$t_{a_{virtual,sp},n}(\xi)$ 为铁路路段 a_{rail} 上的第 n 班次列车在对应港口虚拟路段上的实际运输时间,$t_{a_{virtual,dp},n}(\xi)$ 为铁路路段 a_{rail} 上的第 n 班次列车在对应多式联运场站虚拟路段上的实际运输时间,由政府部门的即时修复措施决策和领导型物流服务商的集装箱运输安排决策共同决定,各种类型路段运输时间的具体计算公式将在下一小节中详细阐述。

约束式(4.3)是修复预算约束。约束式(4.4)是即时修复措施的最大实施时间约束。约束式(4.5)表示,如果铁路路段a_{rail}受到非常规突发事件的影响而运输能力下降,则政府部门必须选择对其实施完全修复决策,或者不进行任何修复,决策变量$l_{a_{rail}}(\xi)$为0—1变量。约束式(4.6)表示,如果公路路段a_{road}受到非常规突发事件的影响而运输能力下降,则政府部门可以对其实施即时修复措施,并且对于每一条受损公路路段只实施一次即时修复措施,决策变量$l_{a_{road}}(\xi)$为连续变量。约束式(4.7)表示,如果港口或多式联运场站受到非常规突发事件的影响而运输能力下降,则政府部门可以对其实施即时修复措施,并且对于每一条受损公路路段只实施一次即时修复措施,在模型中实际表示为对虚拟路段$a_{virtual}$作业能力的修复决策,决策变量$l_{a_{virtual}}(\xi)$为连续变量。约束式(4.8)表示,未被非常规突发事件影响的节点(在模型中实际表示为虚拟路段$a_{virtual}$)和路段(包括铁路路段a_{rail}、公路路段a_{road}),则政府部门不会对其实施任何即时修复措施。需要提到的是,对于不同的非常规突发事件情境ξ,被非常规突发事件影响的路段集合A_u和未被非常规突发事件影响的路段集合A_{nu}有所不同。

政府部门实施即时修复决策后,修复后多式联运系统中的港口和多式联运场站的作业能力和单个集装箱作业时间、铁路路段的班次安排和运输时间、公路路段的运输能力和零流运输时间随之确定。

(1)修复后港口和多式联运场站的作业能力$c_{a_{virtual},sp}(\xi)$、$c_{a_{virtual},dp}(\xi)$和单个集装箱作业时间$t_{a_{virtual},sp,single}(\xi)$、$t_{a_{virtual},dp,single}(\xi)$

在港口区域,不同铁路线路对应的作业能力修复水平决策可能不同。政府部门对于受损港口的修复决策,在模型中实际表示为对虚拟路段$a_{virtual,sp} \in A_{virtual,sp}$运输能力的修复决策,决策变量$l_{a_{virtual,sp}}(\xi)$为连续变量。对于每一条虚拟路段$a_{virtual,sp}$,即时修复措施实施完成后,修复后的虚拟路段作业能力$c_{a_{virtual,sp}}(\xi)$可由下式计算得出:

$$c_{a_{virtual,sp}}(\xi) = c_{a_{virtual,sp}}^{u}(\xi) + l_{a_{virtual,sp}}(\xi) \cdot \left[c_{a_{virtual,sp}}^{*} - c_{a_{virtual,sp}}^{u}(\xi) \right] \quad (4.9)$$

虚拟路段$a_{virtual,sp}$的修复后运输能力$c_{a_{virtual,sp}}(\xi)$,与其对应的集装箱装卸作业效率(FEU/小时)成正比,与其对应的单个集装箱(FEU)的装载时间$t_{a_{virtual,sp},single}(\xi)$成反比。因此,可由下式(4.10)计算得出虚拟路段$a_{virtual,sp}$的修复后单个集装箱(FEU)装载时间$t_{a_{virtual,sp},single}(\xi)$。当虚拟路段$a_{virtual,sp}$未被修复且运输能力$c_{a_{virtual,sp}}(\xi)$为0时,无法完成任何集装箱装载作业,对应的单个集装箱(FEU)装载时间设置为$+\infty$。

$$t_{a_{virtual,sp},single}(\xi)=\begin{cases}t^*_{a_{virtual,sp},single}\cdot c^*_{a_{virtual,sp}}/c_{a_{virtual,sp}}(\xi),\\[2mm]\qquad\qquad c_{a_{virtual,sp}}(\xi)>0\\[2mm]+\infty,c_{a_{virtual,sp}}(\xi)=0\end{cases} \quad (4.10)$$

政府部门对于受损多式联运场站的修复决策,在模型中实际表示为对虚拟路段$a_{virtual,dp}\in A_{virtual,dp}$运输能力的修复决策,决策变量$l_{a_{virtual,dp}}(\xi)$为连续变量。与港口虚拟路段$a_{virtual,p}$相似,对于多式联运场站的修复后作业能力$c_{a_{virtual,dp}}(\xi)$和单个集装箱作业时间$t_{a_{virtual,dp},single}(\xi)$可按下式(4.11)和(4.12)计算:

$$c_{a_{virtual,dp}}(\xi)=c^u_{a_{virtual,dp}}(\xi)+l_{a_{virtual,dp}}(\xi)\cdot\left[c^*_{a_{virtual,dp}}-c^u_{a_{virtual,dp}}(\xi)\right] \quad (4.11)$$

$$t_{a_{virtual,dp},single}(\xi)=\begin{cases}t^*_{a_{virtual,dp},single}\cdot c^*_{a_{virtual,dp}}/c_{a_{virtual,dp}}(\xi),\\[2mm]\qquad\qquad c_{a_{virtual,dp}}(\xi)>0\\[2mm]+\infty,c_{a_{virtual,dp}}(\xi)=0\end{cases} \quad (4.12)$$

(2)修复后铁路路段的班次安排$N_{a_{rail}}(\xi)$和运输时间$t_{a_{rail}}(\xi)$

根据前文所述,出于轨道交通运输安全的考虑,对于受损的铁路路段,必须完全修复至初始状态才可以安排列车运输。因此,政府部门对于受损铁路的修复决策变量$l_{a_{rail}}(\xi)$为0-1变量,"1"代表受损铁路路段运输能力修复至其初始运输能力(完全修复),"0"代表受损铁路路段上未实施任何即时修复措施(完全未修复)。修复过程结束后,铁路公司将综合考虑与铁路路段a_{rail}首尾相连的虚拟路段$a_{virtual,sp}$和$a_{virtual,dp}$的作业能力,即铁路路段a_{rail}对应的港口与多式联运场站的装载与卸载作业能力,确定铁路路段a的计划列车数量$N_{a_{rail}}(\xi)$,可按下式(4.13)计算:

$$N_{a_{rail}}(\xi)\begin{cases}\min\left\{\left[\dfrac{c_{a_{virtual,sp}}(\xi)}{42}\right],\left[\dfrac{c_{a_{virtual,dp}}(\xi)}{42}\right],N^{max}_{a_{rail}}\right\},\\[4mm]\qquad a_{rail}\in A_u \text{且} l_{a_{rail}}(\xi)=1;\text{或} a_{rail}\in A_{mu}\\[3mm]0,a_{rail}\in A_u \text{且} l_{a_{rail}}(\xi)=0\end{cases} \quad (4.13)$$

在式(4.13)的前一式子中,$\left[\dfrac{c_{a_{virtual,sp}}(\xi)}{42}\right]$为与铁路路段$a_{rail}$对应的港口修复后装载能力$c_{a_{virtual,sp}}(\xi)$可以完成的最大满载列车数量,$\left[\dfrac{c_{a_{virtual,dp}}(\xi)}{42}\right]$为与铁路路段$a_{rail}$对应的多式联运场站修复后卸载能力$c_{a_{virtual,dp}}(\xi)$可以完成的最大满载列车数量,$N^{max}_{a_{rail}}$为铁路公司在铁路路段$a_{rail}$上的最大计划列车数量。当铁路路段$a_{rail}$

在遭受非常规突发事件打击且完全修复（即 $a_{rail} \in A_u$ 且 $l_{a_{rail}}(\xi)=1$），或者铁路路段 a_{rail} 未遭受非常规突发事件打击（即 $a_{rail} \in A_{nu}$）的情况下，按前一式子计算铁路路段 a 的计划列车数量 $N_{a_{rail}}(\xi)$；当铁路路段 a_{rail} 在遭受非常规突发事件打击且未进行修复［即 $a_{rail} \in A_u$ 且 $l_{a_{rail}}(\xi)=0$］，如本章前文所述，出于轨道交通运输安全的考虑，铁路路段 a_{rail} 上不会安排列车运行，此时 $N_{a_{rail}}(\xi)=0$。

修复后的铁路路段 a_{rail} 的运输时间 $t_{a_{rail}}(\xi)$，与其初始状态下的运输时间 $t_{a_{rail}}^*$ 相等。即对于多式联运系统中的铁路路段 a_{rail}，运输时间为固定值，因为铁路列车可以发车表示该铁路路段已完全修复至初始状态，则其运输时间与初始状态下相同。

（3）修复后公路路段的运输能力 $c_{a_{road}}(\xi)$ 和零流运输时间 $t_{a_{road}}^{r0}(\xi)$

对于受损公路路段 $a_{road} \in A_{road}$，政府部门的决策变量 $l_{a_{road}}(\xi)$ 为连续变量。即时修复措施实施完成后，修复后的公路路段运输能力 $c_{a_{road}}(\xi)$ 可由下式（4.14）计算得出：

$$c_{a_{road}}(\xi)=c_{a_{road}}^u(\xi)+l_{a_{road}}(\xi) \cdot \left[c_{a_{road}}^* - c_{a_{road}}^u(\xi) \right] \tag{4.14}$$

与第3章相同，设置公路路段零流运输时间随着路段运输能力的变化而变化，当公路路段 a_{road} 的运输能力下降 $z\%$ 时，公路路段 a_{road} 的零流运输时间增加 $ch_u \cdot z\%$。对于不同的非常规突发事件类型，参数 ch_u 的取值也不相同。对于遭受非常规突发事件影响的公路路段 $a_{road} \in A_{road}$，其修复后的路段零流运输时间 $t_{a_{road}}^{r0}(\xi)$ 为：

$$t_{a_{road}}^{r0}(\xi)=t_{a_{road}}^{*0} \cdot \left\{ 1+ch_u \cdot \left[\frac{c_{a_{road}}^* - c_{a_{road}}(\xi)}{c_{a_{road}}^*} \right] \right\} \tag{4.15}$$

修复后多式联运系统中的港口和多式联运场站的作业能力 $c_{a_{virtual,p}}(\xi)$、$c_{a_{virtual,dp}}(\xi)$ 和单个集装箱作业时间 $t_{a_{virtual,p},single}(\xi)$、$t_{a_{virtual,dp},single}(\xi)$，铁路路段的班次安排 $N_{a_{rail}}(\xi)$ 和运输时间 $t_{a_{rail}}(\xi)$，以及公路路段的运输能力 $c_{a_{road}}(\xi)$ 和零流运输时间 $t_{a_{road}}^{r0}(\xi)$ 将影响下层模型决策者中的领导型物流服务商如何具体安排集装箱的运输过程，以实现其自身成本最小化的目标。

4.2.4　下层模型

如本章前文所述，下层模型决策者为一个领导型物流服务商。该领导型物流服务商清晰掌握多式联运系统的修复情况，在修复后的多式联运系统中，根据货主的集装箱需求量,对集装箱的运输方式、运输路径和各条运输路径上的运量做出决策,这里的运输路径包括多式联运路径和单运输方式(公路)路径。领导型物流服务商的目标为实现运输成本最小化,遵循 SO 分配原则。需要提到的是,港口其他腹地区域的集装箱运输业务可由其他领导型物流服务商或者物流服务提供商承担,不在本章研究模型涉及的范围内,但可按本章研究思路另建模型(与其自身的物流运输系统用户行为相关,与本小节研究的多式联运系统不相关),以提升其多式联运系统弹性的决策。

领导型物流服务商根据铁路路段列车运输价格、公路路段集卡车运输价格、修复后多式联运系统中的港口和多式联运场站的作业能力及单个集装箱作业时间、铁路路段的班次安排和运输时间、公路路段的运输能力和零流运输时间,安排多式联运路径上的集装箱运量和单运输方式路径上的集装箱运量。通过多式联运方式运输的集装箱,领导型物流服务商向港口、铁路公司和多式联运场站支付运输和装卸费用。领导型物流服务商有长期合作的一家或多家集卡车公司,集卡车公司可以稳定地为领导型物流服务商提供集装箱短途接驳(对于多式联运方式而言)和港口至腹地需求点的“门到门”运输(对于单运输方式而言)。领导型物流服务商按集装箱运量和运输距离向集卡车公司支付运输费用。

领导型物流服务商对于铁路路段的集装箱运输安排,即为多式联运路径上的集装箱运输安排,具体决策为是否选择铁路路段 a_{rail} 上的第 n 班次列车进行集装箱运输$[n \leqslant N_{a_{rail}}(\xi)]$,对应决策变量为 0-1 变量 $y_{a_{rail},n}(\xi)$,$y_{a_{rail},n}(\xi)=1$ 表示领导型物流服务商选择铁路路段 a_{rail} 上的第 n 班次列车进行集装箱运输,根据铁路公司满载要求,该趟列车将运输 42 FEU 集装箱;$y_{a_{rail},n}(\xi)=0$ 表示领导型物流服务商未选择铁路路段 a_{rail} 上的第 n 班次列车进行集装箱运输。

领导型物流服务商对于公路路段的集装箱运输安排,具体决策为每条公路路段 a_{road} 上的集装箱运量 $h_{a_{road}}(\xi)$,包含了两个部分的决策:(1)对多式联运方式中的短途接驳集装箱运量决策。短途接驳的集装箱运量应与通过铁路运输方式运至多式联运场站的集装箱运量相等。(2)单公路运输方式的集装箱运量决策,应与多式联运方式共同完成各个腹地点的集装箱需求量。

本章研究的下层模型同样采用广义成本函数,既包含集装箱的运输费用,也包含时间成本,运用单位货运时间价值因子(参数 q)将时间转换为金钱。领导型物流服务商的目标为寻求总广义运输成本 $GCtotal_{intermodal}(\xi)$ 的最小化。下层模型的表达式为:

$$\min GCtotal_{intermodal}(\xi) = \sum_{a_{rail} \in A_{rail}} \left[r_{a_{rail}} + q \cdot t_{a_{rail}}(\xi) \right] \cdot h_{a_{rail}}(\xi)$$

$$+ \sum_{a_{road} \in A_{road}} \left[r_{a_{road}} + q \cdot t_{a_{road}}(\xi) \right] \cdot h_{a_{road}}(\xi)$$

$$+ \sum_{a_{virtual,sp} \in A_{virtual,sp}} \sum_{n=1}^{N_{a_{rail}}(\xi)} \left[r_{a_{virtual,sp}} + q \cdot t_{a_{virtual,sp},n}(\xi) \right] \cdot 42 \cdot y_{a_{rail},n}(\xi)$$

$$+ \sum_{a_{virtual,\cdot dp} \in A_{virtual,\cdot dp}} \sum_{n=1}^{N_{a_{rail}}(\xi)} \left[r_{a_{virtual,\cdot dp}} + q \cdot t_{a_{virtual,\cdot dp},n}(\xi) \right] \cdot 42 \cdot y_{a_{rail},n}(\xi)$$

$$(4.16)$$

s. t.

$$\sum_{a_{road} \in A_w} h_{a_{road}}(\xi) = D_w \tag{4.17}$$

$$h_{a_{rail}}(\xi) = \sum_{n=1}^{N_{a_{rail}}(\xi)} 42 \cdot y_{a_{rail},n}(\xi) \tag{4.18}$$

$$\sum_{a_{rail}(p,dp) \in A} h_{a_{rail}}(\xi) - \sum_{a_{road}(dp,\cdot) \in A} h_{a_{road}}(\xi) = 0 \tag{4.19}$$

$$h_{a_{road}}(\xi) \leqslant c_{a_{road}}(\xi) \tag{4.20}$$

$$y_{a_{rail},n}(\xi) \in \{0,1\}, 1 \leqslant n \leqslant N_{a_{rail}}(\xi) \tag{4.21}$$

$$h_{a_{rail}}(\xi) \geqslant 0 \text{ 且} h_{a_{rail}}(\xi) \text{ 为整数} \tag{4.22}$$

$$h_{a_{road}}(\xi) \geqslant 0 \text{ 且} h_{a_{road}}(\xi) \text{ 为整数} \tag{4.23}$$

$$\forall a \in A, \forall dp \in DP$$

在下层模型中,目标函数式(4.16)为领导型物流服务商寻求总广义运输成本$GCtotal_{intermodal}(\xi)$最小化,其中:

(1)第一项为铁路路段的总广义运输成本。根据第4.2.3小节所述,修复后的铁路路段a_{rail}的运输时间$t_{a_{rail}}(\xi)$,与其初始状态下的运输时间$t_{a_{rail}}^*$相等。

(2)第二项为公路路段的总广义运输成本。对于多式联运系统中的公路路段a_{road},存在路段阻抗,随着公路路段a_{road}上集装箱运量的增加,集卡车在该条路段上的实际运输时间也相应增加。在本章研究中,仍然采用"BPR函数"刻画公路路段阻抗,其中α和β均为BPR函数参数(Sheffi,1985)[358]。修复后多式联运系统的各条公路路段实际运输时间$t_{a_{road}}(\xi)$,包括多式联运方式中集卡车短途接驳的公路路段和单运输方式中的公路路段,均可按式(4.24)进行计算:

$$t_{a_{road}}(\xi) = t_{a_{road}}^{r0}(\xi) \cdot \left[1 + \alpha \cdot \left(\frac{h_{a_{road}}(\xi)}{c_{a_{road}}(\xi)} \right)^{\beta} \right] \tag{4.24}$$

(3)第三项为港口虚拟路段的总广义运输成本。对于铁路路段a_{rail}上的第n班次列车,其在对应港口虚拟路段$a_{virtual,sp}$上的广义运输成本为$[r_{a_{virtual,sp}}+q \cdot t_{a_{virtual,sp},n}(\xi)]$,当领导型物流服务商选择该趟列车时,$y_{a_{rail},n}(\xi)=1$,该趟列车在港口进行 42 FEU 集装箱的装载作业;当领导型物流服务商未选择该趟列车时,$y_{a_{rail},n}(\xi)=0$,可视为该趟列车在港口进行 0 FEU 集装箱的装载作业。

根据本书 4.2.2 小节所述,对于铁路路段a_{rail}上的第n班次列车,在其对应的港口虚拟路段$a_{virtual,sp}$上的运输时间$t_{a_{virtual,sp},n}(\xi)$为其等待时间加上装载作业时间:

$$t_{a_{virtual,sp},n}(\xi)=n \cdot 42 \cdot t_{a_{virtual,sp},single}(\xi) \tag{4.25}$$

(4)第四项为多式联运场站虚拟路段的总广义运输成本。对于铁路路段a_{rail}上的第n班次列车,其在对应多式联运场站虚拟路段上的广义运输成本为$[r_{a_{virtual,dp}}+q \cdot t_{a_{virtual,dp},n}(\xi)]$,当领导型物流服务商选择该趟列车进行集装箱运输时,$y_{a_{rail},n}(\xi)=1$,该趟列车在多式联运场站进行 42 FEU 集装箱的卸载作业;当领导型物流服务商未选择该趟列车时,$y_{a_{rail},n}(\xi)=0$,可视为该趟列车在多式联运场站进行 0 FEU 集装箱的卸载作业。

对于铁路路段a_{rail}上的第n班次列车,在其对应的多式联运场站虚拟路段$a_{virtual,dp}$上的运输时间$t_{a_{virtual,dp},n}(\xi)$为其所运载 42 FEU 集装箱的卸载作业时间与列车在多式联运场站的等待时间之和:

$$t_{a_{virtual,dp},n}(\xi)=42 \cdot t_{a_{virtual,dp},single}(\xi)+(n-1) \cdot t_{a_{virtual,dp},wait}(\xi) \tag{4.26}$$

其中,$t_{a_{virtual,dp},wait}(\xi)$为列车在多式联运场站的单位等待作业时间,对于同一铁路线路,第 1 班次列车无等待作业时间,第 2 班次列车等待作业时间为$t_{a_{virtual,dp},wait}(\xi)$,…,第$n$班次列车等待作业时间为$(n-1) \cdot t_{a_{virtual,dp},wait}(\xi)$。当港口作业效率高于多式联运场站作业效率,即港口单个集装箱作业时间$t_{a_{virtual,sp},single}(\xi)$小于多式联运场站单个集装箱作业时间$t_{a_{virtual,dp},single}(\xi)$时,列车到达多式联运场站后需要等待前一列车集装箱卸载完毕后,才能进行卸载作业,此时$t_{a_{virtual,dp},wait}(\xi)>0$;当港口作业效率低于或等于多式联运场站作业效率,即港口单个集装箱作业时间$t_{a_{virtual,sp},single}(\xi)$大于等于多式联运场站单个集装箱作业时间$t_{a_{virtual,dp},single}(\xi)$时,这种情况出现在港口受损严重,即使实施了即时修复措施其作业效率还是较低,列车到达多式联运场站后无须等待即可进行卸载作业,此时$t_{a_{virtual,dp},wait}(\xi)=0$。综上所述,可按式(4.27)计算$t_{a_{virtual,dp},wait}(\xi)$:

$$t_{a_{virtual},dp,wait}(\xi)=\max\left[42 \cdot t_{a_{virtual},dp,single}(\xi)-42 \cdot t_{a_{virtual},sp,single}(\xi),0\right]$$

$$(4.27)$$

下层模型中,约束式(4.17)表示所有腹地需求点的集装箱需求均可被满足,包括通过多式联运方式和单运输方式进行运输。需要提到的是,在多式联运方式中,集装箱从多式联运场站到腹地点仓库的运输由公路路段的短途接驳完成。因此,与任一腹地点仓库 w 相连的路段均为公路路段 a_{road} 。约束式(4.18)表示铁路路段 a_{rail} 上的运量 $h_{a_{rail}}(\xi)$ 为其所有被领导型物流服务商选择的列车集装箱运量之和。约束式(4.19)表示从港口 sp 由铁路方式运输至多式联运场站 dp 的集装箱运量,与从多式联运场站 dp 由公路方式运输至各个腹地需求点的集装箱运量总和相等,即公路短途接驳的集装箱运量与通过铁路运输方式运至多式联运场站的集装箱运量相等。约束式(4.20)表示各条公路路段上的集装箱运量不能超过修复后的公路路段运输能力。需要提到的是,在下层模型中没有对各条铁路路段运量的约束,是因为铁路路段运输能力的约束已经在式(4.13)关于每条铁路线路计划列车数量 $N_{a_{rail}}(\xi)$ 的计算中体现了。式(4.21)、(4.22)和(4.23)表示决策变量类型。

结合上层模型,可建立本章研究的双层模型,如下所示。

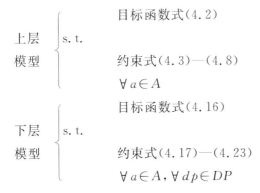

4.3 模型求解

本章研究所建立模型为混合整数非线性双层规划模型,同样采用粒子群算法与传统优化算法相结合的混合算法对其进行求解。本章混合算法与第3章混合算法流程相同,具体算法步骤的主要区别为以下两点。

（1）步骤 5 中的不可行粒子修复过程，针对本章上层模型有所改变。

（2）步骤 6 中的下层模型运用传统优化算法进行求解。在本章研究中传统优化算法是通过 MATLAB 软件和 TOMLAB/MINLP 优化问题求解器来实现的。TOMLAB/MINLP 求解器采用分支定界法（Branch-and-bound Algorithm）求解混合整数线性和非线性规划问题（Holmström et al.，2007b），适用于本章研究下层模型的求解。

（3）步骤 8 中的粒子位置更新过程。由于本章的上层模型决策变量中包含 0—1 变量（对应受损铁路路段的即时修复措施决策），其粒子位置更新公式与连续变量的粒子位置更新公式有所不同，因此，本章采用二进制粒子群优化算法（Binary Particle Swarm Optimization Algorithm，BPSO）对 0—1 型决策变量的粒子位置进行更新。

本书第 3 章介绍的粒子群算法适用于求解连续型决策变量优化问题，而二进制粒子群优化算法适用于求解离散二进制型决策变量优化问题。在本章的混合算法中，运用粒子群算法对上层模型中的连续型决策变量 $[l_{a_{road}}(\xi)$ 和 $l_{a_{virtual}}(\xi)]$ 进行粒子位置更新，运用二进制粒子群算法对上层模型中的 0—1 型决策变量 $[l_{a_{rail}}(\xi)]$ 进行粒子位置更新，连续型决策变量和 0—1 型决策变量的粒子速度更新公式相同。

本章的混合算法中，粒子群算法和二进制粒子群算法所使用的参数和变量如表 4.2 所示。

表 4.2　粒子群算法和二进制粒子群算法中的参数和变量

符号	含义
n	种群规模，即算法中的粒子数量
P_i	粒子 i 的位置，对应求解问题的一个解，$i \in [1,n]$
v_i	粒子 i 的速度，$i \in [1,n]$
$pbest$	粒子最优位置，即个体最优解
$gbest$	种群最优位置，即所有粒子中的最优位置
c_1 和 c_2	学习因子
r_1 和 r_2	取值在 $[0,1]$ 之间的随机参数

符号	含义
w	惯性权重
$wMax$	最大惯性权重
$wMin$	最小惯性权重
$iter$	当前迭代次数
$iterMax$	最大迭代次数
$rand$	取值在 $[0,1]$ 之间的随机数
ε	容忍度

二进制粒子群优化算法是由 Kennedy 和 Eberhart 在 1997 年在标准粒子群算法的基础上,提出的适用于求解离散二进制决策变量优化问题的启发式算法。二进制粒子群算法与标准粒子群算法的区别在于粒子位置的更新公式不同。如本书第 3.3.1 小节所述,标准粒子群算法的粒子速度 v_i 和位置 P_i 的更新公式如下,$i \in [1, n]$:

$$v_i(t+1) = w \cdot v_i(t) + c_1 \cdot r_1 \cdot [pbest - P_i(t)] +$$
$$c_2 \cdot r_2 \cdot [gbest - P_i(t)] \tag{4.28}$$

$$P_i(t+1) = P_i(t) + v_i(t+1) \tag{4.29}$$

在二进制粒子群算法中,粒子速度 v_i 的更新公式同样为式(4.28),$i \in [1, n]$。粒子位置 P_i 的更新,通过 sigmoid 函数确定:

$$\text{sigmoid}[v_i(t+1)] = \frac{1}{1 + e^{-v_i(t+1)}} \tag{4.30}$$

生成一个均匀分布于 $[0,1]$ 区间上的随机数 $rand$,粒子位置 $P_i(t+1)$ 根据下式进行更新:

$$P_i(t+1) = \begin{cases} 1, & \text{当 } rand < \text{sigmoid}[v_i(t+1)] \text{时} \\ 0, & \text{当 } rand \geqslant \text{sigmoid}[v_i(t+1)] \text{时} \end{cases} \tag{4.31}$$

本章研究采用的粒子群算法、二进制粒子群算法与 TOMLAB/MINLP 优化问题求解器相结合的求解方法,求解算法步骤如图 4.5 所示,具体步骤描述如下。

步骤 1:多式联运系统初始状态相关参数设置,如下所示。

(1)港口区域各条铁路线路装载作业能力 $c^*_{a_{virtual,sp}}$、单个集装箱(FEU)装载

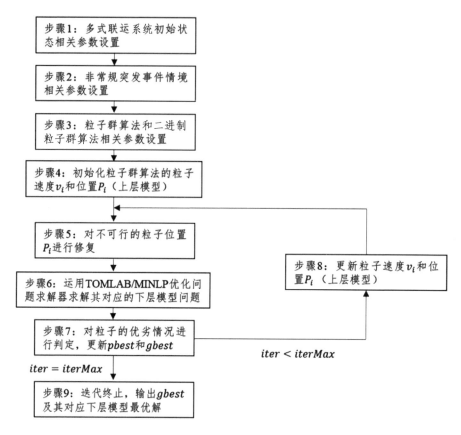

图 4.5　研究求解算法步骤示意

注：本章求解算法流程与第 3 章相同，具体算法步骤的主要区别如下。(1)步骤 5 中的不可行粒子修复过程有所不同。(2)步骤 6 中运用不同的优化问题求解器(TOMLAB/MINLP)对下层模型进行求解。(3)步骤 8 中采用二进制粒子群算法对 0—1 型决策变量的粒子位置进行更新。

时间 $t^*_{a_{virtual},sp,single}$、单个集装箱(FEU)装载费用 $r_{a_{virtual},sp}$、各条虚拟路段修复费用 $b_{a_{virtual},sp}$ 和修复时间 $t_{rec,a_{virtual},sp}$。

(2)多式联运场站卸载作业能力 $c^*_{a_{virtual},dp}$、单个集装箱(FEU)卸载时间 $t^*_{a_{virtual},dp,single}$、单个集装箱(FEU)卸载费用 $r_{a_{virtual},dp}$、各条虚拟路段修复费用 $b_{a_{virtual},dp}$ 和修复时间 $t_{rec,a_{virtual},dp}$。

(3)各条铁路路段的初始运输能力 $c^*_{a_{rail}}$、最大计划列车数量 $N^{max}_{a_{rail}}$、初始状态下的路段运输时间 $t^*_{a_{rail}}$、路段运输费用 $r_{a_{rail}}$、修复费用 $b_{a_{rail}}$ 和修复时间 $t_{rec,a_{rail}}$。

(4)各条公路路段的初始运输能力 $c^*_{a_{road}}$、初始状态下的路段零流运输时间

$t_{a_{road}}^{*0}$、路段运输费用 $r_{a_{road}}$、修复费用 $b_{a_{road}}$ 和修复时间 $t_{rec,a_{road}}$。

（5）腹地需求量 D_w。

（6）修复预算总额 B。

（7）即时修复措施的最大允许实施时间 T_{recmax}。

（8）货运时间价值因子 q。

（9）BPR 函数相关参数（α 和 β）等。

步骤 2：非常规突发事件情境相关参数设置，主要有以下几类。

（1）非常规突发事件类型 u。

（2）受非常规突发事件影响的路段集合 A_u 和未受非常规突发事件影响的路段集合 A_{nu}。

（3）受影响路段的非常规突发事件后且修复前运输能力 $c_a^u(\xi)$。

（4）非常规突发事件类型 u 对公路路段 a_{road} 零流运输时间的影响参数 ch_u 等。

步骤 3：粒子群算法和二进制粒子群算法相关参数设置，包括以下几种。

（1）种群规模 n。

（2）最大迭代次数 $iterMax$。

（3）学习因子 c_1 和 c_2。

（4）最大加权系数 $wMax$ 和最小加权系数 $wMin$。

（5）容忍度 ε 等。

步骤 4：对于上层模型的决策变量，初始化粒子群算法的粒子速度 v_i 和位置 P_i，$i \in [1, n]$。对于每一个粒子 i，速度向量 v_i 和位置向量 P_i 的维数与上层模型决策变量的数量相等，即与多式联运系统中的路段数量相等（包括铁路路段、公路路段和虚拟路段）。

（1）随机生成初始粒子速度 v_i，$i \in [1, n]$。限定初始粒子速度的最大值和最小值分别为 4 和 -4。在随后的迭代过程中，由于使用了加权系数，从而移除了对粒子速度上下界的限制（López 等，2018）。

（2）随机生成初始粒子位置 P_i，$i \in [1, n]$。其中，对于受非常规突发事件冲击的铁路路段 $a_{rail} \in A_u \bigcap A_{rail}$，随机生成 $p_{i,a_{rail}}$，$p_{i,a_{rail}} = 0$ 或 1。对于受非常规突发事件冲击的公路路段 $a_{road} \in A_u \bigcap A_{road}$，随机生成 $p_{i,a_{road}}$，$p_{i,a_{road}}$ 服从 $[0,1]$ 区间上的均匀分布。对于受非常规突发事件冲击的虚拟路段 $a_{virtual} \in A_u \bigcap A_{virtual}$，随机生成 $p_{i,a_{virtual}}$，$p_{i,a_{virtual}}$ 服从 $[0,1]$ 区间上的均匀分布。对于未受非常规突发事件冲击的路段 $a \in A_{nu}$，$p_{i,a} = 0$。

步骤 5：当粒子位置 P_i 为不可行解时，对其进行修复。每个粒子位置 P_i，对应模型的一个解,可能会因为不满足上层模型的约束而不可行。在这种情况下,与第 3 章相同,对不可行解进行修复,而对于可行解则不需要进行修复。由于本章铁路路段决策变量为 0－1 变量,且增加了即时修复措施的实施时间约束,因此,本章对不可行粒子的修复过程与第 3 章有所不同。具体修复方法如下,修复过程如图 4.6 所示。

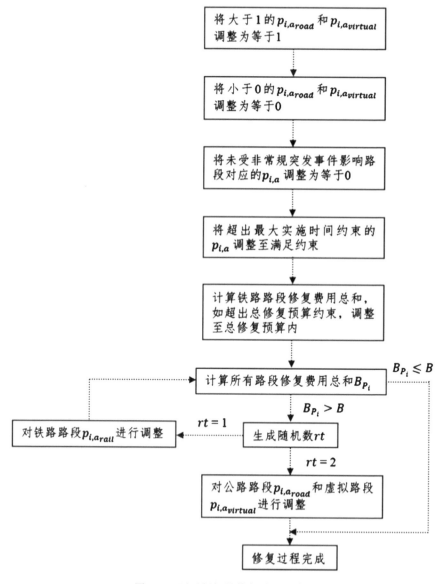

图 4.6　不可行解的修复过程示意

（1）对于上层模型约束式(4.6)和(4.7)，对应受非常规突发事件影响的公路路段 $a_{road} \in A_u \bigcap A_{road}$ 和虚拟路段 $a_{virtual} \in A_u \bigcap A_{virtual}$ ，如果 $p_{i,a_{road}}$ 或 $p_{i,a_{virtual}} > 1$ ，则调整为 $p_{i,a_{road}}$ 或 $p_{i,a_{virtual}} = 1$ ；如果 $p_{i,a_{road}}$ 或 $p_{i,a_{virtual}} < 0$ ，则调整为 $p_{i,a_{road}}$ 或 $p_{i,a_{virtual}} = 0$ 。根据初始粒子位置 P_i 的生成方法可知，初始粒子位置 P_i 不会违反该约束。需要提到的是，对于上层模型约束式(4.5)，对于受非常规突发事件影响的铁路路段 $a_{rail} \in A_u \bigcap A_{rail}$ ，在初始生成时，以及之后的二进制粒子群算法位置更新过程中， $p_{i,a_{rail}}$ 的取值始终为 0 或者 1，因此约束式(4.5)始终被满足，不需要对其设置修复方式。

（2）对于上层模型约束式(4.8)，对于未受非常规突发事件影响的路段 $a \in A_{nu}$ ，包括铁路路段、公路路段和虚拟路段，如果 $p_{i,a} \neq 0$ ，则调整为 $p_{i,a} = 0$ 。根据初始粒子位置 P_i 的生成方法可知，初始粒子位置 P_i 不会违反该约束。

（3）对于上层模型约束式(4.4)，各条路段上即时修复措施的实施时间不超过最大实施时间的约束条件，对于每一条路段，包括铁路路段、公路路段和虚拟路段，计算实施即时修复措施的实际时间为：

$$t_{recact,a} = t_{rec,a} \cdot \frac{p_{i,a} \cdot [c_a^* - c_a^u(\xi)]}{c_a^*} \tag{4.32}$$

对于 0-1 决策变量，即铁路路段 a_{rail} ，如果 $t_{recact,a_{rail}} \geqslant T_{recmax}$ ，则将 $p_{i,a_{rail}}$ 的值调整为 0；对于连续决策变量，即公路路段 a_{road} 和虚拟路段 $a_{virtual}$ ，如果 $t_{recact,a_{road}} \geqslant T_{recmax}$ ，则将 $p_{i,a_{road}}$ 的值调整为 $p_{i,a_{road}} \cdot T_{recmax}/t_{recact,a_{road}}$ ，如果 $t_{recact,a_{virtual}} \geqslant T_{recmax}$ ，则将 $p_{i,a_{virtual}}$ 的值调整为 $p_{i,a_{virtual}} \cdot T_{recmax}/t_{recact,a_{virtual}}$ 。此时，粒子位置 P_i 满足上层模型约束式(4.4)。

（4）对于上层模型约束式(4.3)，即时修复措施的实施费用总和不超过修复预算的约束条件，如果粒子位置 P_i 不满足该项约束，首先，计算粒子位置 P_i 对应的所有铁路路段的即时修复措施实施费用总和 $B_{P_{i,rail}}$ 为：

$$B_{P_{i,rail}} = \sum_{a_{rail}} b_{a_{rail}} \cdot \frac{p_{i,a_{rail}} \cdot [c_{a_{rail}}^* - c_{a_{rail}}^u(\xi)]}{c_{a_{rail}}^*} \tag{4.33}$$

如果 $B_{P_{i,rail}}$ 的值大于实施即时修复措施的总修复预算 B ，则在取值为 1 的所有 $p_{i,a_{rail}}$ 里随机选取 1 个，将其取值调整为 0。按式(4.33)再次计算 $B_{P_{i,rail}}$ ，如果 $B_{P_{i,rail}}$ 的值仍然大于总修复预算 B ，继续按上述步骤调整 $p_{i,a_{rail}}$ 的取值，直到 $B_{P_{i,rail}}$ 的值小于等于总修复预算 B 为止。

接着，计算粒子位置 P_i 对应的所有路段的即时修复措施实施费用总和，包括铁路路段、公路路段和虚拟路段：

$$B_{P_i} = \sum_a b_a \cdot \frac{p_{i,a} \cdot [c_a^* - c_a^u(\xi)]}{c_a^*} \tag{4.34}$$

如果 B_{P_i} 的值大于实施即时修复措施的总修复预算 B，则生成随机数 rt，$rt = 1$ 或 2。当 $rt = 1$ 时，对 0—1 决策变量，即铁路路段对应的粒子位置进行调整，在取值为 1 的所有 $p_{i,a_{rail}}$ 里随机选取 1 个，将其取值调整为 0。按式(4.34)再次计算 B_{P_i}，如果 B_{P_i} 的值仍然大于总修复预算 B，则返回生成随机数 rt 的步骤。当 $rt = 2$ 时，对连续决策变量，即公路路段和虚拟路段对应的粒子位置进行调整，计算公路路段和虚拟路段的即时修复措施实施费用总和 $B_{P_{i,road\&virtual}}$：

$$B_{P_{i,road\&virtual}} = \sum_{a_{road}} b_{a_{road}} \cdot \frac{p_{i,a_{road}} \cdot [c_{a_{road}}^* - c_{a_{road}}^u(\xi)]}{c_{a_{road}}^*}$$
$$+ \sum_{a_{virtual}} b_{a_{virtual}} \cdot \frac{p_{i,a_{virtual}} \cdot [c_{a_{virtual}}^* - c_{a_{virtual}}^u(\xi)]}{c_{a_{virtual}}^*} \tag{4.35}$$

对于受非常规突发事件冲击的公路路段和虚拟路段，将 $p_{i,a_{road}}$ 的值调整为 $p_{i,a_{road}} \cdot (B - B_{P_{i,rail}})/B_{P_{i,road\&virtual}}$，将 $p_{i,a_{virtual}}$ 的值调整为 $p_{i,a_{virtual}} \cdot (B - B_{P_{i,rail}})/B_{P_{i,road\&virtual}}$。此时，粒子位置 P_i 满足上层模型约束式(4.3)。

通过以上的调整，可知调整后的粒子位置 P_i 满足上层模型的所有约束，为上层模型的可行解。

步骤 6：将上层模型的解（即粒子位置 P_i）代入下层模型中，运用 TOMLAB/MINLP 优化问题求解器求解其对应的下层模型问题。

(1)计算修复后港口和多式联运场站的作业能力 $c_{a_{virtual,sp}}(\xi)$、$c_{a_{virtual,dp}}(\xi)$ 和单个集装箱作业时间 $t_{a_{virtual,sp},single}(\xi)$、$t_{a_{virtual,dp},single}(\xi)$；修复后铁路路段的班次安排 $N_{a_{rail}}(\xi)$ 和运输时间 $t_{a_{rail}}(\xi)$；修复后公路路段的运输能力 $c_{a_{road}}(\xi)$ 和零流运输时间 $t_{a_{road}}^{r0}(\xi)$。

(2)运用 TOMLAB/MINLP 优化问题求解器求解下层模型，得到下层模型的最优解 H_i，H_i 包含领导型物流服务商安排在铁路路段的集装箱运量 $h_{i,a_{rail}}(\xi)$ $(a_{rail} \in A_{rail})$、公路路段的集装箱运量 $h_{i,a_{road}}(\xi)$ $(a_{road} \in A_{road})$ 和是否选择铁路路段 a_{rail} 上的第 n 班次列车进行集装箱运输的决策变量 $y_{i,a_{rail},n}(\xi)$ $[a_{rail} \in A_{rail}, n \leqslant N_{a_{rail}}(\xi)]$，向量 H_i 的维数与下层模型决策变量的数量相等，向量 H_i 与粒子位置 P_i 相对应。

步骤 7：粒子位置 P_i 及其对应的下层模型最优解向量 H_i 组成了双层规划模

型的一个解(P_i, H_i),将(P_i, H_i)代入双层模型中,对粒子的优劣情况进行判定,更新 *pbest* 和 *gbest*。

(1)与第 3 章相同,本章研究结合(P_i, H_i)是否为双层规划模型可行解,和适应度函数值的大小两个方面,对不同粒子的优劣进行判定。首先,验证(P_i, H_i)是否满足上层和下层模型的所有约束,确定(P_i, H_i)是否为双层规划模型的一个可行解。

接着,计算(P_i, H_i)相应的适应度函数值$\text{fitness}(P_i, H_i)$。由于本章研究中双层规划模型的最终目标是求解上层目标函数的最小值,即最小化修复后多式联运系统中的集装箱总运输时间,在步骤 5 中对粒子P_i进行了上层模型可行性修复,因此,可以直接用上层模型目标函数值作为适应度函数值:

$$
\begin{aligned}
\text{fitness}(P_i, H_i) = & \sum_{a_{rail} \in A_{rail}} h_{i, a_{rail}}(\xi) \cdot t_{a_{rail}}(\xi) + \sum_{a_{road} \in A_{road}} h_{i, a_{road}}(\xi) \cdot t_{a_{road}}(\xi) \\
& + \sum_{a_{virtual, sp} \in A_{virtual, sp}} \sum_{n=1}^{N_{a_{rail}}(\xi)} 42 \cdot y_{i, a_{rail}, n}(\xi) \cdot t_{a_{virtual, sp}, n}(\xi) \\
& + \sum_{a_{virtual, dp} \in A_{virtual, dp}} \sum_{n=1}^{N_{a_{rail}}(\xi)} 42 \cdot y_{i, a_{rail}, n}(\xi) \cdot t_{a_{virtual, dp}, n}(\xi)
\end{aligned}
$$

$$(4.36)$$

对于不同粒子i和粒子j的优劣判定,按与第 3 章混合算法相同的方法进行,如表 4.3 所示。

表 4.3　第 4 章混合算法中不同粒子i和粒子j的优劣判定

$(P_i, H_i)/(P_j, H_j)$是否为双层规划模型的可行解	适应度函数值	
	$\text{fitness}(P_i, H_i)$ $<\text{fitness}(P_j, H_j)$	$\text{fitness}(P_i, H_i)$ $\geqslant\text{fitness}(P_j, H_j)$
可行/可行	(P_i, H_i)优	(P_j, H_j)优
可行/不可行	(P_i, H_i)优	(P_i, H_i)优
不可行/可行	(P_j, H_j)优	(P_j, H_j)优
不可行/不可行	(P_i, H_i)优	(P_j, H_j)优

注:第 4 章对于不同粒子i和粒子j的优劣判定方法与第 3 章相同。

(2)对于初始粒子位置 P_i,将初始化群体粒子中每一个粒子 i 的位置 P_i 设置为 $pbest$,$i \in [1, n]$,对应记录其下层最优解 H_i。根据表 3.3 的判定方法找到最优的粒子,将其位置设置为 $gbest$,对应记录其下层最优解。

(3)对于非初始粒子位置 P_i,如果粒子 i 及其对应的 H_i 优于 $pbest$ 及其对应下层最优解,将 $pbest$ 更新为粒子 i 的当前位置 P_i,对应记录其下层最优解 H_i;如果粒子 i 及其对应的 H_i 优于 $gbest$ 及其对应下层最优解,将 $gbest$ 更新为粒子 i 的当前位置 P_i,对应记录其下层最优解。

步骤 8:迭代过程重复进行。如果迭代次数未达到最大迭代次数 $iterMax$,对于上层模型的决策变量,根据公式(4.28)更新所有粒子速度 v_i,根据公式(4.29)更新连续型决策变量的粒子位置,根据公式(4.30)和(4.31)更新 0—1 型决策变量的粒子位置,增加迭代次数,并转到步骤 5。如果迭代次数达到最大迭代次数 $iterMax$,转到步骤 9。

步骤 9:迭代终止,输出 $gbest$ 及其对应下层模型最优解,同时输出其对应的上层目标函数值,即为双层规划模型的解。

4.4 模型应用

4.4.1 数值算例描述

本小节以宁波舟山港及其腹地间的多式联运系统为例进行数值算例研究,展示本章所建立的双层规划模型的有效性,对多式联运系统弹性提升问题进行分析讨论。

2020 年,宁波舟山港完成集装箱吞吐量 2872 万 TEU[①],在英国《劳氏日报》(Lloyd's List,全球航运业知名媒体)发布的"2020 年全球百大集装箱港口排名"中位列第三。[②] 目前,宁波舟山港共有集装箱海铁联运列车 19 条,业务范围辐

---

① 2020 年 12 月全国港口货物、集装箱吞吐量[EB/OL].(2021-01-21)[2021-07-02]. https://xxgk.mot.gov.cn/2020/jigou/zhghs/202101/t20210121_3517383.html.

② 最新 2020 年全球百大集装箱港口排名![EB/OL].(2020-08-31)[2021-07-02]. https://www.163.com/dy/article/FLD1J4N80514HF9T.html.

射全国 15 个省(区/市)。① 宁波舟山港及其腹地间的多式联运系统是推进共建"一带一路"倡议、长江经济带发展和长江三角洲区域一体化发展的重要力量,有效推进了货物在全球范围内的快速流通,为国际贸易的繁荣发展提供了有力支撑。

在本章研究中,由一个领导型物流服务商承担宁波舟山港部分腹地的集装箱运输业务,主要包括浙江、安徽和江西三个省份的部分区域。本章算例的具体研究对象为宁波舟山港和位于这三个省份内的腹地需求点组成的多式联运系统。需要提到的是,宁波舟山港其他腹地区域的集装箱运输业务可由其他领导型物流服务商或者物流服务提供商承担,不在本章数值算例涉及的范围内。

具体而言,本章研究对宁波舟山港及其部分腹地组成的多式联运系统进行抽象简化[图 4.7(a)],包含宁波舟山港,位于浙江省内的 1 个多式联运场站(杭州站)和 2 个腹地点仓库(杭州市仓库和建德市仓库),位于安徽省的 1 个多式联运场站(合肥站)和 3 个腹地点仓库(合肥市仓库、安庆市仓库和滁州市仓库),以及位于江西省的 1 个多式联运场站(南昌站)和 3 个腹地点仓库(南昌市仓库、九江市仓库和抚州市仓库)。

多式联运系统中包含的 3 条铁路线路各自独立运行,分别为宁波舟山港至杭州站线路、宁波舟山港至合肥站线路和宁波舟山港至南昌站线路。每条线路上的铁路列车均只有 1 个最终站点,不存在中间站点,即对于宁波舟山港至合肥站线路的铁路列车,虽然途经杭州站,但该列车不会在杭州站停留,而是直接开往合肥站。为了更清晰地描述多式联运系统中各条路段的连接情况,可以调整处理为图 4.7(b),调整处理后的图 4.7(b)与调整处理前的图 4.7(a)的路段数量和每条路段对应的 O—D 不变。

---

①　宁波舟山港海铁联运业务迎来"开门红"[EB/OL].(2021-02-05)[2021-07-02].https://sisi.shmtu.edu.cn/2021/0205/c8831a99717/page.htm.

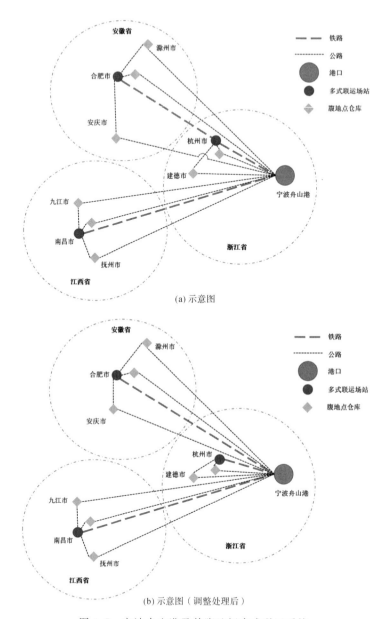

(a) 示意图

(b) 示意图（调整处理后）

图 4.7　宁波舟山港及其腹地间多式联运系统

注：(1)调整处理后图 4.7(b)中多式联运系统与调整处理前图 4.7(a)中多式联运系统的路段数量，以及每条路段对应的 O—D 不变。(2)宁波舟山港至杭州站铁路路段和宁波舟山港至合肥站铁路路段实际共用了一部分铁路线路，当宁波舟山港至杭州站铁路路段遭受非常规突发事件打击时，意味着宁波舟山港至合肥站铁路路段也遭受非常规突发事件打击。

数值算例中多式联运系统的铁路路段和公路路段编号情况如表 4.4 所示，虚拟路段编号情况如表 4.5 所示。

表 4.4 第 4 章数值算例中的铁路路段和公路路段编号

路段编号	路段类型	出发地	目的地
1	铁路	宁波舟山港	杭州站
2	铁路	宁波舟山港	合肥站
3	铁路	宁波舟山港	南昌站
4	公路	宁波舟山港	杭州市仓库
5	公路	宁波舟山港	建德市仓库
6	公路	杭州站	杭州市仓库
7	公路	杭州站	建德市仓库
8	公路	宁波舟山港	合肥市仓库
9	公路	宁波舟山港	安庆市仓库
10	公路	宁波舟山港	滁州市仓库
11	公路	合肥站	合肥市仓库
12	公路	合肥站	安庆市仓库
13	公路	合肥站	滁州市仓库
14	公路	宁波舟山港	南昌市仓库
15	公路	宁波舟山港	九江市仓库
16	公路	宁波舟山港	抚州市仓库
17	公路	南昌站	南昌市仓库
18	公路	南昌站	九江市仓库
19	公路	南昌站	抚州市仓库

表 4.5 第 4 章数值算例中的虚拟路段编号

路段编号	路段类型	作业站点	对应运输目的地
20	虚拟路段(装载作业)	宁波舟山港	杭州站
21	虚拟路段(装载作业)	宁波舟山港	合肥站
22	虚拟路段(装载作业)	宁波舟山港	南昌站

续表

路段编号	路段类型	作业站点	对应运输目的地
23	虚拟路段（卸载作业）	杭州站	杭州市仓库/建德市仓库
24	虚拟路段（卸载作业）	合肥站	合肥市仓库/安庆市仓库/滁州市仓库
25	虚拟路段（卸载作业）	南昌站	南昌市仓库/九江市仓库/抚州市仓库

（1）腹地需求量参数设置

本章研究关注的是从港口出发运往腹地方向的集装箱多式联运系统，对应输入港口的集装箱量，设置为总吞吐量的50%，根据2020年宁波舟山港的吞吐量数据计算，即1436万TEU，可换算为718万FEU。浙江、安徽和江西3个省份作为宁波舟山港的优势腹地区域[①]，其集装箱需求量相对较大，因此设置算例的多式联运系统中8个腹地需求点的总需求量为输入港口集装箱量的10%。在本章数值算例中，假设3个省份的集装箱需求量相等，且每个省份内各个腹地需求点的集装箱需求量也相等，按照2020年共366天计算8个腹地需求点的集装箱日需求量，再计算得出每个运输周期（本章研究中时间为1周）的集装箱需求量：浙江省杭州市和建德市各为2289 FEU/周，安徽省合肥市、安庆市和滁州市各为1526 FEU/周，江西省南昌市、九江市和抚州市各为1526 FEU/周。

（2）铁路路段运输费用和运输时间参数设置

对于多式联运系统中的3条铁路路段，关于铁路路段运输费用，在"中国铁路95306"网站查询可得单个FEU集装箱的运输费用。[②] 需要提到的是，该运输费用不仅包含集装箱的铁路列车运输费用，还包含了集装箱在港口和多式联运场站的装卸费用。关于铁路路段运输时间，根据相关资料，铁路货运列车运行速度为80～160公里/时，高速铁路列车运行速度为250～350公里/时（刘南等，2019）[21]。因此，可按O—D间高铁行驶时间的2.5倍作为集装箱列车的运输时间。3条铁路路段的运输费用和运输时间如表4.6所示。

---

① 根据本书团队2018年1月赴宁波舟山港进行调研所整理的相关资料，宁波舟山港"海铁联运"业务，即在本书的公铁联运物流运输系统中进行运输的集装箱业务，在浙江省内的优势腹地为浙中和浙南地区，在浙江省外的优势腹地主要为安徽和江西。

② 路段1按"宁波舟山港北仑港区"至"杭州北站永宁货场"进行查询，路段2按"宁波舟山港北仑港区"至"合肥北站"进行查询，路段3按"宁波舟山港北仑港区"至"南昌横岗站"进行查询。

表 4.6　多式联运系统铁路路段运输费用和运输时间设置

路段编号	路段类型	运输费用/ （元·FEU⁻¹）	运输时间/ 时
1	铁路	1922	2.8
2	铁路	4055	8.4
3	铁路	4527	15.0

注：运输费用数据通过"中国铁路95306"网站查询整理，网址：http://www.95306.cn/#/；运输时间按此 O—D 高铁行驶时间的 2.5 倍估算，高铁行驶时间数据通过"中国铁路12306"网站查询整理，网址：https://www.12306.cn/index/index.html。

（3）公路路段运输费用和运输时间参数设置

对于多式联运系统中的 16 条公路路段，关于公路路段运输费用，查询可得宁波舟山港和 3 个多式联运场站与相连的腹地点之间的运输距离。[①] 根据相关资料，从宁波出发运至杭州的单个 FEU 集装箱运输费用为 2100 元，该数据参考自宁波市交通运输协会集装箱运输分会于 2014 年公布的"宁波公路集装箱运输指导性运价"。[②] 按运输距离 185 公里（见表 4.7），计算可得 FEU 集装箱运输费用单价为 11.35 元/公里，由此可以计算出 16 条公路路段的运输费用。关于公路路段的集卡车运输时间，按小汽车和集卡车在高速公路上的平均行驶速度分别为 100 公里/时和 80 公里/时进行估算，以 O—D 的小汽车行驶时间的 1.25 倍作为集卡车的运输时间。16 条公路路段的运输距离、运输费用和运输时间如表 4.7 所示。

表 4.7　多式联运系统公路路段运输费用和运输时间设置

路段编号	路段类型	运输距离 /公里	集卡车运输费用 /（元·FEU⁻¹）	运输时间 /时
4	公路	185	2100	2.8

① 宁波舟山港具体定位地点为"北仑港区"，3 个多式联运场站具体定位地点分别为"杭州北站永宁货场""合肥北站""南昌横岗站"。8 个腹地需求点具体定位地点均为市政府所在位置，将港口和多式联运场站与各个城市市政府之间的距离设置为数值算例中对应 O—D 之间的运输距离。

② 【本埠】宁波出台新的集装箱运输行业指导价[EB/OL].(2014-08-20)[2021-07-02]. https://mp.weixin.qq.com/s/v_5s5STXIl1H7gfK66tLZXQ.

续表

路段编号	路段类型	运输距离/公里	集卡车运输费用/(元·FEU^{-1})	运输时间/时
5	公路	320	3632	4.7
6	公路	15	170	0.5
7	公路	148	1680	2.5
8	公路	602	6833	8.9
9	公路	595	6753	8.4
10	公路	513	5823	8.4
11	公路	22	250	0.7
12	公路	188	2134	3.3
13	公路	138	1566	2.4
14	公路	679	7707	10.4
15	公路	686	7786	10.2
16	公路	648	7355	9.8
17	公路	34	386	0.7
18	公路	166	1884	2.3
19	公路	91	1033	1.4

注:运输时间按此 O—D 小汽车行驶时间的 1.25 倍估算,小汽车行驶时间数据通过"百度地图"网站查询整理,网址:https://map.baidu.com/。

(4)港口和多式联运场站(虚拟路段)单个集装箱作业时间参数设置

多式联运系统中共有 6 条虚拟路段,其中 3 条为宁波舟山港的装载作业虚拟路段,另外 3 条分别为 3 个多式联运场站中的卸载作业虚拟路段。关于虚拟路段装卸费用,由本节前文所述,集装箱在港口和多式联运场站的装卸费用已包含在表 4.6 的铁路路段运输费用中,因此,虚拟路段装卸费用设置为 0。关于虚拟路段作业效率,假设在初始状态下,宁波舟山港集装箱装卸设备的性能更好且数量更多,因此,宁波舟山港的集装箱装载作业效率高于 3 个多式联运场站的卸载作业效率。需要提到的是,多式联运场站还包含将集装箱装载到集卡车上的作业,在本章算例中将其一并放入多式联运场站的卸载作业时间里。对于单条铁路线路,按宁波舟山港每小时可完成 30 FEU 集装箱的装载作业,多式联运场站每小时可完成 20 FEU 集装箱的卸载作业设置虚拟路段的作业效率。如表 4.8 所示,根据集装箱装卸作业效率与单个集装箱装卸作业时间成反比,宁波舟山港各条铁路线路的单个集装箱作业时间 $t_{a_{virtual,sp},single}^{*}=1/30$(时/FEU),3 个多式联运场站的各条铁路线路单个集装箱作业时间 $t_{a_{virtual,dp},single}^{*}=1/20$(时/FEU)。如按满载 42 FEU 的一趟宁波舟山港至杭州站的铁路列车计算,其在宁波舟山港的装载作业时间为 1.4 小时,在杭州站的卸载作业时间为 2.1 小时。

表 4.8　多式联运系统虚拟路段单个集装箱作业时间设置

路段编号	路段类型	作业站点	单个集装箱作业时间 /(时·FEU^{-1})
20	虚拟路段(装载作业)	宁波舟山港	1/30
21	虚拟路段(装载作业)	宁波舟山港	1/30
22	虚拟路段(装载作业)	宁波舟山港	1/30
23	虚拟路段(卸载作业)	杭州站	1/20
24	虚拟路段(卸载作业)	合肥站	1/20
25	虚拟路段(卸载作业)	南昌站	1/20

(5)多式联运系统中的其他相关参数设置

多式联运系统中各条路段的运输能力(作业能力)、修复费用和修复时间参数设置如表 4.9 所示。

表 4.9　各条路段的运输能力/作业能力、修复费用和修复费用设置

路段编号	运输能力(作业能力) /(FEU·周$^{-1}$)	修复费用 /万元	修复时间 /时	路段编号	运输能力(作业能力) /(FEU·周$^{-1}$)	修复费用 /万元	修复时间 /时
1	8400	1050	7	7	1300	1950	6.5
2	8400	1050	7	8	1700	2550	8.5
3	8400	1050	7	9	1700	2550	8.5
4	2400	3600	12	10	1700	2550	8.5
5	2400	3600	12	11	900	1350	4.5
6	1300	1950	6.5	12	900	1350	4.5

续表

路段编号	运输能力（作业能力）/(FEU·周⁻¹)	修复费用/万元	修复时间/时	路段编号	运输能力（作业能力）/(FEU·周⁻¹)	修复费用/万元	修复时间/时
13	900	1350	4.5	20	5040	1260	5
14	1600	2400	8	21	5040	1260	5
15	1600	2400	8	22	5040	1260	5
16	1600	2400	8	23	3360	840	6
17	900	1350	4.5	24	3360	840	6
18	900	1350	4.5	25	3360	840	6
19	900	1350	4.5				

注:对于3条铁路路段,运输能力为其最大运输能力,实际运输能力由铁路路段上的列车安排数量确定,为42×列车数量(单位:FEU)。

关于货运时间价值(value of time)的设置,如本书第3章所述,货运时间价值是指决策者为了减少货物运输时间而愿意支付的货币价值(Tao et al.,2020),影响货运时间价值的因素包括货运模式、货物类别和货物价值等(Jong,2008)。在本章研究中,集装箱运输分配的决策者为LLP,且集装箱为同质的,因此,从LLP的角度设置集装箱货运时间价值。本章研究以交通运输行业的每小时薪酬值,作为集装箱货运时间价值。根据《中国统计年鉴2020》第4—14类目(国家统计局,2020),"交通运输、仓储和邮政业"的城镇非私营单位就业人员2019年度平均工资为97050元,按2019年共250个工作日,每个工作日工作时间为8小时计算,则交通运输行业的每小时薪酬值为97050/(250×8)=48.525元/时,可将货运时间价值设置为49元/时。

对于BPR函数,设置参数$\alpha=0.5,\beta=2$。

(6)非常规突发事件情境相关参数设置

在本章的数值算例研究中,同样考虑了3种不同的非常规突发事件类型,分别为恐怖袭击类型($u=1$)、地震类型($u=2$)和雨雪天气类型($u=3$)。非常规突发事件类型u对公路路段a的零流运输时间的影响参数分别为$ch_1=3,ch_2=5$和$ch_3=4$。表4.10描述了每种非常规突发事件类型对多式联运系统中的路段造成的影响,与第3章有所不同的是,在本章中非常规突发事件不仅对多式联运系统路段造成影响,还会对多式联运系统节点造成影响。

表 4.10 数值算例中的非常规突发事件类型及其对多式联运系统的影响

非常规突发事件类型	对多式联运系统的影响
恐怖袭击	随机选择多式联运系统中的若干节点和路段,运输能力下降至 0
地震	随机选择多式联运系统中的某个区域,区域内的节点和路段运输能力下降一定百分比,其中位于震中的节点和路段运输能力随机下降 90%~100%,其余节点和路段运输能力随机下降 60%~80%
雨雪天气[i]	随机选择多式联运系统中的某个区域,区域内的节点和路段运输能力随机下降 70%~100%

注:(i)指大范围地区的暴雨或降雪等天气,积水或冰雪覆盖多式联运系统的节点和路段,对其运输能力造成负面影响。

(7)蒙特卡洛模拟

在本章研究中,同样采用蒙特卡洛法来模拟非常规突发事件的发生,从而计算得出多式联运系统在每种非常规突发事件类型下的弹性水平。具体步骤如下。

步骤 1:对于每个非常规突发事件类型,在每一次迭代时,根据预先设定的概率分布函数随机选择一个非常规突发事件情境。基于选定的非常规突发事件情境,再根据预先设定的每个节点和每条路径运输能力下降的概率分布函数,随机生成一组数值,表示受影响节点和路段的运输能力下降百分比。其中,对节点的影响具体表示为对虚拟路段运输能力的影响。由此创建一个因非常规突发事件发生,导致多式联运系统中部分节点和路段受损而运输能力有所下降的情境。

步骤 2:将多式联运系统初始状态相关参数和上述非常规突发事件情境相关参数代入双层规划模型中并求解,得出多式联运系统即时修复措施的决策,并得到在本次非常规突发事件情境下多式联运系统的点弹性值。

步骤 3:计算所有蒙特卡洛模拟迭代次数下的点弹性值的均值,即为该非常规突发事件类型下的多式联运系统弹性水平。

(8)混合算法中的粒子群算法和二进制粒子群算法相关参数

对于粒子群算法和二进制粒子群算法,参考已有文献的参数设置方式(赵志刚等,2007;Zhang et al.,2021),设置种群规模 $n=40$,学习因子 $c_1=2$,$c_2=2$,参数 $wMax=0.9$,$wMin=0.4$,容忍度 $\varepsilon=0.01$。综合考虑决策的及时性(求解运算时间)和决策的精准性,在合理的计算时间内找到近似全局最优解,本章研究将最大迭代次数 iterMax 设置为 50 次。

4.4.2 即时修复措施对多式联运系统弹性的影响分析

对于 3 种非常规突发事件类型,在即时修复措施最大实施时间约束为 8 小时时,不同即时修复措施总修复预算下的多式联运系统弹性水平如图 4.8 所示。

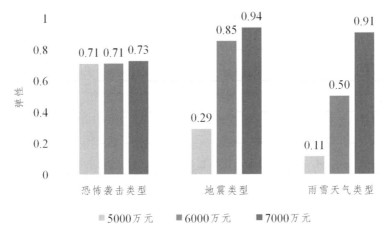

图 4.8 不同修复预算下多式联运系统弹性提升情况

随着即时修复措施预算水平的增加,多式联运系统的弹性水平也随之增加。这说明了即时修复措施的实施对于多式联运系统弹性产生了正面积极的作用,降低了非常规突发事件对于多式联运系统造成的负面影响。相对于恐怖袭击类型,即时修复措施对于地震类型和雨雪天气类型下的多式联运系统弹性提升效果更为明显。原因是恐怖袭击类型为单点随机攻击,在一个省份内,当港口通往某个腹地需求点的某个节点或某条路段遭到恐怖袭击,即使没有较高水平的修复预算和实施时间去进行节点和路段修复,也可以利用未被攻击的其他节点和路段的冗余运输能力,结合较低水平修复预算和实施时间下的即时修复措施的帮助,以恢复一定程度的运作水平,完成对应腹地需求点的集装箱运输过程。而地震类型和雨雪天气类型是较大范围的区域性影响,在这种情况下,一个省份内的大部分节点和路段均受到影响时,如果没有足够的修复预算和实施时间去修复部分节点和路段,则在多数具体的非常规突发事件情境下,由于修复后的多式联运系统运作水平较低,港口至对应腹地需求点的集装箱运输过程无法完成,即多式联运系统的点弹性值为 0,使得多式联运系统在该非常规突发事件类型下的弹性水平较低。

因此,恰当的即时修复措施对于提升多式联运系统弹性而言至关重要。如果非常规突发事件发生后未实施足够的修复行动,多式联运系统的弹性水平会处于较低水平,总运输时间将增加,带来经济和社会的损失。对于本章数值算例中的多式联运系统,如果面临较高的地震或雨雪天气发生可能性,则政府部门需要准备较高水平的修复预算。本章研究建立的双层规划模型可以帮助政府部门在非常规突发事件发生后,对于受损多式联运系统制定有效的即时修复措施实施决策,提升多式联运系统的弹性水平以应对冲击,这对经济社会具有非常重要的意义。

对于恐怖袭击类型,在即时修复措施最大实施时间 8 小时的约束下,随着总修复预算由 5000 万元增加至 7000 万元,多式联运系统弹性水平的变化不大(见图 4.8 的"恐怖袭击类型",需要提到的是,多式联运系统弹性仍然呈现出随总修复预算增长而增长的趋势,表明即时修复措施的实施降低了非常规突发事件对于多式联运系统造成的负面影响)。虽然在恐怖袭击情境下,多式联运系统可以利用冗余运输能力以恢复一定程度的运作水平,但恐怖袭击对于被攻击节点和路段的破坏性巨大(运输能力下降至 0),因此,修复受损节点和路段需要花费的资源和时间更多。受制于 8 小时的即时修复措施实施时间,一部分节点和路段在受损后无法完全修复至初始运输状态(如路段 4 所需的修复时间为 12 小时)。即使总修复预算增加,但实际能够实施的即时修复措施有限,多式联运系统的弹性提升较小。当即时修复措施实施时间约束放宽后,总修复预算水平对于多式联运系统弹性的提升影响将有更为明显的体现,这一点将在下一小节进行具体的分析讨论。

4.4.3　即时修复措施实施时间和总修复预算约束对多式联运系统弹性的影响分析

本小节基于非常规突发事件的恐怖袭击类型,分析不同即时修复措施实施时间和总修复预算约束对于多式联运系统弹性的影响。当即时修复措施实施时间约束分别为 6 小时至 11 小时,总修复预算水平分别为 3000 万元至 8000 万元时,多式联运系统弹性如图 4.9 所示。

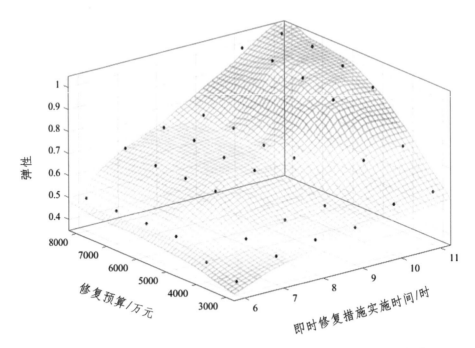

图 4.9　不同即时修复措施实施时间和总修复预算约束下的多式联运系统弹性

从数值实验的计算结果来看,随着即时修复措施最大允许实施时间的减小,多式联运系统弹性水平下降,原因是受最大实施时间的约束限制,可以被实施的即时修复措施越来越少,实施效果也有所下降。

当即时修复措施实施时间限制较为紧迫时(6 小时),总修复预算 5000 万元、6000 万元、7000 万元、8000 万元下的多式联运系统弹性水平几乎没有区别(图 4.9 中即时修复措施实施时间 6 小时的对应数据)。原因是受制于实施时间约束,较高的总修复预算并未得到最充分的利用,对于受损铁路路段,即时修复措施均无法实施,因为将受恐怖袭击冲击而运输能力下降至 0 的铁路路段修复至初始运输能力需要 7 小时(表 4.9 中路段 1、路段 2 和路段 3 的修复时间数据),在 6 小时的即时修复措施实施时间约束内无法完成;对于部分受损节点和受损公路路段,即时修复措施在实施 6 小时后停止,并未将节点和公路路段的运输能力充分修复。

随着即时修复措施最大允许实施时间逐步增大,因实施时间限制无法被充分利用的修复资源逐步被利用起来,多式联运系统得到更好的修复。对比即时修复措施实施时间限制为 6 小时(较紧迫)和 10 小时(较宽裕)下的多式联运系统弹性水平,随总修复预算增加的变化情况,即时修复措施实施时间限制 10 小时的多式联运系统弹性水平提升速度更快（图 4.9 中即时修复措施实施时间 10 小时的对应数据）。当即时修复措施实施时间限制放宽至 10 小时，总修复预算 6000 万元下的多式联运系统弹性达到 0.98，相较于即时修复措施实施时间约束 6 小时下的对应多式联运系统弹性（0.50），修复资源得到充分利用，多式联运系统弹性得到了较好的提升。

因此，政府部门需要结合修复预算情况设置即时修复措施实施时间的约束，避免出现即时修复措施实施时间约束性太强，导致修复预算无法充分得到利用，多式联运系统弹性没有实现最大限度提升的情况。在非常规突发事件发生后，尽快完成多式联运系统的修复以便继续进行腹地集装箱需求的运输（较短的即时修复措施实施时间）和将多式联运系统修复至较好的运作水平（较高的多式联运系统弹性），两者有所冲突，政府部门需要结合总修复预算水平进行权衡考虑，具体而言，有以下两种情况。

（1）当总修复预算较为充足时，建议放宽对即时修复措施的实施时间的约束，甚至不做约束，最大限度地对多式联运系统实施即时修复措施。在这种情况下，政府部门的决策可以让多式联运系统直接从"较差"修复至"较好"的运作水平，避免修复预算无法得到充分利用的情况发生，让多式联运系统可以在随后的一段时间内以较好的运营水平完成每个运输周期内的集装箱运输过程。

（2）当总修复预算较少时，政府部门可以选择相对较短的即时修复措施的实施时间的约束，此时政府的期望是在合理的时间内，让多式联运系统先从"较差"修复至"合适"的可运作水平，继续进行腹地集装箱需求的运输，保障人民的生产和生活，降低负面影响。在这种情况下，集装箱的总运输时间可能会有较大幅度的增加，延迟送达率较高。因此，政府部门应尽量调用资源，在较短时间内对多式联运系统实施二次修复措施，进一步将多式联运系统修复至"较好"的运作水平。

4.4.4　铁路列车数量对多式联运系统弹性的影响分析

多式联运系统中包含了多种运输方式，本小节将讨论在非常规突发事件情境下，调整铁路路段计划列车数量，对于多式联运系统弹性的影响。

以一个具体的雨雪天气情境为例，安徽省和江西省部分区域受到影响，路段 9、路段 12、路段 14、路段 15、路段 17 和路段 18 运输能力分别下降 78%、77%、96%、97%、78% 和 72%。当总修复预算为 6000 万元，即时修复措施实施时间约束为 6 小时时，由于修复资源和实施时间的限制，路段 14 和路段 15

在实施最大限度的即时修复措施后,修复后的运输能力分别为 1271 FEU/周和 1245 FEU/周,而铁路路段 3 的实际运输能力为 $42×10＝420$ FEU/周,可知此时通过多式联运方式和单公路运输方式,在一个运输周期内最多可将 2936 FEU集装箱(1271 FEU＋1245 FEU＋420 FEU)运输至南昌市和九江市,无法完成南昌市和九江市的集装箱运输需求(需求均为 1526 FEU/周,合计 3052 FEU/周)。多式联运系统未被修复至可完成所有集装箱运输需求的状态,此时多式联运系统的点弹性值为 0。

在这样的情况下,如果政府部门与铁路公司,即铁路线路货物运输的经营企业进行沟通协调,将路段 3(宁波舟山港至南昌站铁路线路)的计划列车数量由原来的 10 班次增加至 20 班次,则多式联运系统在即时修复措施实施后,可以达到 0.7428 的点弹性值(见表 4.11),可以看到路段 3 在增加了铁路列车数量后,分担了一部分因为公路路段 14 和公路路段 15 受损而无法完成的集装箱运输,与公路运输方式共同完成了南昌市和九江市两个腹地需求点的集装箱运输任务。因此,合理增加铁路列车数量可以提升多式联运系统的弹性水平。政府部门与铁路公司协调,在人力和物力资源可实现的基础上,利用冗余资源,可以帮助多式联运系统更好地恢复运作水平,这一点在单运输方式的物流运输系统中是无法实现的。对于铁路公司,政府部门可以在后续按实际增加的列车数量对其进行补贴,分担铁路公司因增加列车数量投入的资金和资源。

表 4.11　调整铁路计划列车数量对多式联运系统弹性的影响 1

计划列车数量/班次	路段集装箱运量/FEU				总运输时间(上层)	点弹性值	总广义运输成本(下层)
路段 3	路段 3	路段 14	路段 15	路段 16			
20	798	1053	1206	1521	205709	0.7428	84849676
10	—	—	—	—	—	0	—

需要提到的是,并非在所有的非常规突发事件情境下,增加计划列车数量的决策都可以带来总运输时间的减少。以另一个具体的雨雪天气情境为例,路段9、路段 12、路段 14、路段 15、路段 17 和路段 18 均受到影响,运输能力分别下降85%、87%、72%、98%、85%和93%。当总修复预算为6000万元,即时修复措施实施时间约束为 6 小时时,修复后的多式联运系统点弹性值为 0.8149(见表 4.12 最末行数据)。在这样的情况下,如果将路段 3(宁波舟山港至南昌站铁路线路)的

计划列车数量由原来的 10 班次增加至 20 班次,在即时修复措施实施后,多式联运系统的点弹性值为 0.7868(见表 4.12 倒数第 2 行数据)。原因是领导型物流服务商追求总广义运输成本的最小化,在列车增加后,将部分原本通过单公路运输方式进行运输的集装箱通过广义运输成本更低的多式联运方式进行运输,公路路段 14、路段 15 和路段 16 的集装箱运量均有所下降(见表 4.12 "路段集装箱运量"的数据对比),从而降低其总广义运输成本[见表 4.12 "总广义运输成本(下层)"这一列的数据对比]。多式联运方式广义运输成本较低,但运输时间较长,特别是随着列车数量的增加,列车在港口的等待作业时间越来越长,导致集装箱的总运输时间增加[表 4.12 "总运输时间(上层)"这一列的数据对比]。

表 4.12   调整铁路计划列车数量对多式联运系统弹性的影响 2

计划列车数量/班次	路段集装箱运量/FEU				总运输时间（上层）	点弹性值	总广义运输成本（下层）
路段 3	路段 3	路段 14	路段 15	路段 16			
20	756	1397	1060	1365	194198	0.7868	84891675
10	420	1405	1227	1526	187494	0.8149	85104174

在这种情况下,对于政府部门而言,增加计划列车数量并不是合理的选择。因为增加计划列车数量反而增加了集装箱的总运输时间,与政府部门最小化总运输时间的目标不相符,且需要耗费额外的人力和物力资源。如果政府部门想要降低领导型物流服务商因非常规突发事件发生而增加的总广义运输成本,可以在所有集装箱需求量都完成运输的前提下,按集装箱箱量对领导型物流服务商进行等额的补贴(例如每 FEU 补贴 200 元),这样的补贴方式不会改变领导型物流服务商的集装箱运输路线安排,即不会导致集装箱的总运输时间增加,同时降低领导型物流服务商在非常规突发事件发生后的总广义运输成本,以此减轻非常规突发事件带来的领导型物流服务商总广义成本增加的负面影响。

综上所述,政府部门需要根据非常规突发事件情境的具体情况,合理决策是否需要调整铁路线路的计划列车数量,与铁路公司协调,在人力和物力资源可实现的基础上,利用铁路线路上的冗余资源,帮助多式联运系统更好地恢复运作水平,达到提升多式联运系统弹性的目标。

4.5 管理启示

本章研究从运输时间弹性的视角,对多式联运港口-腹地集装箱物流运输系统的弹性提升问题进行了研究分析,通过数值实验得到以下管理启示。

(1)在非常规突发事件发生后,通过实施恰当的即时修复措施可以有效提升多式联运系统的弹性,缩短修复后多式联运系统的总运输时间,降低非常规突发事件造成的负面影响。对于造成较大范围区域性影响的非常规突发事件类型,例如本章数值实验中的地震类型和雨雪天气类型,如果没有足够的修复预算和实施时间对受损节点和受损路段进行修复,将会导致对应腹地需求点的集装箱运输过程无法完成,多式联运系统的弹性水平较低。因此,政府部门应当根据多式联运系统所面临的非常规突发事件类型,准备合适的修复预算水平。本章研究所提出的双层规划模型可以为政府部门提供制定总修复预算水平的决策参考。

(2)即时修复措施实施时间约束将会影响修复资源的利用率,从而对多式联运系统的弹性造成影响。随着即时修复措施最大实施时间的缩短,多式联运系统弹性水平不断下降。因此,政府部门需要结合修复预算情况设置即时修复措施实施时间的约束,避免出现即时修复措施实施时间约束性太强,导致修复预算无法充分得到利用,多式联运系统弹性没有实现最大限度提升的情况。当总修复预算较为充足时,建议放宽对即时修复措施的实施时间的约束,甚至不做约束,让多式联运系统直接从"较差"修复至"较好"的运作水平;当总修复预算较少时,政府部门可以选择相对较短的即时修复措施的实施时间的约束,此时政府部门的期望是在合理的时间内,让多式联运系统先从"较差"修复至"合适"的可运营状态,继续进行腹地集装箱需求的运输,保障人民的生产和生活,降低负面影响,随后再调用资源对多式联运系统实施二次修复措施,进一步将多式联运系统修复至"较好"的运营状态。

(3)政府部门根据非常规突发事件情境的具体情况,合理增加铁路列车数量,与铁路公司协调,在人力和物力资源可实现的基础上,利用铁路线路上的冗余资源,可以帮助多式联运系统更好地恢复运作水平,达到提升多式联运系统弹性的目标。但需要注意的是,并不是在所有的非常规突发事件情境下,增加计划列车数量的决策都可以带来多式联运系统运作水平的提高,政府部门需要根据具体情况具体分析,制定合理的决策。

4.6 本章小结

本章对多式联运港口-腹地集装箱物流运输系统的弹性测度和提升问题进行研究分析。建立双层规划模型,结合考虑多式联运系统的基础设施拓扑结构、集装箱多式联运过程、政府部门目标和行为、领导型物流服务商目标和行为,以及不同决策者之间的相互作用,在非常规突发事件情境下,为政府部门如何在有限修复资源约束和即时修复措施实施时间约束下,对受损多式联运系统实施最有效的即时修复措施提供了决策方法,提升多式联运系统的弹性水平,使多式联运系统在非常规突发事件发生后能够及时恢复至合适的运作水平。在下层模型中,对遵循 SO 原则的集装箱多式联运分配模式进行了研究。结合所建立的双层规划模型的特点,构造了一种将粒子群优化算法、二进制粒子群优化算法和传统优化算法相结合的混合求解算法,通过 MATLAB 软件和 TOMLAB/MINLP 优化问题求解器来实现求解过程,在合理的计算时间内找到双层模型的近似全局最优解。通过数值实验,表明了本章所建立双层规划模型的有效性。

本章研究的主要创新与贡献包括以下几个方面。

(1)从时间弹性的视角对多式联运系统弹性进行了研究。本章研究通过建立双层规划模型,考虑了多式联运系统的基础设施拓扑结构、集装箱多式联运过程、不同多式联运系统参与者的目标和行为,以及参与者之间的相互作用,为政府部门在非常规突发事件发生后,制定更为有效的即时修复措施实施决策,以提升多式联运港口-腹地集装箱物流运输系统的弹性提供了决策支持。

(2)在本章研究的下层模型中,对遵循 SO 原则的港口-腹地集装箱多式联运分配模式进行的分析与求解,是对港口-腹地物流运输系统运输分配问题的进一步探索,丰富了港口-腹地物流运输系统货运分配问题研究的相关理论和研究成果,可以在港口-腹地物流运输系统相关研究中,以及更具一般性的多式联运系统相关问题的研究中推广运用。

本章研究以公铁联运港口-腹地集装箱物流运输系统为研究对象建立双层规划决策模型,对于包含内河水路运输的多式联运系统同样适用。只要在模型中添加内河水运路段的运输时间计算公式、非常规突发事件对内河水路运输过程的影响表达公式、内河水运路段的运输能力,以及内河水路运输与其他运输方式衔接转换时集装箱运量守衡等约束条件即可。

  本章和第 3 章基于事后即时修复阶段,分别对多式联运和单运输方式港口-腹地集装箱物流运输系统的弹性提升问题进行了研究分析,给出了在事后即时修复阶段对港口-腹地集装箱物流运输系统弹性进行提升的管理启示和政策建议。在接下来的第 5 章,将结合事前准备阶段和事后即时修复阶段,对于可获得一定预测信息的非常规突发事件类型,研究港口-腹地集装箱物流运输系统弹性提升的两阶段决策问题。

5 港口-腹地集装箱物流运输系统弹性提升的两阶段决策模型研究

　　本章将在第 3 章和第 4 章研究的基础上，建立两阶段双层规划模型，结合事前准备阶段和事后即时修复阶段，研究港口-腹地集装箱物流运输系统弹性提升的两阶段决策问题。在事前准备阶段，根据非常规突发事件发生的预测信息和对港口-腹地集装箱物流运输系统可能造成的影响，提前对修复行动所需资源进行准备。在事后即时修复阶段，在已实施的事前准备措施基础上，对受损节点和路段实施即时修复措施。本章研究以多式联运港口-腹地集装箱物流运输系统为例展开，对于单运输方式港口-腹地集装箱物流运输系统同样适用。

　　本章首先详细阐述本章研究问题；接着构建提升多式联运港口-腹地集装箱物流运输系统弹性的两阶段混合整数双层规划模型；然后阐述求解算法和模型的具体求解过程；再通过数值算例说明两阶段双层规划模型的有效性，并对多式联运系统弹性提升的两阶段决策问题进行分析讨论；最后分析讨论本章研究的管理启示。

5.1 问题描述

在一部分类型的非常规突发事件发生前,如雨雪天气类型,政府部门可以得到一定的预测信息,包括非常规突发事件可能发生的区域,以及对多式联运系统中的节点或路段可能造成的影响。虽然对节点和路段的具体影响程度还无法完全确定,但可以得知影响程度将服从一定的概率分布,即受损节点和路段的运输能力下降百分比将服从一定的概率分布。政府部门可以根据预测信息提前对修复行动所需资源进行准备和放置,这些资源准备将会对非常规突发事件类型发生后的即时修复措施实施有所助益,让多式联运系统在事后得到更好的修复。因此,政府部门在事前准备阶段的决策也将影响多式联运系统的弹性。

本章的研究对象与本书第 4 章的研究对象相同,为包含铁路和公路两种运输方式的多式联运港口-腹地集装箱物流运输系统(在本章后续内容中简称"多式联运系统")。本章研究同样聚焦集装箱从港口出发,运输至腹地点的运输过程。研究目标为通过事前和事后两阶段决策提升多式联运系统的弹性,同样采用双层规划模型进行研究。多式联运系统中的参与者包括多式联运系统规划者和多式联运系统用户。多式联运系统规划者为政府部门,处于主导地位,为两阶段上层模型的决策者;多式联运系统用户包括货主和集装箱多式联运经营人,即领导型物流服务商,处于从属地位,为下层模型的决策者。

提升多式联运港口-腹地集装箱物流运输系统弹性的两阶段双层规划模型决策框架图如图 5.1 所示。

政府部门将进行两个阶段的决策。第一阶段决策在非常规突发事件发生前,政府部门根据预测信息提前对修复行动所需资源实施事前准备措施,主要工作为提前准备事后即时修复措施所需资源,面临一定的事前准备措施预算资金约束和事前准备措施实施时间约束。政府部门希望通过事前准备措施的实施,让事后即时修复措施有更好的实施效果,帮助多式联运系统更好地恢复运作水平,达到提升多式联运系统弹性的目标。政府部门实施事前准备措施后,对应节点和路段的事后即时修复措施实施费用和实施时间将有所下降。

政府部门的第二阶段决策在非常规突发事件发生后,政府部门对受损多式联运系统做出如何具体实施即时修复措施的决策,同样面临一定的事后即时修复措施预算资金约束和事后即时修复措施实施时间约束。需要提到的是,对于在第一阶段实施了事前准备措施的节点和路段,其事后即时修复措施实施费用

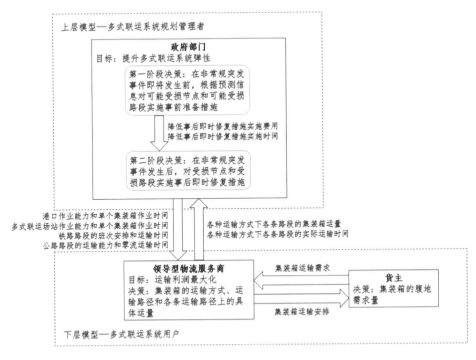

图 5.1　第 5 章两阶段双层规划模型决策框架

和实施时间有所降低,因此,在同样的修复预算和实施时间限制下,可以达到更好的即时修复措施实施效果。受损节点和受损路段的即时修复措施均由政府部门统一决策,对于受到非常规突发事件影响的港口或者多式联运场站,即时修复措施包括对受损港机进行修复,或者调用集装箱正面吊运机进行集装箱的装载作业等,以修复港口或者多式联运场站的集装箱装卸作业能力;对于受到非常规突发事件影响的铁路路段,即时修复措施包括对受损铁轨进行更换,对铁路地基进行维修等,以修复铁路路段的运输能力;对于受到非常规突发事件影响的公路路段,即时修复措施包括对受损部分进行填补和维修等,修复一定比例的路段运输能力。政府部门的目标为最大限度地提升物流运输系统弹性。政府部门充分了解物流运输系统中货主的集装箱需求量,也充分了解多式联运经营人在安排集装箱运输时的行为模式,可以预估在事前准备措施和事后即时修复措施实施后,领导型物流服务商将如何在修复后的多式联运系统中安排集装箱的运输方式、运输路径和各条路径的货运量。政府部门实施即时修复决策后,修复后多式联运系统中的港口和多式联运场站的作业能力和单个集装箱作业时间、铁路路段的班次安排和运输时间、公路路段的运输能力和零流运输时间随之确定,这些因素将影响下层模型决策者领导型物流服务商如何具体安排集装箱的运输过程,以实现其最大化利润的目标。

多式联运系统用户的其中之一与第3章和第4章相同,为集装箱货主,其决定集装箱的腹地需求量。货主的需求为本源需求,派生出采用集装箱运输方式将货物运输至腹地的需求。在本章研究中,腹地集装箱需求量同样为固定值,且不因非常规突发事件的发生而改变(相关阐述请见本书第3.1节)。

另一个多式联运系统用户与第4章相同,为领导型物流服务商。领导型物流服务商清晰掌握多式联运系统的修复情况,在实施了事前准备措施和事后即时修复措施的多式联运系统中,根据货主的集装箱需求量,对集装箱的运输方式、运输路径和各条运输路径上的货运量做出决策。运输方式决策包括对多式联运和单运输方式(公路运输)的选择,运输路径决策包括对不同多式联运路径的选择,和对不同单运输方式路径的选择。领导型物流服务商的目标为实现运输利润的最大化,遵循SO分配原则。需要提到的是,领导型物流服务商仅进行单阶段的决策,即在政府部门事前准备措施和事后即时修复措施实施完成后,在多式联运系统中做出集装箱具体运输安排决策。领导型物流服务商的决策会受到政府部门决策的影响,即在政府部门实施单阶段决策和实施事前和事后两阶段结合决策的多式联运系统中,由于多式联运系统的修复后状态不同,领导型物流服务商的集装箱具体运输安排决策也有所不同。领导型物流服务商做出决策后,多式联运系统中各种运输方式下各条路段的集装箱运量和实际运输时间随之确定,这些因素将影响上层模型决策者,即政府实现其最大限度提升多式联运系统弹性的目标。

5.2 建模分析

5.2.1 模型描述与假设

与第4章相同,本章研究的目标多式联运系统中只存在一个港口,所有集装箱均从港口出发,运输至其腹地需求点。多式联运系统中包含两种运输方式,分别为铁路运输和公路运输。多式联运系统中可以存在若干个多式联运场站,运输模式的转换仅在多式联运场站中进行。港口至腹地点的集装箱运输活动周期性重复进行,单个周期时间为1周(共7天),腹地点的集装箱周需求量由腹地货主决定,为固定值且不受非常规突发事件的影响。初始状态下,即非常规突发事件发生前,各个腹地点的运输需求均可得到满足。假设多式联运系统中集装箱的规格和装载的货物种类相同,即集装箱为同质的;铁路线路上的每趟列车必须实现满载(列车满载时共装载集装箱 42 FEU,1 FEU 可换算为 2 TEU),且每趟列车只有一个出发地和一个目的地,出发地均为港口,目的地均为多式联运场站;每辆集卡车每次运输量为 1 FEU。

本章研究的多式联运系统不涉及客运流量及其变化情况,相关阐述请见本书第 3.2.1 小节。在非常规突发事件发生前和发生后,政府部门制定事前准备决策和事后修复决策时,均针对多式联运系统的集装箱货运能力进行。

多式联运系统中的所有集装箱运输业务由一个领导型物流服务商承担。领导型物流服务商作为集装箱运输安排的实际决策者,追求自身利润最大化。在本章研究中,同样设定货主支付的相同 O—D 之间的集装箱委托运输费用单价为固定值,且不受非常规突发事件的影响。由于腹地集装箱运输量(即腹地货主需求)和委托运输费用单价均为固定值,则领导型物流服务商的运输收益为固定值,其追求自身利润最大化的目标可以转化为追求自身成本最小化。

非常规突发事件会对多式联运系统中的节点和路段造成影响,其中节点包括港口和多式联运场站,路段包括铁路路段和公路路段。非常规突发事件发生前,政府部门根据预测信息提前对可能受损的节点和路段实施事前准备措施,对于每一个受损节点和每一条受损路段,政府部门最多实施一次事前准备措施。事前准备措施需要在非常规突发事件发生前实施完毕。因此,政府部门对事前准备措施设置最大实施时间的限制。

非常规突发事件发生后,政府部门在事前准备措施的基础上,对实际受损的节点和路段实施事后即时修复措施,对于每一个受损节点和每一条受损路段,政府部门最多实施一次事后即时修复措施。政府部门希望尽快完成即时修复措施,让多式联运系统尽快重新开启运作状态。因此,对即时修复措施设置最大实施时间的限制。出于轨道交通运输安全的考虑,对于受损的铁路路段,必须完全修复至初始状态才可以安排列车运输。政府部门在制定事前准备措施和事后即时修复措施决策时,能够清晰准确地预估领导型物流服务商在安排集装箱运输时的行为模式,充分了解领导型物流服务商将如何在修复后的多式联运系统中进行集装箱的运输安排。事前准备措施和事后即时修复措施实施完成后,领导型物流服务商可以接收到准确的修复信息,并根据修复后的多式联运系统状态调整运输决策,以实现成本最小化的目标。对于公路路段考虑路段阻抗,随着一条公路路段上货运量的增加,集卡车在该条公路路段上的实际运输时间也相应增加。

根据以上描述,本章研究的模型建立基于以下假设:

(1)腹地集装箱运输需求量为固定值,且不受非常规突发事件的影响。

(2)所有集装箱为同质的。

(3)每趟铁路列车必须实现满载(42 FEU,可换算为 84 TEU)才会发车,且无经停站点,只有一个出发地和一个目的地,分别为港口和多式联运场站。

(4)非常规突发事件对多式联运系统中的节点和路段造成影响。在非常规突发事件发生前,对于每一个可能受损节点和每一条可能受损路段,最多实施一次事前准备措施。

(5)在非常规突发事件发生后,对于每一个受损节点和每一条受损路段,最多实施一次事后即时修复措施。铁路路段必须完全修复至初始状态才可以安排列车运输。

(6)对于事前准备措施和事后即时修复措施,均有各自的最大实施时间约束。

(7)多式联运系统中的公路路段存在路段阻抗,集卡车在一条公路路段上的实际运输时间随路段货运量的增加而增加。

本章研究在构建多式联运系统弹性提升的两阶段决策模型时所使用的参数和变量如表 5.1 所示。

表 5.1　第 5 章模型中的参数和变量

符号	含义
A	多式联运系统中的所有路段集合,$a \in A$
A_{rail}	多式联运系统中的所有铁路路段集合,$a_{rail} \in A_{rial}$,$A_{rial} \subseteq A$
A_{road}	多式联运系统中的所有公路路段集合,$a_{road} \in A_{road}$,$A_{road} \subseteq A$
$A_{virtual}$	多式联运系统中的所有虚拟路段集合,代表集装箱的装载或卸载过程,$a_{virtual} \in A_{virtual}$,$A_{virtual} \subseteq A$
$A_{virtual,sp}$	港口虚拟路段集合,代表集装箱的装载过程,$a_{virtual,sp} \in A_{virtual,sp}$,$A_{virtual,sp} \subseteq A_{virtual}$
$A_{virtual,dp}$	多式联运场站虚拟路段集合,代表集装箱的卸载过程,$a_{virtual,dp} \in A_{virtual,dp}$,$A_{virtual,dp} \subseteq A_{virtual}$
DP	多式联运系统中的所有多式联运场站集合,$dp \in DP$

符号	含义
W	腹地需求点仓库集合，$w \in W$
A_w	与仓库 w 相连接的路段集合，$A_w \subseteq A$
U	非常规突发事件类型集合，$u \in U$
A_u	被非常规突发事件影响的路段集合，$A_u \subseteq A$
A_{nu}	未被非常规突发事件影响的路段集合，$A_{nu} \subseteq A$
sp	多式联运系统中的港口，仅存在 1 个港口
dp	多式联运系统中的 1 个多式联运场站
w	多式联运系统中的 1 个腹地需求点仓库
a	多式联运系统中的 1 条路段，$a(sp, w)$ 代表路段 a 的起点为港口 sp，终点为腹地需求点仓库 w。不同下标对应不同类型的路段：a_{rail} 代表铁路路段，a_{road} 代表公路路段，$a_{virtual}$ 代表虚拟路段（$a_{virtual,sp}$ 代表港口虚拟路段，$a_{virtual,dp}$ 代表多式联运场站虚拟路段）
ξ	一个具体的非常规突发事件情境
$\bar{\xi}$	预测信息下的非常规突发事件最坏情境
c_a^*	初始状态下，即非常规突发事件发生前路段 a 的运输能力
$c_a^u(\xi)$	非常规突发事件情境 ξ 发生后且即时修复措施实施前，路段 a 的运输能力（对于虚拟路段 $a_{virtual}$ 而言，为其作业能力，也可视为虚拟路段 a 的运输能力）
$c_a^{post\,|\,pre}(\xi)$	实施两阶段决策后，路段 a 的运输能力（对于虚拟路段 $a_{virtual}$ 而言，为其作业能力，也可视为虚拟路段 a 的运输能力）
$Ttotal_{intermodal}^*$	初始状态下，一个运输周期内多式联运系统中的集装箱总运输时间
$Ttotal_{intermodal}^{post\,|\,pre}(\xi)$	对应一个具体的非常规突发事件情境 ξ，实施两阶段决策后，一个运输周期内多式联运系统中的集装箱总运输时间。其中，$Ttotal_{intermodal}^{post\,|\,pre}(\bar{\xi})$ 为根据预测信息下的非常规突发事件最坏情境 $\bar{\xi}$，实施两阶段决策后，一个运输周期内多式联运系统中的集装箱总运输时间
$GCtotal_{intermodal}^*$	初始状态下，一个运输周期内领导型物流服务商的总广义运输成本

续表

符号	含义
$GCtotal_{intermodal}^{post\mid pre}(\xi)$	对应一个具体的非常规突发事件情境 ξ，实施两阶段决策后，一个运输周期内领导型物流服务商的总广义运输成本
$N_{a_{rail}}^{max}$	铁路路段 a_{rail} 上的最大计划列车数量
$N_{a_{rail}}^{post\mid pre}(\xi)$	实施两阶段决策后，铁路路段 a_{rail} 上的计划列车数量
h_a^*	初始状态下，一个运输周期内路段 a 上的集装箱运量。不同下标对应不同类型的路段，其中，$h_{a_{rail}}^*$ 为铁路路段 a_{rail} 上的集装箱运量，$h_{a_{road}}^*$ 为公路路段 a_{road} 上的集装箱运量，$h_{a_{virtual}}^*$ 为虚拟路段 $a_{virtual}$ 上的集装箱运量
$y_{a_{rail},n}^*$	初始状态下，领导型物流服务商是否选择铁路路段 a_{rail} 上的第 n 班次列车进行集装箱运输（$n \leqslant N_{a_{rail}}^{max}$），为 $0-1$ 变量。$y_{a_{rail},n}^*=1$ 表示领导型物流服务商选择铁路路段 a_{rail} 上的第 n 班次列车进行集装箱运输；$y_{a_{rail},n}^*=0$ 表示领导型物流服务商未选择铁路路段 a_{rail} 上的第 n 班次列车进行集装箱运输
q	单位货运时间价值
r_a	路段 a 的运输费用，不受非常规突发事件的影响
$t_{a_{rail}}^*$	初始状态下，铁路路段 a_{rail} 的运输时间
$t_{a_{road}}^{*0}$	初始状态下，公路路段 a_{road} 的零流运输时间，即路段 a 上没有道路阻抗时的运输时间
$t_{a_{road}}^*$	初始状态下，公路路段 a_{road} 的实际运输时间
$t_{a_{virtual,sp},single}^*$	初始状态下，港口虚拟路段 $a_{virtual,sp}$ 上单个集装箱（FEU）的装载时间
$t_{a_{virtual,dp},single}^*$	初始状态下，多式联运场站虚拟路段 $a_{virtual,dp}$ 上单个集装箱（FEU）的卸载时间
$t_{a_{virtual,dp},unit}^*$	初始状态下，列车在多式联运场站的单位等待作业时间。同一铁路线路，第 1 班次列车无等待作业时间，第 2 班次列车等待作业时间为 $t_{a_{virtual,dp},unit}^*$，…，第 n 班次列车等待作业时间为 $(n-1)\cdot t_{a_{virtual,dp},unit}^*$

符号	含义
$t_{a_{virtual,sp},n}^{*}$	初始状态下,铁路路段 a_{rail} 上的第 n 班次列车,在其对应的港口虚拟路段 $a_{virtual,sp}$ 上的运输时间
$t_{a_{virtual,dp},n}^{*}$	初始状态下,铁路路段 a_{rail} 上的第 n 班次列车,在其对应的多式联运场站虚拟路段 $a_{virtual,dp}$ 上的运输时间
$t_{a_{rail}}^{post\|pre}(\xi)$	实施两阶段决策后的铁路路段 a_{rail} 的实际运输时间
ch_u	非常规突发事件类型 u 对公路路段 a_{road} 零流运输时间的影响参数
$t_{a_{road}}^{r0,post\|pre}(\xi)$	实施两阶段决策后的公路路段 a_{road} 的零流运输时间
$t_{a_{road}}^{post\|pre}(\xi)$	实施两阶段决策后的公路路段 a_{road} 的实际运输时间
$t_{a_{virtual,sp},single}^{post\|pre}(\xi)$	实施两阶段决策后的港口虚拟路段 $a_{virtual,sp}$ 上单个集装箱(FEU)的装载时间
$t_{a_{virtual,dp},single}^{post\|pre}(\xi)$	实施两阶段决策后的多式联运场站虚拟路段 $a_{virtual,dp}$ 上单个集装箱(FEU)的卸载时间
$t_{a_{virtual,dp},wait}^{post\|pre}(\xi)$	实施两阶段决策后,列车在多式联运场站的单位等待作业时间。同一铁路线路,第 1 班次列车无等待作业时间,第 2 班次列车等待作业时间为 $t_{a_{virtual,dp},wait}^{post\|pre}(\xi)$,$\cdots$,第 n 班次列车等待作业时间为 $(n-1)\cdot t_{a_{virtual,dp},wait}^{post\|pre}(\xi)$
$t_{a_{virtual,sp},n}^{post\|pre}(\xi)$	实施两阶段决策后,铁路路段 a_{rail} 上的第 n 班次列车,在其对应的港口虚拟路段 $a_{virtual,sp}$ 上的运输时间
$t_{a_{virtual,dp},n}^{post\|pre}(\xi)$	实施两阶段决策后,铁路路段 a_{rail} 上的第 n 班次列车,在其对应的多式联运场站虚拟路段 $a_{virtual,dp}$ 上的运输时间
D_w	腹地需求点仓库 w 的日均集装箱需求量
b_a	未实施事前准备措施时,在非常规突发事件发生后对路段 a 实施即时修复措施,修复其 100% 初始运输能力 c_a^{*} 的修复费用

续表

符号	含义
$t_{rec,a}$	未实施事前准备措施时,非常规突发事件发生后对路段 a 实施即时修复措施,修复其 100% 初始运输能力 c_a^* 的修复时间
b_a^{pre}	非常规突发事件发生前,对路段 a 实施事前准备措施的费用。当对路段 a 的事前准备措施实施程度为 $z\%$ 时,则对应实施费用为 $z\% \cdot b_a^{pre}$
B^{pre}	实施事前准备措施的总预算
$t_{rec,a}^{pre}$	非常规突发事件发生前,对路段 a 实施事前准备措施的时间。当对路段 a 的事前准备措施实施程度为 $z\%$ 时,则对应实施时间为 $z\% \cdot t_{rec,a}^{pre}$
T_{recmax}^{pre}	所有路段事前准备措施的最大允许实施时间
bc_a	事前准备措施对事后即时修复措施修复费用的影响参数
$trecc_a$	事前准备措施对事后即时修复措施修复时间的影响参数
$b_a^{post|pre}$	基于事前准备措施实施的事后即时修复措施实施费用。非常规突发事件发生后,对路段 a 实施事后即时修复措施,修复其 100% 初始运输能力 c_a^* 的修复费用。当对路段 a 实施即时修复措施修复 $x\% \cdot c_a^*$ 运输能力时,则对应修复费用为 $x\% \cdot b_a^{post|pre}$
B^{post}	实施事后即时修复措施的总修复预算
$t_{rec,a}^{post|pre}$	基于事前准备措施实施的事后即时修复措施实施时间。非常规突发事件发生后,对路段 a 实施事后即时修复措施,修复其 100% 初始运输能力 c_a^* 的修复时间。当对路段 a 实施即时修复措施修复 $x\% \cdot c_a^*$ 运输能力时,则对应修复时间为 $x\% \cdot t_{rec,a}^{post|pre}$
T_{recmax}^{post}	所有路段事后即时修复措施的最大允许实施时间
$l_a^{pre}(\xi)$	上层模型第一阶段事前准备措施决策变量。政府部门在非常规突发事件发生前,根据预测信息,选择对可能受损的路段 a 实施程度为 $l_a^{pre}(\xi)$($0 \leqslant l_a^{pre}(\xi) \leqslant 1$)的事前准备措施,其中 $l_a^{pre}(\xi)=1$ 表示对路段 a 的事前准备措施实施至最大限度,$l_a^{pre}(\xi)=0$ 表示未对路段 a 实施任何事前准备措施

符号	含义
$l_a^{post\,|\,pre}(\xi)$	基于事前准备措施实施的上层模型第二阶段事后即时修复措施决策变量。政府部门在非常规突发事件情境 ξ 发生后,选择对受损路段 a 实施修复程度为 $l_a^{post\,|\,pre}(\xi)$ $(0{\leqslant}l_a(\xi){\leqslant}1)$ 的即时修复措施,其中 $l_a^{post\,|\,pre}(\xi)=1$ 表示路段 a 的运输能力修复至其初始运输能力(完全修复),$l_a^{post\,|\,pre}(\xi)=0$ 表示路段 a 上未实施任何即时修复措施(完全未修复) 对于铁路路段 $a_{rail}\in A_{rail}$,$l_{a_{rail}}^{post\,|\,pre}(\xi)$ 为 $0-1$ 变量;对于公路路段 $a_{road}\in A_{road}$ 和虚拟路段 $a_{virtual}\in A_{virtual}$,$l_{a_{road}}^{post\,|\,pre}(\xi)$ 和 $l_{a_{virtual}}^{post\,|\,pre}(\xi)$ 为连续变量
$h_{a_{rail}}(\xi)$	下层模型决策变量。政府部门对多式联运系统实施两阶段决策后,领导型物流服务商安排在铁路路段 a_{rail} 的集装箱运量
$y_{a_{rail},n}(\xi)$	下层模型决策变量。政府部门对多式联运系统实施两阶段决策后,领导型物流服务商是否选择铁路路段 a_{rail} 上的第 n 班次列车进行集装箱运输 $[n{\leqslant}N_{a_{rail}}(\xi)]$,为 $0-1$ 变量。$y_{a_{rail},n}(\xi)=1$ 表示领导型物流服务商选择铁路路段 a_{rail} 上的第 n 班次列车进行集装箱运输;$y_{a_{rail},n}(\xi)=0$ 表示领导型物流服务商未选择铁路路段 a_{rail} 上的第 n 班次列车进行集装箱运输
$h_{a_{road}}(\xi)$	下层模型决策变量。政府部门对多式联运系统实施两阶段决策后,领导型物流服务商安排在公路路段 a_{road} 的集装箱运量

5.2.2　两阶段上层模型

本章研究同样采用时间弹性来测度多式联运系统的弹性,由初始状态下多式联运系统总运输时间 $Ttotal_{intermodal}^{*}$ 与实施事前准备措施和事后即时修复措施的多式联运系统总运输时间 $Ttotal_{intermodal}^{post\,|\,pre}(\xi)$ 的比值来定量表征,从运输时间的视角测度非常规突发事件对于物流运输系统运作水平的影响。

由于非常规突发事件具有随机性,与本书第 3 章和第 4 章相同,将多式联运系统弹性水平 R_T 定义为其在不同非常规突发事件情境下弹性的期望值,如式(5.1)所示。

$$R_T = E\big[Ttotal_{intermodal}^{*}\,/\,Ttotal_{intermodal}^{post\,|\,pre}(\xi)\big] \tag{5.1}$$

其中$Ttotal^*_{intermodal}$为初始状态下多式联运系统总运输时间,由下层决策者,即领导型物流服务商对集装箱的具体运输安排决定。如本书第4章所述,对于初始状态而言,即多式联运系统受到非常规突发事件冲击前,多式联运系统的运作状态稳定,每个运输周期下领导型物流服务商对集装箱的运输方式、运输路径和各条运输路径上的货运量决策相同,初始状态下各种运输方式下各条路段集装箱运量分配和路段实际运输时间相同,$Ttotal^*_{intermodal}$为固定值。关于初始状态下领导型物流服务商在多式联运系统的集装箱运输安排,以及$Ttotal^*_{intermodal}$的具体求解过程请见附录6。

在本章研究的多式联运系统时间弹性测度公式(5.1)中,分子初始状态下的多式联运系统总运输时间$Ttotal^*_{intermodal}$为固定值。因此,对于一个具体发生的非常规突发事件情境ξ,政府部门的目标同样可以替换为最小化事前准备措施和事后即时修复措施实施后的多式联运系统总运输时间$Ttotal^{post|pre}_{intermodal}(\xi)$。

在上层模型的第一阶段,非常规突发事件发生前,政府部门根据预测信息,在一定的事前准备预算资金和最大实施时间约束下,对多式联运系统做出如何具体实施事前准备措施的决策。事前准备措施的实施时间约束主要由政府部门获得预测信息时,距离非常规突发事件实际发生的时间长度决定,原因为事前准备措施需要在非常规突发事件发生前实施完成,才能够有效发挥其作用。如果政府部门获得预测信息的时间较早,则政府部门拥有相对较多的事前准备措施实施时间。需要提到的是,预测信息的获取时间与预测信息的精确性相关联,过早获得的预测信息可能不够准确,不利于政府部门进行事前准备措施的决策。因此,当政府部门获得较为可靠的预测信息时,距离非常规突发事件实际发生的时间点已不会太远,需要尽快做出决策,尽早进行事前准备措施的实施工作。原因为在决策上耗费的时间越多,则实际可用于实施事前准备措施的时间越少,将会影响事前准备措施的实施效果,进而影响事后即时修复措施的实施效果,以及整个多式联运系统的弹性提升。

由于当前阶段政府部门并未完全掌握非常规突发事件发生的具体情况,需要根据预测信息进行决策,包括非常规突发事件可能发生的区域,以及对多式联运系统节点或路段影响程度的概率分布信息。参考 Chiou(2017)论文中的方法,政府部门基于非常规突发事件不确定性的最坏情况进行第一阶段的决策。设ξ为根据预测信息可能发生的非常规突发事件子类型下最坏的情境,即对多式联运系统造成最严重破坏的情境。在最坏情境ξ下,对于每一个可能受损节点和每一条可能受损路段,均按运输能力下降百分比的最大可能值降低节点或路段的运输能力。

在上层模型的第一阶段,政府部门基于最坏情境 ξ 下做出事前准备措施的实施决策。时间弹性测度公式的分子,即初始状态下的多式联运系统总运输时间同样为固定值。因此,对于非常规突发事件的最坏情境 ξ,政府部门的目标同样可以替换为最小化事前准备措施和事后即时修复措施实施后的多式联运系统总运输时间。政府部门对于受损节点和路段实施事前准备措施,需要花费一定的资金和时间。对于每一个受损节点和每一条受损路段,事前准备措施实施的程度越高,则花费的资金越多,实施的时间越长。对于被实施事前准备措施的路段,事前准备措施的实施程度越高,则该路段在非常规突发事件类型发生后实施即时修复措施的助益越大,即该路段在随后的事后修复阶段,其事后修复措施实施费用和实施时间的下降程度越高。

上层模型子模型 1 的表达式如下,对应政府部门在上层模型中的第一阶段决策。

$$
\begin{aligned}
\min \ Ttotal_{intermodal}^{post\,|\,pre}(\underline{\xi}) = & \sum_{a_{rail}\in A_{rail}} h_{a_{rail}}(\underline{\xi}) \cdot t_{a_{rail}}^{post\,|\,pre}(\underline{\xi}) \\
& + \sum_{a_{road}\in A_{road}} h_{a_{road}}(\underline{\xi}) \cdot t_{a_{road}}^{post\,|\,pre}(\underline{\xi}) \\
& + \sum_{a_{virtual,sp}\in A_{virtual,sp}} \sum_{n=1}^{N_{a_{rail}}(\xi)} 42 \cdot y_{a_{rail},n}(\underline{\xi}) \cdot t_{a_{virtual,sp},n}^{post\,|\,pre}(\underline{\xi}) \\
& + \sum_{a_{virtual,dp}\in A_{virtual,dp}} \sum_{n=1}^{N_{a_{rail}}(\xi)} 42 \cdot y_{a_{rail},n}(\underline{\xi}) \cdot t_{a_{virtual,dp},n}^{post\,|\,pre}(\underline{\xi})
\end{aligned}
$$

$$(5.2)$$

$$\sum_{a} b_a^{pre} \cdot l_a^{pre}(\xi) \leqslant B^{pre} \tag{5.3}$$

$$t_{rec,a}^{pre} \cdot l_a^{pre}(\xi) \leqslant T_{recmax}^{pre} \tag{5.4}$$

$$0 \leqslant l_a^{pre}(\xi) \leqslant 1, \text{对于可能受影响的路段 } a \tag{5.5}$$

$$l_a^{pre}(\xi) = 0, \text{对于不会受影响的路段 } a \tag{5.6}$$

$$\forall a \in A$$

在上层模型子模型 1 中,目标函数式(5.2)为政府部门基于非常规突发事件子类型下的最坏情境 ξ,寻求事前准备措施和事后即时修复措施实施后的多式联运系统弹性水平最大限度的提升,即最小化事前准备措施和事后即时修复措

施实施后的多式联运系统总运输时间 $Ttotal^{post|pre}_{intermodal}(\xi)$。约束式(5.3)是事前准备预算约束。约束式(5.4)是事前准备措施的最大实施时间约束。约束式(5.5)表示,根据预测信息,如果路段 a 可能会遭受非常规突发事件的影响而运输能力下降,则政府部门可以对其实施即时修复措施,并且对于每一条受损路段只实施一次即时修复措施。这里的路段包括铁路路段、公路路段和虚拟路段,均为连续决策变量,其中虚拟路段的受影响情况代表了港口和多式联运场站的受影响情况。需要提到的是,对于铁路路段而言,事前准备措施实施决策为连续决策变量,事后即时修复措施决策为 $0-1$ 变量;对于公路路段和虚拟路段而言,事前准备措施实施决策和事后即时修复措施决策均为连续决策变量。约束式(5.6)表示,根据预测信息,如果路段 a 不会遭受非常规突发事件影响,则政府部门不会对其实施任何事前准备措施。需要提到的是,对于不同的非常规突发事件子类型,预测信息中可能会遭受非常规突发事件影响的路段集合和不会遭受非常规突发事件影响的路段集合有所不同。

政府部门事前准备措施实施完成后,对应节点和路段的事后即时修复措施实施费用和实施时间将有所下降。参考 Faturechi 等(2014)论文中的设定,本章研究中的事后即时修复措施的修复费用和修复时间均与事前准备措施的实施程度呈线性关系,即对可能会遭受非常规突发事件的影响的路段 a,基于事前准备措施实施的事后即时修复措施修复费用 $b^{post|pre}_a$ 和修复时间 $t^{post|pre}_{rec,a}$ 可由式(5.7)和式(5.8)计算得到,其中 bc_a 和 $trecc_a$ 为第一阶段事前准备措施对第二阶段事后即时修复措施修复费用和修复时间的影响参数。

$$b^{post|pre}_a = b \cdot [1 - bc_a \cdot l^{pre}_a(\xi)] \tag{5.7}$$

$$t^{post|pre}_{rec,a} = t_{rec,a} \cdot [1 - trecc_a \cdot l^{pre}_a(\xi)] \tag{5.8}$$

在上层模型的第二阶段,非常规突发事件实际发生后,政府部门基于事前准备措施的实施情况,以及非常规突发事件情境 ξ 对多式联运系统造成的实际影响情况,在给定的修复预算资金和最大实施时间约束下,对多式联运系统做出如何具体实施事后即时修复措施的决策。对于受损港口和多式联运场站,政府部门的事后即时修复措施包括对受损港机进行修复,或者调用集装箱正面吊运机进行集装箱的装载作业等;对于受损铁路路段,事后即时修复措施包括对受损铁轨进行更换,对铁路地基进行维修等;对于受损公路路段,事后即时修复措施包括对受损部分进行填补和维修等。政府部门对于受损节点和路段实施事后即时修复措施,需要花费一定的资金和时间。对于每一个受损节点和每一条受损路段,运输能力的修复比例越高,则花费的资金越多,实施的时间越长。事后即时修复措施的实施费用和实施时间,受事前准备措施实施程度的影响。

上层模型子模型 2 的表达式如下,对应政府部门在上层模型中的第二阶段决策。

$$
\min Ttotal_{intermodal}^{post\,|\,pre}(\xi) = \sum_{a_{rail} \in A_{rail}} h_{a_{rail}}(\xi) \cdot t_{a_{rail}}^{post\,|\,pre}(\xi)
$$
$$
+ \sum_{a_{road} \in A_{road}} h_{a_{road}}(\xi) \cdot t_{a_{road}}^{post\,|\,pre}(\xi)
$$
$$
+ \sum_{a_{virtual.sp} \in A_{virtual.sp}} \sum_{n=1}^{N_{a_{rail}}(\xi)} 42 \cdot y_{a_{rail},n}(\xi) \cdot t_{a_{virtual.sp},n}^{post\,|\,pre}(\xi)
$$
$$
+ \sum_{a_{virtual.dp} \in A_{virtual.dp}} \sum_{n=1}^{N_{a_{rail}}(\xi)} 42 \cdot y_{a_{rail},n}(\xi) \cdot t_{a_{virtual.dp},n}^{post\,|\,pre}(\xi) \tag{5.9}
$$

s. t.

$$
\sum_a b_a^{post\,|\,pre} \cdot \frac{l_a^{post\,|\,pre}(\xi) \cdot (c_a^* - c_a^u(\xi))}{c_a^*} \leqslant B^{post} \tag{5.10}
$$

$$
t_{rec,a}^{post\,|\,pre} \cdot \frac{l_a^{post\,|\,pre}(\xi) \cdot (c_a^* - c_a^u(\xi))}{c_a^*} \leqslant T_{recmax}^{post} \tag{5.11}
$$

$$
l_{a_{rail}}^{post\,|\,pre}(\xi) \in \{0,1\}, a_{rail} \in A_u \bigcap A_{rail} \tag{5.12}
$$

$$
0 \leqslant l_{a_{road}}^{post\,|\,pre}(\xi) \leqslant 1, a_{road} \in A_u \bigcap A_{road} \tag{5.13}
$$

$$
0 \leqslant l_{a_{virtual}}^{post\,|\,pre}(\xi) \leqslant 1, a_{virtual} \in A_u \bigcap A_{virtual} \tag{5.14}
$$

$$
l_a^{post\,|\,pre}(\xi) = 0, a \in A_{nu} \tag{5.15}
$$

$$
\forall a \in A
$$

在上层模型子模型 2 中,目标函数式(5.9)寻求基于事前准备措施的事后即时修复措施实施后的多式联运系统总运输时间 $Ttotal_{intermodal}^{post\,|\,pre}(\xi)$ 最小化,以最大限度地提升多式联运系统在非常规突发事件情境 ξ 下的弹性水平。其中,第一项为铁路路段总运输时间,第二项为公路路段总运输时间,第三项为港口虚拟路段总运输时间,第四项为多式联运场站虚拟路段总运输时间。$h_{a_{rail}}(\xi)$ 为铁路路段上的集装箱运量,$h_{a_{road}}(\xi)$ 为公路路段上的集装箱运量,$y_{a_{rail},n}(\xi)$ 为是否选择铁路路段 a_{rail} 上的第 n 班次列车进行集装箱运输,由领导型物流服务商在下层模型中,根据事前准备措施和事后即时修复措施实施后的多式联运系统状态进行决策;$t_{a_{rail}}^{post\,|\,pre}(\xi)$ 为铁路路段上的运输时间,$t_{a_{road}}^{post\,|\,pre}(\xi)$ 为公路路段上的实际运输时

间，$t_{a_{virtual,sp}^{post|pre}},_n(\xi)$ 为铁路路段 a_{rail} 上的第 n 班次列车在对应港口虚拟路段上的实际运输时间，$t_{a_{virtual,dp}^{post|pre}},_n(\xi)$ 为铁路路段 a_{rail} 上的第 n 班次列车在对应多式联运场站虚拟路段上的实际运输时间，由政府部门的事前准备措施和事后即时修复措施决策，以及领导型物流服务商的集装箱运输安排决策共同决定，各种类型路段运输时间的具体计算公式将在下一小节中详细阐述。

约束式(5.10)是事后修复预算约束。约束式(5.11)是事后即时修复措施的最大实施时间约束。约束式(5.12)表示，如果铁路路段 a_{rail} 受到非常规突发事件的影响而运输能力下降，则政府部门必须选择对其实施完全修复决策，或者不进行任何修复，决策变量 $l_{a_{rail}}^{post|pre}(\xi)$ 为 $0-1$ 变量。约束式(5.13)表示，如果公路路段 a_{road} 受到非常规突发事件的影响而运输能力下降，则政府部门可以对其实施即时修复措施，并且对于每一条受损公路路段只实施一次即时修复措施，决策变量 $l_{a_{road}}^{post|pre}(\xi)$ 为连续变量。约束式(5.14)表示，如果港口或多式联运场站受到非常规突发事件的影响而运输能力下降，则政府部门可以对其实施即时修复措施，并且对于每一条受损公路路段只实施一次即时修复措施，在模型中实际表示为对虚拟路段 $a_{virtual}$ 作业能力的修复决策，决策变量 $l_{a_{virtual}}^{post|pre}(\xi)$ 为连续变量。约束式(5.15)表示，未被非常规突发事件影响的节点（在模型中实际表示为虚拟路段 $a_{virtual}$）和路段（包括铁路路段 a_{rail}、公路路段 a_{road}），则政府部门不会对其实施任何即时修复措施。需要提到的是，对于不同的非常规突发事件情境 ξ，被非常规突发事件影响的路段集合 A_u 和未被非常规突发事件影响的路段集合 A_{nu} 有所不同。

政府部门实施即时修复决策后，修复后多式联运系统中的港口和多式联运场站的作业能力和单个集装箱作业时间、铁路路段的班次安排和运输时间、公路路段的运输能力和零流运输时间随之确定。需要提到的是，事前准备措施不会改变非常规突发事件对路段能力造成的负面影响，即不会改变非常规突发事件情境 ξ 发生后且即时修复措施实施前路段 a 的运输能力 $c_a^u(\xi)$，但影响事后即时修复措施的实施费用和实施时间，从而影响政府部门在第二阶段所做出的即时修复措施决策。因此，以上提到的各个数值均与政府部门事前准备措施和事后即时修复措施的实施有关。计算方法与本书第4.2.3小节中所做阐述相同，此处不再重复阐述，仅将各个数值的计算公式列出。

(1)修复后港口作业能力 $c_{a_{virtual,sp}}^{post|pre}(\xi)$ 和单个集装箱作业时间 $t_{a_{virtual,sp},single}^{post|pre}(\xi)$，以及多式联运场站作业能力 $c_{a_{virtual,dp}}^{post|pre}(\xi)$ 和单个集装箱作业时间 $t_{a_{virtual,dp},single}^{post|pre}(\xi)$ 的计算公式如下。

$$c_{a_{virtual,sp}}^{post|pre}(\xi) = c_{a_{virtual,sp}}^{u}(\xi) + l_{a_{virtual,sp}}^{post|pre}(\xi) \cdot [c_{a_{virtual,sp}}^{*} - c_{a_{virtual,sp}}^{u}(\xi)] \quad (5.16)$$

$$t_{a_{virtual,sp},single}^{post|pre}(\xi) = \begin{cases} t_{a_{virtual,sp},single}^{*} \cdot c_{a_{virtual,sp}}^{*} / c_{a_{virtual,sp}}^{post|pre}(\xi), \\ c_{a_{virtual,sp}}^{post|pre}(\xi) > 0 \\ +\infty, c_{a_{virtual,sp}}^{post|pre}(\xi) = 0 \end{cases} \quad (5.17)$$

$$c_{a_{virtual,dp}}^{post|pre}(\xi) = c_{a_{virtual,dp}}^{u}(\xi) + l_{a_{virtual,dp}}^{post|pre}(\xi) \cdot [c_{a_{virtual,dp}}^{*} - c_{a_{virtual,dp}}^{u}(\xi)] \quad (5.18)$$

$$t_{a_{virtual,dp},single}^{post|pre}(\xi) = \begin{cases} t_{a_{virtual,dp},single}^{*} \cdot c_{a_{virtual,dp}}^{*} / c_{a_{virtual,dp}}^{post|pre}(\xi), \\ c_{a_{virtual,dp}}^{post|pre}(\xi) > 0 \\ +\infty, c_{a_{virtual,dp}}^{post|pre}(\xi) = 0 \end{cases} \quad (5.19)$$

（2）修复后铁路路段的班次安排 $N_{a_{rail}}^{post|pre}(\xi)$ 的计算公式如下。

$$N_{a_{rail}}^{post|pre}(\xi) \begin{cases} \min\left\{ \left[\dfrac{c_{a_{virtual,sp}}^{post|pre}(\xi)}{42}\right], \left[\dfrac{c_{a_{virtual,dp}}^{post|pre}(\xi)}{42}\right], N_{a_{rail}}^{max} \right\}, \\ a_{rail} \in A_u 且 l_{a_{rail}}^{post|pre}(\xi) = 1；或 a_{rail} \in A_{nu} \\ 0, a_{rail} \in A_u 且 l_{a_{rail}}^{post|pre}(\xi) = 0 \end{cases} \quad (5.20)$$

修复后的铁路路段 a_{rail} 的运输时间 $t_{a_{rail}}^{post|pre}(\xi)$，与其初始状态下的运输时间 $t_{a_{rail}}^{*}$ 相等。

（3）修复后公路路段的运输能力 $c_{a_{road}}^{post|pre}(\xi)$ 和零流运输时间 $t_{a_{road}}^{r0,post|pre}(\xi)$ 的计算公式如下。

$$c_{a_{road}}^{post|pre}(\xi) = c_{a_{road}}^{u}(\xi) + l_{a_{road}}^{post|pre}(\xi) \cdot [c_{a_{road}}^{*} - c_{a_{road}}^{u}(\xi)] \quad (5.21)$$

$$t_{a_{road}}^{r0,post|pre}(\xi) = t_{a_{road}}^{*0} \cdot \left\{ 1 + ch_u \cdot \left[\dfrac{c_{a_{road}}^{*} - c_{a_{road}}(\xi)}{c_{a_{road}}^{*}}\right] \right\} \quad (5.22)$$

在事前准备措施和事后即时修复措施实施后，多式联运系统中港口和多式联运场站的作业能力 $c_{a_{virtual,sp}}^{post|pre}(\xi)$、$c_{a_{virtual,dp}}^{post|pre}(\xi)$ 和单个集装箱作业时间 $t_{a_{virtual,sp},single}^{post|pre}(\xi)$、$t_{a_{virtual,dp},single}^{post|pre}(\xi)$，铁路路段的班次安排 $N_{a_{rail}}^{post|pre}(\xi)$ 和运输时间 $t_{a_{rail}}^{post|pre}(\xi)$，以及公路路段的运输能力 $c_{a_{road}}^{post|pre}(\xi)$ 和零流运输时间 $t_{a_{road}}^{r0,post|pre}(\xi)$ 将影响下层模型决策者中的领导型物流服务商如何具体安排集装箱的运输过程，以实现其自身成本最小化的目标。

5.2.3 下层模型

如本章前文所述，下层模型决策者为一个领导型物流服务商。该领导型物流服务商清晰掌握多式联运系统在政府部门实施事前准备措施和事后即时修复

151

措施后的状态,在修复后的多式联运系统中,根据货主的集装箱需求量,对集装箱的运输方式、运输路径和各条运输路径上的货运量做出决策,这里的运输路径包括多式联运路径和单运输方式(公路)路径。领导型物流服务商的目标为实现运输成本最小化,遵循 SO 分配原则。需要提到的是,在本章研究中,领导型物流服务商仅进行单阶段的决策,即在政府部门事前准备措施和事后即时修复措施实施完成后,在多式联运系统中做出集装箱具体运输安排决策。领导型物流服务商的决策会受到政府部门决策的影响,即在政府部门实施单阶段决策(对应本书第 4 章研究)和实施事前和事后两阶段结合决策(对应本章研究)的多式联运系统中,由于多式联运系统的修复后状态不同,领导型物流服务商的集装箱具体运输安排决策也有所不同。

下层模型的表达式为:

$$\min GCtotal^{post|pre}_{intermodal}(\xi) = \sum_{a_{rail} \in A_{rail}} \left[r_{a_{rail}} + q \cdot t^{post|pre}_{a_{rail}}(\xi) \right] \cdot h_{a_{rail}}(\xi)$$

$$+ \sum_{a_{road} \in A_{road}} \left[r_{a_{road}} + q \cdot t^{post|pre}_{a_{road}}(\xi) \right] \cdot h_{a_{road}}(\xi)$$

$$+ \sum_{a_{virtual,sp} \in A_{virtual,sp}} \sum_{n=1}^{N_{a_{rail}}(\xi)} \left[r_{a_{virtual,sp}} + q \cdot t^{post|pre}_{a_{virtual,sp},n}(\xi) \right] \cdot 42 \cdot y_{a_{rail},n}(\xi)$$

$$+ \sum_{a_{virtual,dp} \in A_{virtual,dp}} \sum_{n=1}^{N_{a_{rail}}(\xi)} \left[r_{a_{virtual,dp}} + q \cdot t^{post|pre}_{a_{virtual,dp},n}(\xi) \right] \cdot 42 \cdot y_{a_{rail},n}(\xi)$$

$$(5.23)$$

s. t.

$$\sum_{a_{road} \in A_w} h_{a_{road}}(\xi) = D_w \tag{5.24}$$

$$h_{a_{rail}}(\xi) = \sum_{n=1}^{N^{post|pre}_{a_{rail}}(\xi)} 42 \cdot y_{a_{rail},n}(\xi) \tag{5.25}$$

$$\sum_{a_{rail}(p,dp) \in A} h_{a_{rail}}(\xi) - \sum_{a_{road}(dp,\cdot) \in A} h_{a_{road}}(\xi) = 0 \tag{5.26}$$

$$h_{a_{road}}(\xi) \leqslant c^{post|pre}_{a_{road}}(\xi) \tag{5.27}$$

$$y_{a_{rail},n}(\xi) \in \{0,1\}, 1 \leqslant n \leqslant N^{post|pre}_{a_{rail}}(\xi) \tag{5.28}$$

$$h_{a_{rail}}(\xi) \geqslant 0 \text{ 且} h_{a_{rail}}(\xi) \text{ 为整数} \tag{5.29}$$

$$h_{a_{road}}(\xi) \geqslant 0 \text{ 且} h_{a_{road}}(\xi) \text{ 为整数} \tag{5.30}$$

$$\forall a \in A, \forall dp \in DP$$

在下层模型中,目标函数式(5.23)为领导型物流服务商在实施事前准备措施和事后即时修复措施的多式联运系统中,寻求总广义运输成本$GCtotal^{post|pre}_{intermodal}(\xi)$最小化。其中,第一项为铁路路段的总广义运输成本,第二项为公路路段的总广义运输成本,第三项为港口虚拟路段的总广义运输成本,第四项为多式联运场站虚拟路段的总广义运输成本。计算方法与本书第 4.2.4 小节中所作阐述相同,此处不再重复阐述,仅将各个数值的计算公式列出。

(1)两阶段决策修复后的铁路路段a_{rail}的运输时间$t^{post|pre}_{a_{rail}}(\xi)$,与其初始状态下的运输时间$t^{*}_{a_{rail}}$相等。

(2)两阶段决策修复后多式联运系统的各条公路路段实际运输时间$t^{post|pre}_{a_{road}}(\xi)$,包括多式联运方式中集卡车短途接驳的公路路段和单运输方式中的公路路段,均可按式(5.31)进行计算。

$$t^{post|pre}_{a_{road}}(\xi) = t^{r0,post|pre}_{a_{road}}(\xi) \cdot \left\{ 1 + \alpha \cdot \left[\frac{h_{a_{road}}(\xi)}{c^{post|pre}_{a_{road}}(\xi)} \right]^{\beta} \right\} \tag{5.31}$$

(3)对于铁路路段a_{rail}上的第 n 班次列车,当领导型物流服务商选择该趟列车时,$y_{a_{rail},n}(\xi)=1$,该趟列车在港口进行 42 FEU 集装箱的装载作业;当领导型物流服务商未选择该趟列车时,$y_{a_{rail},n}(\xi)=0$,可视为该趟列车在港口进行 0 FEU 集装箱的装载作业。

两阶段决策修复后多式联运系统的铁路路段a_{rail}上的第 n 班次列车,在其对应的港口虚拟路段$a_{virtual,sp}$上的运输时间$t^{post|pre}_{a_{virtual,sp},n}(\xi)$为其等待时间加上装载作业时间:

$$t^{post|pre}_{a_{virtual,sp},n}(\xi) = n \cdot 42 \cdot t^{post|pre}_{a_{virtual,sp},single}(\xi) \tag{5.32}$$

(4)对于铁路路段a_{rail}上的第 n 班次列车,当领导型物流服务商选择该趟列车时,$y_{a_{rail},n}(\xi)=1$,该趟列车在多式联运场站进行 42 FEU 集装箱的卸载作业;当领导型物流服务商未选择该趟列车时,$y_{a_{rail},n}(\xi)=0$,可视为该趟列车在多式联运场站进行 0 FEU 集装箱的卸载作业。

两阶段决策修复后多式联运系统的铁路路段a_{rail}上的第 n 班次列车,在其对应的多式联运场站虚拟路段$a_{virtual,dp}$上的运输时间$t^{post|pre}_{a_{virtual,dp},n}(\xi)$为其集装箱卸载作业时间与列车在多式联运场站的等待时间之和:

$$t^{post|pre}_{a_{virtual,dp},n}(\xi) = 42 \cdot t^{post|pre}_{a_{virtual,dp},single}(\xi) + (n-1) \cdot t^{post|pre}_{a_{virtual,dp},wait}(\xi) \tag{5.33}$$

其中,$t^{post|pre}_{a_{virtual,dp},wait}(\xi)$为列车在多式联运场站的单位等待作业时间,对于同一铁路线路,第 1 班次列车无等待作业时间,第 2 班次列车等待作业时间为$t^{post|pre}_{a_{virtual,dp},wait}(\xi),\cdots,$

第 n 班次列车等待作业时间为 $(n-1) \cdot t_{a_{virtual,dp},wait}^{post|pre}(\xi)$。可按式(5.34)计算 $t_{a_{virtual,dp},wait}^{post|pre}(\xi)$：

$$t_{a_{virtual,dp},wait}^{post|pre}(\xi) = \max\{42 \cdot t_{a_{virtual,dp},single}^{post|pre}(\xi) - 42 \cdot t_{a_{virtual,sp},single}^{post|pre}(\xi), 0\}$$

(5.34)

在下层模型中，约束式(5.24)表示所有腹地需求点的集装箱需求均可被满足，包括通过多式联运方式和单运输方式进行运输。如本书第4章所述，在多式联运方式中，集装箱从多式联运场站到腹地点仓库的运输由公路路段的短途接驳完成。因此，与任一腹地点仓库 w 相连的路段均为公路路段 a_{road}。约束式(5.25)表示铁路路段 a_{rail} 上的运量 $h_{a_{rail}}(\xi)$ 为其所有被领导型物流服务商选择的列车集装箱运量之和。约束式(5.26)表示从港口 sp 由铁路方式运输至多式联运场站 dp 的集装箱运量，与从多式联运场站 dp 由公路方式运输至各个腹地需求点的集装箱运量总和相等，即公路短途接驳的集装箱运量与通过铁路运输方式运至多式联运场站的集装箱运量相等。约束式(5.27)表示各条公路路段上的集装箱运量不能超过修复后的公路路段运输能力。需要提到的是，在下层模型中没有对各条铁路路段运量的约束，是因为铁路路段运输能力的约束已经在式(5.20)关于每条铁路线路计划列车数量 $N_{a_{rail}}^{post|pre}(\xi)$ 的计算中体现了。式(5.28)、(5.29)和(5.30)表示决策变量类型。

结合两阶段上层模型，可建立本章研究的两阶段双层模型，如下所示。

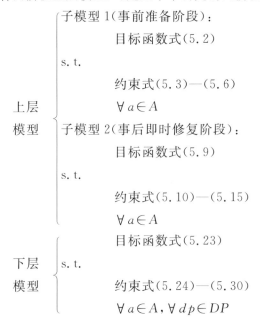

5.3　模型求解

本章研究所建立模型为两阶段混合整数双层规划模型,同样采用粒子群算法、二进制粒子群算法与传统优化算法相结合的混合算法对其进行求解。本章的混合算法中,粒子群算法和二进制粒子群算法所使用的参数和变量如表 5.2 所示。

表 5.2　第 5 章粒子群算法和二进制粒子群算法中的参数和变量

符号	含义
n	种群规模,即算法中的粒子数量
P_i	粒子 i 的位置,对应求解问题的一个解,$i \in [1, n]$
v_i	粒子 i 的速度,$i \in [1, n]$
$pbest$	粒子最优位置,即个体最优解
$gbest$	种群最优位置,即所有粒子中的最优位置
c_1 和 c_2	学习因子
r_1 和 r_2	取值在 $[0, 1]$ 之间的随机参数
w	惯性权重
$wMax$	最大惯性权重
$wMin$	最小惯性权重
$iter$	当前迭代次数
$iterMax$	最大迭代次数
$rand$	取值在 $[0, 1]$ 之间的随机数
ε	容忍度

如本书第 3.3.1 小节和第 4.3 节中对标准粒子群算法和二进制粒子群算法的描述,粒子群算法适用于求解连续型决策变量优化问题,二进制粒子群算法适用于求解离散二进制型决策变量优化问题。粒子群算法和二进制粒子群算法的

粒子速度v_i更新公式相同，如下式(5.35)，$i \in [1, n]$。

$$v_i(t+1) = w \cdot v_i(t) + c_1 \cdot r_1 \cdot [pbest - P_i(t)] +$$
$$c_2 \cdot r_2 \cdot [gbest - P_i(t)] \tag{5.35}$$

粒子群算法的位置P_i的更新公式如下式(5.36)，$i \in [1, n]$。

$$P_i(t+1) = P_i(t) + v_i(t+1) \tag{5.36}$$

二进制粒子群算法的粒子位置P_i的更新，通过 sigmoid 函数确定：

$$\text{sigmoid}[v_i(t+1)] = \frac{1}{1+e^{-v_i(t+1)}} \tag{5.37}$$

生成一个均匀分布于$[0, 1]$区间上的随机数 $rand$，粒子位置$P_i(t+1)$根据下式进行更新。

$$P_i(t+1) = \begin{cases} 1, & \text{当 } rand < \text{sigmoid}[v_i(t+1)] \text{ 时} \\ 0, & \text{当 } rand \geqslant \text{sigmoid}[v_i(t+1)] \text{ 时} \end{cases} \tag{5.38}$$

本章模型的求解过程中，在第一阶段的事前准备措施决策求解时，运用式(5.35)对连续型决策变量和0—1型决策变量的粒子速度进行更新；运用式(5.36)对上层模型中的连续型决策变量$[l_a^{pre}(\xi)、l_{a_{road}}^{post|pre}(\xi)$和$l_{a_{virtual}}^{post|pre}(\xi)]$进行粒子位置更新；根据(5.37)和(5.38)对上层模型中的0—1型决策变量$[l_{a_{rail}}^{post|pre}(\xi)]$进行粒子位置更新。对应下层模型运用传统优化算法进行求解，通过 MATLAB 软件和 TOMLAB/MINLP 优化问题求解器来实现。

第一阶段的事前准备措施决策$l_a^{pre}(\xi)$确定后，由式(5.7)和式(5.8)更新基于事前准备措施实施的事后即时修复措施实施费用$b_a^{post|pre}$和实施时间$t_{rec,a}^{post|pre}$，根据非常规突发事件情境ξ的实际发生情况，进行第二阶段的事后即时修复措施决策求解。

在第二阶段的事后即时修复措施决策求解时，运用式(5.35)对连续型决策变量和0—1型决策变量的粒子速度进行更新；运用式(5.36)对上层模型中的连续型决策变量$[l_{a_{road}}^{post|pre}(\xi)$和$l_{a_{virtual}}^{post|pre}(\xi)]$进行粒子位置更新；根据(5.37)和(5.38)对上层模型中的0—1型决策变量$[l_{a_{rail}}^{post|pre}(\xi)]$进行粒子位置更新。对应下层模型运用传统优化算法进行求解，通过 MATLAB 软件和 TOMLAB/MINLP 优化问题求解器来实现。

本章研究采用的粒子群算法、二进制粒子群算法与 TOMLAB/MINLP 优化问题求解器相结合的求解方法，求解过程分为两个阶段：第一阶段的事前准备措施决策，根据非常规突发事件的预测信息进行求解；第二阶段的事后即时修复措施决策，根据非常规突发事件的实际发生情况进行求解。求解算法步骤如图 5.2 所示，具体步骤描述如下。

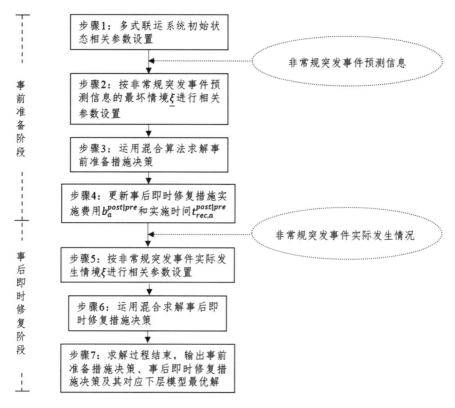

图 5.2　第 5 章研究求解算法步骤示意

步骤 1：多式联运系统初始状态相关参数设置，包括以下几个方面。

（1）港口区域各条铁路线路装载作业能力 $c^*_{a_{virtual,sp}}$ 、单个集装箱（FEU）装载时间 $t^*_{a_{virtual,sp},single}$ 、单个集装箱（FEU）装载费用 $r_{a_{virtual,sp}}$ 、各条虚拟路段修复费用 $b_{a_{virtual,sp}}$ 和修复时间 $t_{rec,a_{virtual,sp}}$ 。

（2）多式联运场站卸载作业能力 $c^*_{a_{virtual,dp}}$ 、单个集装箱（FEU）卸载时间 $t^*_{a_{virtual,dp},single}$ 、单个集装箱（FEU）卸载费用 $r_{a_{virtual,dp}}$ 、各条虚拟路段修复费用 $b_{a_{virtual,dp}}$ 和修复时间 $t_{rec,a_{virtual,dp}}$ 。

（3）各条铁路路段的初始运输能力 $c^*_{a_{rail}}$ 、最大计划列车数量 $N^{max}_{a_{rail}}$ 、初始状态下的路段运输时间 $t^*_{a_{rail}}$ 、路段运输费用 $r_{a_{rail}}$ 、修复费用 $b_{a_{rail}}$ 和修复时间 $t_{rec,a_{rail}}$ 。

（4）各条公路路段的初始运输能力 $c^*_{a_{road}}$ 、初始状态下的路段零流运输时间 $t^{*0}_{a_{road}}$ 、路段运输费用 $r_{a_{road}}$ 、修复费用 $b_{a_{road}}$ 和修复时间 $t_{rec,a_{road}}$ 。

（5）腹地需求量 D_w 。

（6）修复预算总额 B 。

（7）即时修复措施的最大允许实施时间T_{recmax}。

（8）货运时间价值因子q。

（9）BPR函数相关参数（α和β）。

（10）第一阶段事前准备措施对第二阶段事后即时修复措施的修复费用影响参数bc_a和修复时间影响参数$trecc_a$等。

步骤2：按非常规突发事件预测信息的最坏情境ξ进行相关参数设置，包括：

（1）非常规突发事件类型u。

（2）受非常规突发事件影响的路段集合A_u和未受非常规突发事件影响的路段集合A_{nu}。

（3）受影响路段的非常规突发事件后且修复前运输能力$c_a^u(\xi)$。

（4）非常规突发事件类型u对公路路段a_{road}零流运输时间的影响参数ch_u等。

步骤3：对于事前准备阶段措施的决策，运用本书第4.3节描述的粒子群算法、二进制粒子群算法与TOMLAB/MINLP优化问题求解器相结合的混合算法进行求解。求解过程与第4.3节描述的混合算法基本相同，不同之处在于粒子位置P_i的编码、初始化和当粒子位置P_i为不可行解时的修复过程。

（1）关于粒子位置P_i的编码。

对于上层模型的决策变量，粒子位置P_i分为两个片段，$i\in[1,n]$。第一个片段$P_i^{stage_1}$对应事前准备措施决策，第二个片段$P_i^{stage_2}$对应基于事前准备措施的事后即时修复措施决策。因此，对于每一个粒子i，位置向量P_i的维数等于多式联运系统中路段数量的2倍，因为包含了对每条路段的1个事前准备措施决策变量与1个事后即时修复措施决策变量，这里的路段包括铁路路段、公路路段和虚拟路段。对于粒子速度v_i，与粒子位置P_i相对应，因此粒子速度v_i的维数也等于多式联运系统中路段数量的2倍。随机生成初始粒子速度v_i，$i\in[1,n]$。限定初始粒子速度的最大值和最小值分别为4和-4。在随后的迭代过程中，由于使用了加权系数，从而移除了对粒子速度上下界的限制（López等，2018）。

（2）关于粒子位置P_i的第一个片段$P_i^{stage_1}$的初始化和修复过程。

随机生成初始粒子位置$P_i^{stage_1}$，$i\in[1,n]$。其中，对于受非常规突发事件冲击的路段$a\in A_u$，包括铁路路段、公路路段和虚拟路段，事前准备措施决策均为连续决策变量，随机生成$p_{i,a}^{stage_1}$，$p_{i,a}^{stage_1}$服从$[0,1]$区间上的均匀分布；对于未受非常规突发事件冲击的路段$a\in A_{nu}$，$p_{i,a}^{stage_1}=0$。

当粒子位置$P_i^{stage_1}$为不可行解时，对其进行修复，由于粒子位置$P_i^{stage_1}$对应的决策变量均为连续变量,其修复过程与本书第 3.3.2 小节中混合算法的"步骤 5"相似,增加了对违反事前准备措施实施时间约束条件的粒子位置修复过程。每个粒子位置 $P_i^{stage_1}$,对应上层模型子模型 1 的一个解,可能会因为不满足上层模型子模型 1 的约束而不可行。在这种情况下,参考 Alves 等(2016)论文中的方法,对不可行解进行修复,而对于可行解则不需要进行修复。具体修复方法如下。

① 对于上层模型子模型 1 约束式(5.5),对应受非常规突发事件影响的路段 $a \in A_u$,如果 $p_{i,a}^{stage_1} > 1$,则调整为 $p_{i,a}^{stage_1} = 1$;如果 $p_{i,a}^{stage_1} < 0$,则调整为 $p_{i,a}^{stage_1} = 0$。根据初始粒子位置 $P_i^{stage_1}$ 的生成方法可知,初始粒子位置 $P_i^{stage_1}$ 不会违反该约束。

② 对于上层模型子模型 1 约束式(5.6),对应未受非常规突发事件影响的路段 $a \in A_{mu}$,如果 $p_{i,a}^{stage_1} \neq 0$,则调整为 $p_{i,a}^{stage_1} = 0$。根据初始粒子位置 $P_i^{stage_1}$ 的生成方法可知,初始粒子位置 $P_i^{stage_1}$ 不会违反该约束。

③ 对于上层模型子模型 1 约束式(5.4),各条路段上事前准备措施的实施时间不超过最大实施时间的约束条件,对于每一条路段,包括铁路路段、公路路段和虚拟路段,计算实施即时修复措施的实际时间。

$$t_{recact,a}^{pre} = t_{rec,a}^{pre} \cdot p_{i,a}^{stage_1} \tag{5.39}$$

如果 $t_{recact,a}^{pre} \geqslant T_{recmax}^{pre}$,则调整 $p_{i,a}^{stage_1}$ 的值为 $p_{i,a}^{stage_1} \cdot T_{recmax}^{pre} / t_{recact,a}^{pre}$。此时,粒子位置 P_i 满足上层模型约束式(5.4)。

④ 对于上层模型子模型 1 约束式(5.3),即时修复措施的实施费用总和不超过修复预算约束的限制,如果粒子位置 $P_i^{stage_1}$ 不满足该项约束,首先,计算粒子位置 $P_i^{stage_1}$ 对应的即时修复措施实施费用总和。

$$B_{P_i}^{pre} = \sum_a b_a^{pre} \cdot p_{i,a}^{stage_1} \tag{5.40}$$

接着,对于受非常规突发事件冲击的路段 $a \in A_u$,将 $p_{i,a}$ 的值调整为 $p_{i,a}^{stage_1} \cdot B^{pre} / B_{P_i}^{pre}$。

通过以上的调整,可知调整后的粒子位置 $P_i^{stage_1}$ 满足上层模型的所有约束,为上层模型子模型 1 的可行解。

(3)关于粒子位置 P_i 的第二个片段 $P_i^{stage_2}$ 的初始化和修复过程。

将粒子位置 P_i 第一个片段 $P_i^{stage_1}$ 代入式(5.7)和式(5.8)更新基于事前准备措施实施的事后即时修复措施实施费用 $b_a^{post \mid pre}$ 和实施时间 $t_{rec,a}^{post \mid pre}$,进行第二个片段 $P_i^{stage_2}$ 的初始化。

随机生成初始粒子位置 $P_i^{stage_2}$,$i \in [1, n]$。其中,对于受非常规突发事件冲击的铁路路段 $a_{rail} \in A_u \cap A_{rail}$,随机生成 $p_{i,a_{rail}}^{stage_2}$,$p_{i,a_{rail}} = 0$ 或 1;对于受非常规突发事件冲击的公路路段 $a_{road} \in A_u \cap A_{road}$,随机生成 $p_{i,a_{road}}^{stage_2}$,$p_{i,a_{road}}^{stage_2}$ 服从 $[0, 1]$ 区间上的均匀分布;对于受非常规突发事件冲击的虚拟路段 $a_{virtual} \in A_u \cap A_{virtual}$,随机生

成 $p_{i,a_{virtual}}^{stage_2}$ 服从 $[0,1]$ 区间上的均匀分布；对于未受非常规突发事件冲击的路段 $a \in A_{nu}$，$p_{i,a}^{stage_2} = 0$。

当粒子位置 $P_i^{stage_2}$ 为不可行解时，对其进行修复，由于粒子位置 $P_i^{stage_2}$ 对应的决策变量包括 $0-1$ 变量和连续变量，其修复过程与本书第 4.3 节中混合算法的"步骤 5"相似。当粒子位置 $P_i^{stage_2}$ 为不可行解时，对其进行修复。每个粒子位置 $P_i^{stage_2}$，对应的上层模型子模型 2（基于上层模型子模型 1 事前准备措施实施后）的一个解，可能会因为不满足上层模型子模型 2 的约束而不可行。在这种情况下，对不可行解进行修复，而对于可行解则不需要进行修复。具体修复方法如下。

①对于上层模型子模型 2 约束式(5.13)和(5.14)，对应受非常规突发事件影响的公路路段 $a_{road} \in A_u \cap A_{road}$ 和虚拟路段 $a_{virtual} \in A_u \cap A_{virtual}$，如 $p_{i,a_{road}}^{stage_2}$ 或 $p_{i,a_{virtual}}^{stage_2} > 1$，则调整为 $p_{i,a_{road}}^{stage_2}$ 或 $p_{i,a_{virtual}}^{stage_2} = 1$；如果 $p_{i,a_{road}}^{stage_2}$ 或 $p_{i,a_{virtual}}^{stage_2} < 0$，则调整为 $p_{i,a_{road}}^{stage_2}$ 或 $p_{i,a_{virtual}}^{stage_2} = 0$。根据初始粒子位置 $P_i^{stage_2}$ 的生成方法可知，初始粒子位置 $P_i^{stage_2}$ 不会违反该约束。需要提到的是，对于上层模型约束式(5.12)，对于受非常规突发事件影响的铁路路段 $a_{rail} \in A_u \cap A_{rail}$，在初始生成时，以及之后的二进制粒子群算法位置更新过程中，$p_{i,a}^{stage_2}$ 的取值始终为 0 或者 1，因此约束式(5.12)始终被满足，不需要对其设置修复方式。

②对于上层模型子模型 2 约束式(5.15)，对于未受非常规突发事件影响的路段 $a \in A_{nu}$，包括铁路路段、公路路段和虚拟路段，如果 $p_{i,a}^{stage_2} \neq 0$，则调整为 $p_{i,a}^{stage_2} = 0$。根据初始粒子位置 $P_i^{stage_2}$ 的生成方法可知，初始粒子位置 $P_i^{stage_2}$ 不会违反该约束。

③对于上层模型子模型 2 约束式(5.11)，各条路段上即时修复措施的实施时间不超过最大实施时间的约束条件，对于每一条路段，包括铁路路段、公路路段和虚拟路段，由下式(5.41)计算实施即时修复措施的实际时间。需要提到的是，式(5.41)中的 $t_{rec,a}^{post|pre}$ 已根据第一阶段的事前准备措施决策 $P_i^{stage_1}$ 代入式(5.8)进行了更新。

$$t_{recact,a}^{post|pre} = t_{rec,a}^{post|pre} \cdot \frac{p_{i,a}^{stage_2} \cdot [c_a^* - c_a^u(\xi)]}{c_a^*} \tag{5.41}$$

对于 $0-1$ 决策变量，即铁路路段 a_{rail}，如果 $t_{recact,a_{rail}}^{post|pre} \geqslant T_{recmax}^{post}$，则将 $p_{i,a_{rail}}^{stage_2}$ 的值调整为 0；对于连续决策变量，即公路路段 a_{road} 和虚拟路段 $a_{virtual}$，如果 $t_{recact,a_{road}}^{post|pre} \geqslant T_{recmax}^{post}$，则将 $p_{i,a_{road}}^{stage_2}$ 的值调整为 $p_{i,a_{road}}^{stage_2} \cdot T_{recmax}^{post} / t_{recact,a_{road}}^{post|pre}$，如果 $t_{recact,a_{virtual}}^{post|pre} \geqslant T_{recmax}^{post}$，则将 $p_{i,a_{virtual}}^{stage_2}$ 的值调整为 $p_{i,a_{virtual}}^{stage_2} \cdot T_{recmax}^{post} / t_{recact,a_{virtual}}^{post|pre}$。此时，粒子位置 P_i 满足上层模型约束式(5.11)。

④对于上层模型子模型 2 约束式(5.10),事后即时修复措施的实施费用总和不超过修复预算的约束条件,如果粒子位置 $P_i^{stage_2}$ 不满足该项约束,首先,由下式(5.42)计算粒子位置 $P_i^{stage_2}$ 对应的所有铁路路段的即时修复措施实施费用总和 $B_{P_{i,rail}}^{post}$。需要提到的是,式(5.42)中的 $b_{a_{rail}}^{post|pre}$ 已根据第一阶段的事前准备措施决策 $P_i^{stage_1}$ 代入式(5.7)进行了更新。

$$B_{P_{i,rail}}^{post} = \sum_{a_{rail}} b_{a_{rail}}^{post|pre} \cdot \frac{p_{i,a_{rail}}^{stage_2} \cdot [c_{a_{rail}}^* - c_{a_{rail}}^u(\xi)]}{c_{a_{rail}}^*} \tag{5.42}$$

如果 $B_{P_{i,rail}}^{post}$ 的值大于实施事后即时修复措施的总修复预算 B^{post},则在取值为 1 的所有 $p_{i,a_{rail}}^{stage_2}$ 里随机选取 1 个,将其取值调整为 0。按式(5.42)再次计算 $B_{P_{i,rail}}^{post}$,如果 $B_{P_{i,rail}}^{post}$ 的值仍然大于总修复预算 B,继续按上述步骤调整 $p_{i,a_{rail}}^{stage_2}$ 的取值,直到 $B_{P_{i,rail}}^{post}$ 的值小于等于总修复预算 B^{post} 为止。

接着,由下式(5.43)计算粒子位置 $P_i^{stage_2}$ 对应的所有路段的即时修复措施实施费用总和,包括铁路路段、公路路段和虚拟路段。式(5.43)中的 $b_a^{post|pre}$ 已根据第一阶段的事前准备措施决策 $P_i^{stage_1}$ 代入式(5.7)进行了更新。

$$B_{P_i}^{post} = \sum_a b_a^{post|pre} \cdot \frac{p_{i,a}^{stage_2} \cdot [c_a^* - c_a^u(\xi)]}{c_a^*} \tag{5.43}$$

如果 $B_{P_i}^{post}$ 的值大于实施事后即时修复措施的总修复预算 B^{post},则生成随机数 rt,$rt=1$ 或 2。当 $rt=1$ 时,对 $0-1$ 决策变量,即铁路路段对应的粒子位置进行调整,在取值为 1 的所有 $p_{i,a_{rail}}^{stage_2}$ 里随机选取 1 个,将其取值调整为 0。按式(5.43)再次计算 $B_{P_i}^{post}$,如果 B_{P_i} 的值仍然大于总修复预算 B^{post},则返回生成随机数 rt 的步骤。当 $rt=2$ 时,对连续决策变量,即公路路段和虚拟路段对应的粒子位置进行调整,计算公路路段和虚拟路段的即时修复措施实施费用总和 $B_{P_{i,road\&virtual}}^{post}$。

$$
\begin{aligned}
B_{P_{i,road\&virtual}}^{post} = &\sum_{a_{road}} b_{a_{road}}^{post|pre} \cdot \frac{p_{i,a_{road}}^{stage_2} \cdot [c_{a_{road}}^* - c_{a_{road}}^u(\xi)]}{c_{a_{road}}^*} \\
&+ \sum_{a_{virtual}} b_{a_{virtual}}^{post|pre} \cdot \frac{p_{i,a_{virtual}}^{stage_2} \cdot [c_{a_{virtual}}^* - c_{a_{virtual}}^u(\xi)]}{c_{a_{virtual}}^*}
\end{aligned}
\tag{5.44}
$$

对于受非常规突发事件冲击的公路路段和虚拟路段,将 $p_{i,a_{road}}^{stage_2}$ 的值调整为 $p_{i,a_{road}}^{stage_2} \cdot (B^{post} - B_{P_{i,rail}}^{post})/B_{P_{i,road\&virtual}}^{post}$,将 $p_{i,a_{virtual}}^{stage_2}$ 的值调整为 $p_{i,a_{virtual}}^{stage_2} \cdot (B^{post} - B_{P_{i,rail}}^{post})/B_{P_{i,road\&virtual}}^{post}$。此时,粒子位置 $P_i^{stage_2}$ 满足上层模型子模型 2 约束式(5.10)。

通过以上的调整,可知调整后的粒子位置 $P_i^{stage_2}$ 满足上层模型子模型 2 的所有约束,为上层模型子模型 2 的可行解。

混合算法求解事前准备阶段措施决策的其他过程与本书第 4.3 节描述相同,在此不再重复描述。本步骤混合算法求解完成后,得到事前准备措施决策 $l_a^{pre}(\xi)$。

步骤 4：更新事后即时修复措施实施费用 $b_a^{post|pre}$ 和实施时间 $t_{rec,a}^{post|pre}$。

将步骤 3 求解得到的事前准备措施决策 $l_a^{pre}(\xi)$ 代入式(5.7)和式(5.8)更新基于事前准备措施实施的事后即时修复措施实施费用 $b_a^{post|pre}$ 和实施时间 $t_{rec,a}^{post|pre}$。需要提到的是，步骤 3 的混合算法求解完成后，同时会得到按非常规突发事件预测信息的最坏情境 ξ 实施的第二阶段事后即时修复措施决策 $l_a^{post|pre}(\xi)$ 和对应的下层模型最优解，这两项不需要代入非常规突发事件情境 ξ 实际发生后的事后即时修复阶段求解过程中。政府部门事后即时修复阶段的决策将根据实际发生的非常规突发事件情境 ξ，以及基于事前准备措施更新的事后即时修复措施实施费用 $b_a^{post|pre}$ 和实施时间 $t_{rec,a}^{post|pre}$ 进行求解。

步骤 5：按非常规突发事件情境 ξ 的实际发生情况进行相关参数设置，包括以下几类。

(1)非常规突发事件类型 u。

(2)受非常规突发事件影响的路段集合 A_u 和未受非常规突发事件影响的路段集合 A_{nu}。

(3)受影响路段的非常规突发事件后且修复前运输能力 $c_a^u(\xi)$。

(4)非常规突发事件类型 u 对公路路段 a_{road} 零流运输时间的影响参数 ch_u 等。

步骤 6：对于事后即时修复阶段措施的决策，运用本书第 4.3 节描述的粒子群算法、二进制粒子群算法与 TOMLAB/MINLP 优化问题求解器相结合的混合算法进行求解。求解过程与第 4.3 节描述的混合算法相同，在此不再重复描述。需要注意的是，事后即时修复措施实施费用 $b_a^{post|pre}$ 和实施时间 $t_{rec,a}^{post|pre}$ 已根据事前准备措施决策 $l_a^{pre}(\xi)$ 进行更新。

步骤 7：求解过程结束，输出事前准备措施决策、事后即时修复措施决策及其对应下层模型最优解，同时输出其对应的上层目标函数值，即为两阶段双层规划模型的解。

5.4 模型应用

5.4.1 数值算例描述

本小节以第 4 章中的宁波舟山港及其腹地间的多式联运系统为例进行数值

算例研究,展示本章所建立的两阶段双层规划模型的有效性,对多式联运系统弹性提升的两阶段决策问题进行分析讨论。对于该多式联运系统的相关描述请见本书第4.4.1小节。为方便阅读,将在第4章中调整处理后的宁波舟山港及其腹地间多式联运系统示意图在此展示(见图5.3),数值算例中多式联运系统的铁路路段、公路路段和虚拟路段编号情况也在此展示(见表5.3和表5.4)。

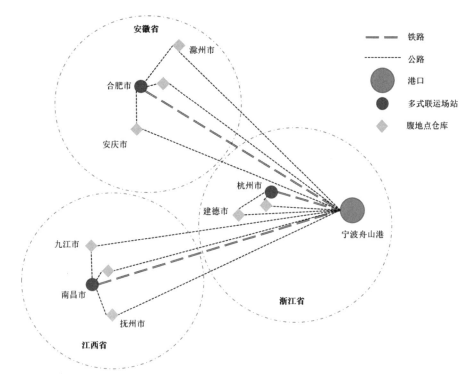

图 5.3　宁波舟山港及其腹地间多式联运系统(调整处理后)

　　注:本图为调整处理后的宁波舟山港及其腹地间多式联运系统示意图,与本书第4章中调整处理前的图4.7(a)中多式联运系统的路段数量相同,并且每条路段对应的O—D不变。另外,宁波舟山港至杭州站铁路路段和宁波舟山港至合肥站铁路路段实际共用了一部分铁路线路,当宁波舟山港至杭州站铁路路段遭受非常规突发事件打击时,宁波舟山港至合肥站铁路路段也遭受非常规突发事件打击。

表 5.3　第 5 章数值算例中的铁路路段和公路路段编号

路段编号	路段类型	出发地	目的地
1	铁路	宁波舟山港	杭州站

续表

路段编号	路段类型	出发地	目的地
2	铁路	宁波舟山港	合肥站
3	铁路	宁波舟山港	南昌站
4	公路	宁波舟山港	杭州市仓库
5	公路	宁波舟山港	建德市仓库
6	公路	杭州站	杭州市仓库
7	公路	杭州站	建德市仓库
8	公路	宁波舟山港	合肥市仓库
9	公路	宁波舟山港	安庆市仓库
10	公路	宁波舟山港	滁州市仓库
11	公路	合肥站	合肥市仓库
12	公路	合肥站	安庆市仓库
13	公路	合肥站	滁州市仓库
14	公路	宁波舟山港	南昌市仓库
15	公路	宁波舟山港	九江市仓库
16	公路	宁波舟山港	抚州市仓库
17	公路	南昌站	南昌市仓库
18	公路	南昌站	九江市仓库
19	公路	南昌站	抚州市仓库

表5.4　第5章数值算例中的虚拟路段编号

路段编号	路段类型	作业站点	对应运输目的地
20	虚拟路段(装载作业)	宁波舟山港	杭州站
21	虚拟路段(装载作业)	宁波舟山港	合肥站
22	虚拟路段(装载作业)	宁波舟山港	南昌站
23	虚拟路段(卸载作业)	杭州站	杭州市仓库/建德市仓库
24	虚拟路段(卸载作业)	合肥站	合肥市仓库/安庆市仓库/滁州市仓库
25	虚拟路段(卸载作业)	南昌站	南昌市仓库/九江市仓库/抚州市仓库

(1)多式联运系统相关参数设置

本章数值算例中,宁波舟山港及其腹地间多式联运系统相关参数设置与第4章数值算例相同,具体参数设置请见本书第 4.4.1 小节,包括腹地需求量,铁路路段和公路路段运输费用和运输时间,港口和多式联运场站(虚拟路段)单个集装箱作业时间,港口、多式联运场站、铁路路段和公路路段初始状态下的运输能力、事后即时修复阶段的修复费用和修复时间,事后即时修复阶段的总修复预算,即时修复措施的最大允许实施时间,货运时间价值因子和 BPR 函数相关参数等。

(2)事前准备阶段相关参数设置

在本章数值算例的事前准备阶段,多式联运系统中的各条路段事前准备费用和事前准备时间设置如表 5.5 所示。第一阶段事前准备措施对第二阶段事后即时修复措施的修复费用影响参数 $bc_a = 0.5$,修复时间影响参数 $trecc_a = 0.4$。

表 5.5 各条路段事前准备费用和事前准备时间设置

路段编号	路段类型	事前准备费用/万元	事前准备时间/小时	路段编号	路段类型	事前准备费用/万元	事前准备时间/小时
1	铁路	500	4	14	公路	540	5
2	铁路	500	4	15	公路	480	6
3	铁路	500	4	16	公路	480	6
4	公路	1000	7	17	公路	300	3
5	公路	900	8	18	公路	300	4
6	公路	600	5	19	公路	300	4
7	公路	600	5	20	装载	250	4.5
8	公路	700	5	21	装载	250	4.5
9	公路	600	6	22	装载	250	4.5
10	公路	600	6	23	卸载	200	4
11	公路	400	3.5	24	卸载	200	5
12	公路	360	4	25	卸载	200	5
13	公路	360	4				

（3）非常规突发事件情境相关参数设置

在本章数值算例中，非常规突发事件类型为"雨雪天气"类型，延续前文的类型编号设置 $u=3$。应用气象预测技术，政府部门可以在雨雪天气发生前获得有一定的预测信息，包括雨雪天气可能发生的区域，以及对多式联运系统中的节点或路段可能造成的影响。对节点和路段的具体影响程度还无法完全确定，但可以得知受损节点和路段的运输能力将随机下降 $70\%\sim100\%$，具体而言，受损节点和路段的运输能力下降百分比 Y 服从 $[0.7,1]$ 上的均匀分布。非常规突发事件雨雪天气类型对路段 a 的零流运输时间的影响参数为 $ch_3=4$。

在本章中同样采用蒙特卡洛法来模拟雨雪天气情境的发生，从而计算得出多式联运系统在非常规突发事件雨雪天气类型下的弹性水平。

（4）混合算法中的粒子群算法和二进制粒子群算法相关参数

在事前准备阶段和事后即时修复阶段的决策求解过程中，对于粒子群算法和二进制粒子群算法，参考已有文献的参数设置方式（赵志刚等，2007；Zhang et al.，2021），均设置种群规模 $n=40$，学习因子 $c_1=2$，$c_2=2$，参数 $wMax=0.9$，$wMin=0.4$，容忍度 $\varepsilon=0.01$。综合考虑决策的及时性（求解运算时间）和决策的精准性，在合理的计算时间内找到近似全局最优解，本章研究将最大迭代次数 $iterMax$ 设置为 50 次。

5.4.2 两阶段决策模型对多式联运系统弹性提升的影响分析

本小节将对本章所建立的两阶段决策模型与本书第 4 章中的单阶段决策模型进行比较，讨论结合事前准备措施和事后即时修复措施的两阶段决策对于多式联运系统弹性提升的影响，以及对于下层模型决策者，即领导型物流服务商的总广义运输成本的影响。

以一个具体的雨雪天气情境为例，政府部门提前根据气象预测技术判断出安徽省和江西省的部分区域将会遭遇雨雪天气，路段 9、路段 12、路段 14、路段 15、路段 17 和路段 18 的运输能力将会受到影响，各条路段运输能力的下降百分比 Y_a 均服从 $[0.7,1]$ 上的均匀分布。政府部门立即进行事前准备阶段的工作，基于雨雪天气不确定性的最坏情境进行第一阶段的决策，即按照路段 9、路段 12、路段 14、路段 15、路段 17 和路段 18 的运输能力均下降 100% 进行决策，对各条路段实施事前准备措施。政府部门实施事前准备措施的总预算为 800 万元，事前准备措施最大实施时间约束为 4 小时。

　　事前准备措施实施完成后,雨雪天气情境实际发生,路段9、路段12、路段14、路段15、路段17和路段18的运输能力分别下降93%、75%、96%、90%、97%和84%。政府部门根据雨雪天气情境对多式联运系统造成的实际影响情况,在已实施的事前准备措施基础上,对多式联运系统实施事后即时修复措施。政府部门实施事后即时修复措施的总预算为6000万元,事后即时修复措施最大实施时间约束为6小时。实施两阶段决策的多式联运系统弹性与实施单阶段决策(事后即时修复措施)的多式联运系统弹性比较如表5.6所示。

表5.6 两阶段决策与单阶段决策的多式联运系统弹性比较1

政府部门决策		路段						总运输时间(上层)	点弹性值	总广义运输成本(下层)
		路段9	路段12	路段14	路段15	路段17	路段18			
两阶段决策	事前准备措施决策(物资准备程度)	0.67	0	0.19	0.63	0	0	163189	0.9363	83363225
	事后即时修复措施决策(路段修复程度)	1	0	0.84	1	0.88	0			
单阶段决策	事后即时修复措施决策(路段修复程度)	—	—	—	—	—	—	—	0	—

　　对于该雨雪天气情境,由于事后即时修复措施总预算和实施时间的限制,仅实施事后即时修复措施时,无法将多式联运系统修复至可以完成所有集装箱运输需求的运作水平,多式联运系统的点弹性值为0。如果在该雨雪天气情境发生前,政府部门实施了事前准备措施(见表5.6"两阶段决策"下"事前准备措施决策"对应行数据),则可以降低对应路段(路段9、路段14和路段15)的事后即时修复措施的实施费用和实施时间。在此基础上,面对同样的事后即时修复措施总预算和实施时间的限制,政府部门可以完成事后即时修复措施的实施(见表5.6"两阶段决策"下"事后即时修复措施决策"对应行数据),这时,修复后的多式联运系统可以完成所有集装箱运输需求,多式联运系统点弹性值达到了0.9363。这说明事前准备措施的实施对非常规突发事件情境发生后的即时修复措施实施产生了正向助益效果,让多式联运系统在事后得到更好的修复,多式联运系统弹性有所提升。

再以另一个具体的雨雪天气情境为例,政府部门在事前准备阶段预测信息与上述例子相同。政府部门实施事前准备措施的总预算同样为 800 万元,事前准备措施最大实施时间约束同样为 4 小时。因此,在该情境下政府部门的事前准备措施实施决策与上述情境相同。但该雨雪天气情境实际发生情况与上述情境不同,即其对多式联运系统基础设施造成的影响有所不同。该雨雪天气情境实际发生后,路段 9、路段 12、路段 14、路段 15、路段 17 和路段 18 的运输能力分别下降 92%、90%、95%、77%、72% 和 97%。政府部门实施事后即时修复措施的总预算同样为 6000 万元,事后即时修复措施最大实施时间约束同样为 6 小时。实施两阶段决策的多式联运系统弹性与实施单阶段决策(事后即时修复措施)的多式联运系统弹性比较如表 5.7 所示。

表 5.7　两阶段决策与单阶段决策的多式联运系统弹性比较 2

政府部门决策		路段						总运输时间(上层)	点弹性值	总广义运输成本(下层)
		路段9	路段12	路段14	路段15	路段17	路段18			
两阶段决策	事前准备措施决策(物资准备程度)	0.67	0	0.19	0.63	0	0	162467	0.9404	83327837
	事后即时修复措施决策(路段修复程度)	1	0	0.85	1	1	0			
单阶段决策	事后即时修复措施决策(路段修复程度)	0.77	0.28	0.79	0.97	0.27	0	189244	0.8074	84999322

在单阶段的事后即时修复决策中,路段 9、路段 14 和路段 15 因为受事后即时修复措施最大实施时间为 6 小时的限制,政府部门对这 3 条路段的事后即时修复措施的决策分别为 0.77、0.79 和 0.97(见表 5.7"单阶段决策"对应行数据)。而在实施两阶段决策时,得益于事前准备措施带来的事后即时修复措施实施时间降低,政府部门对路段 9 和路段 15 的事后即时修复措施的决策可以达到 1,即将路段 9 和路段 15 完全修复至初始状态;政府部门对路段 14 的事后即时修复措施的决策也提高至 0.85(见表 5.7"两阶段决策"下"事后即时修复措施决策"对应行数据)。事前准备措施的实施带来事后即时修复措施的实施费用和实施时间的降低,两阶段决策的修复后多式联运系统点弹性值为 0.9404,相较于

单阶段决策的修复后多式联运系统点弹性值 0.8074 有所提升。这再次说明事前准备措施的实施对非常规突发事件情境发生后的即时修复措施实施产生了正向助益效果,让多式联运系统在事后得到更好的修复,多式联运系统弹性有所提升。两阶段决策与单阶段决策比较,不仅是多式联运系统点弹性值有所提升,即集装箱总运输时间降低,而且对于下层模型决策者领导型物流服务商而言,其总广义运输成本也有所降低[见表 5.7"总广义运输成本(下层)"列数据对比]。这说明实施事前准备措施后,政府部门和领导型物流服务商两者均有所受益。

对于该雨雪天气子类型,随机生成 20 例雨雪天气情境。政府部门实施事前准备措施的总预算为 800 万元,事前准备措施最大实施时间约束为 4 小时;政府部门实施事后即时修复措施的总预算为 6000 万元,事后即时修复措施最大实施时间约束为 6 小时。对于 20 例雨雪天气情境,在两阶段决策和单阶段决策下的多式联运系统弹性比较如图 5.4 所示。两阶段决策模型下的多式联运系统点弹性值均高于单阶段决策模型下的多式联运系统点弹性值,其中有 6 例雨雪天气情境在仅实施单阶段事后即时修复措施时无法恢复至可完成所有集装箱运输需求的运作能力(点弹性值为 0),而在实施事前和事后两阶段决策后都达到了较好的弹性水平(点弹性值高于 0.9),可见实施事前和事后两阶段决策对多式联运系统弹性的提升效果较为明显。

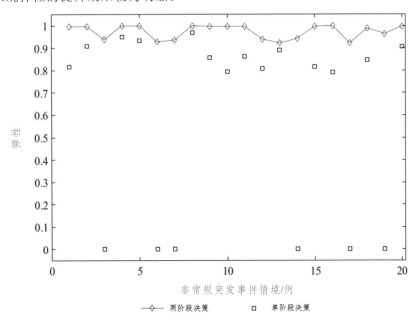

图 5.4 两阶段决策与单阶段决策的多式联运系统弹性比较 1

更进一步,将政府部门实施事前准备措施的总预算提高至 1000 万元,事前准备措施最大实施时间约束仍为 4 小时;政府部门实施事后即时修复措施的总预算仍为 6000 万元,事后即时修复措施最大实施时间约束仍为 6 小时。对于 20 例雨雪天气情境,在两阶段决策和单阶段决策下的多式联运系统弹性比较如图 5.5 所示。两阶段决策模型下的多式联运系统点弹性值均高于单阶段决策模型下的多式联运系统点弹性值,6 例在仅实施单阶段事后即时修复措施时点弹性值为 0 的雨雪天气情境,在实施事前和事后两阶段决策后可以完成所有集装箱运输需求。另外 14 例雨雪天气情境的点弹性值均有所提升。

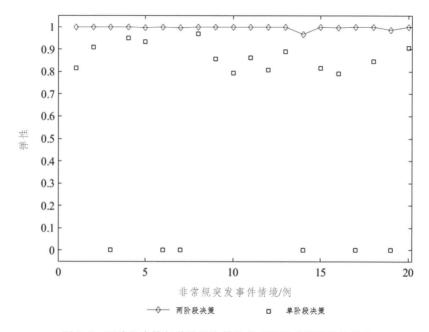

图 5.5   两阶段决策与单阶段决策的多式联运系统弹性比较 2

对于上述 20 例雨雪天气情境,政府部门实施事前和事后两阶段决策后,对比仅实施单阶段决策,下层模型决策者领导型物流服务商的总广义运输成本均有所降低(见表 5.8)。这再次说明实施恰当的事前准备措施,对于政府部门实现提升多式联运系统弹性的目标,以及领导型物流服务商追求总广义运输成本最小化的目标均有所助益。

表 5.8 两阶段决策与单阶段决策的总广义运输成本比较

单位：千万元

情境序号	政府部门不同决策下的领导型物流服务商总广义运输成本		情境序号	政府部门不同决策下的领导型物流服务商总广义运输成本	
	单阶段决策	两阶段决策		单阶段决策	两阶段决策
1	8.51	8.29	8	8.43	8.29
2	8.38	8.29	9	8.50	8.29
3	8.35	8.29	10	8.38	8.29
4	8.34	8.31	11	8.53	8.29
5	8.31	8.29	12	8.56	8.31
6	8.45	8.29	13	8.44	8.29
7	8.54	8.29	14	8.39	8.29

5.5 管理启示

本章研究从运输时间弹性的视角，结合事前准备阶段和事后即时修复阶段，对多式联运港口-腹地集装箱物流运输系统的弹性提升问题进行了研究分析，通过数值实验得到以下管理启示。

（1）对于可以获得一定预测信息的非常规突发事件类型，政府部门在非常规突发事件发生前，通过实施事前准备措施，可以对非常规突发事件情境发生后的即时修复措施实施产生正向助益效果，从而有效提升多式联运系统的弹性，缩短修复后多式联运系统的总运输时间，进一步降低非常规突发事件造成的负面影响。对于部分非常规突发事件情境，当政府部门仅实施单阶段事后即时修复措施时，多式联运系统未能被修复至可运作状态，无法完成所有集装箱运输需求。而当政府部门实施事前和事后两阶段决策时，得益于事前准备措施带来的事后即时修复措施实施时间降低，多式联运系统能够被快速修复至令人满意的运作状态，可以完成所有集装箱运输需求。

（2）两阶段决策的修复后多式联运系统点弹性值相较于单阶段事后即时修复决策的修复后多式联运系统点弹性值有更进一步的提升，多式联运系统集装箱总运输时间降低，且下层模型决策者领导型物流服务商的总广义运输成本也有所降低。这说明实施事前准备措施,对于政府部门实现提升多式联运系统弹性的目标,以及领导型物流服务商追求总广义运输成本最小化的目标均有所助益。合理实施事前准备措施和事后即时修复措施两阶段决策,可以进一步提升多式联运系统的弹性,同时降低领导型物流服务商在修复后多式联运系统中的总广义运输成本,对经济社会而言具有重要意义。

需要提到的是,本书第 3 章和第 4 章的研究模型聚焦非常规突发事件的事后即时修复阶段,这两个章节中的模型适用于所有非常规突发事件类型,对于单运输方式和多式联运物流运输系统的弹性均有较好的提升。本章研究模型涉及非常规突发事件的事前准备阶段和事后即时修复阶段,对于多式联运系统的弹性有更进一步的提升,但是本章模型适用于政府部门可以获得一定预测信息的非常规突发事件类型,不适用于无法进行预判的非常规突发事件类型。对于无法进行预判的非常规突发事件类型,盲目地实施事前准备措施可能是徒劳无功的,例如在某个多式联运场站准备了事后实施即时修复措施的物资,然而该多式联运场站实际并未遭受非常规突发事件的打击,这些物资准备措施并没有任何意义,还可能因为物资分配有误,而让实际遭受非常规突发事件影响的多式联运场站延误了即时修复措施的实施时间。因此,政府部门需要根据非常规突发事件的具体情况进行合理分析,对于可以有一定预判的非常规突发事件类型,在获得具体的预测信息后,则可以选择本章的两阶段决策模型实施事前准备措施和事后即时修复措施,以更好地提升多式联运系统的弹性。

5.6 本章小结

本章对于可获得一定预测信息的非常规突发事件类型,结合事前准备阶段和事后即时修复阶段,更进一步地对多式联运港口-腹地集装箱物流运输系统弹性提升的两阶段决策问题进行研究分析。在建立两阶段双层规划模型方面,在上层模型中,政府部门在非常规突发事件发生前,根据非常规突发事件发生的预测信息和对多式联运系统可能造成的影响,在有限的事前准备资源约束和事前准备措施实施时间约束下,对修复行动所需资源进行准备和放置,这些资源准备将会对非常规突发事件类型发生后的即时修复措施实施有所助益。在非常规突发事件发生后,基于已实施的事前准备措施,在有限的事后即时修复资源约束和事后即时修复措施实施时间约束下,对受损多式联运系统实施最有效的事后即时修复措施,提升多式联运系统的弹性水平,使多式联运系统在非常规突发事件发生后能够及时恢复至合适的运作水平。在下层模型中,本章研究刻画了在政府部门实施两阶段决策后,领导型物流服务商在修复后多式联运系统中的具体集装箱运输过程安排,以实现其最小化总广义运输成本的目标。在本章建立的两阶段双层规划模型中,包含了政府部门和领导型物流服务商的相互作用。结合所建立的两阶段双层规划模型的特点,运用粒子群优化算法、二进制粒子群优化算法和传统优化算法相结合的混合算法对模型进行求解,通过 MATLAB 软件和 TOMLAB/MINLP 优化问题求解器来实现求解过程,在合理的计算时间内找到两阶段双层规划模型的近似全局最优解。通过数值实验,表明了本章所建立两阶段双层规划模型的有效性。

本章研究的主要创新与贡献如下所述。

结合事前准备阶段和事后即时修复阶段对多式联运港口-腹地集装箱物流运输系统弹性的提升问题进行了研究,为政府部门在面对非常规突发事件时,制定更为有效的事前准备措施和事后即时修复措施相结合的两阶段实施决策,更进一步提升多式联运港口-腹地集装箱物流运输系统的弹性提供了决策支持。

本章模型以多式联运港口-腹地集装箱物流运输系统为研究对象建立事前和事后的两阶段决策模型,对于单运输方式港口-腹地集装箱物流运输系统的两阶段决策同样适用。对于单运输方式港口-腹地集装箱物流运输系统,面对可以获得一定预测信息的非常规突发事件类型时,可运用本章建立的两阶段双层规划模型进行事前准备措施和事后即时修复措施相结合的两阶段决策,根据单运输方式港口-腹地集装箱物流运输系统中集装箱承运人的行为模式,将下层模型替换为第 3 章中的下层 SO 模型或 UE 模型即可,模型求解可按本章 5.3 小节中阐述的求解过程进行。

6 总结与展望

本章对全书研究工作进行总结,并对未来研究方向进行展望。本章首先详细总结本书的研究工作,然后从研究广度拓展和研究深度挖掘两方面对后续研究工作进行展望。

6.1 研究总结

港口-腹地集装箱物流运输系统作为支撑国民经济和人民生产生活的重要基础设施,对经济社会的发展极为关键。然而,自然或人为灾害等各种非常规突发事件对港口-腹地集装箱物流运输系统构成威胁。在非常规突发事件的冲击下,港口-腹地集装箱物流运输系统基础设施的运输和作业能力将严重受损,整个港口-腹地集装箱物流运输系统的运作水平下降,带来经济和社会的损失。提升港口-腹地集装箱物流运输系统的弹性以应对各类非常规突发事件的冲击,是值得关注和研究的重要问题。

本书基于运输时间弹性的视角,对港口-腹地集装箱物流运输系统应对冲击的能力进行研究分析。本书研究目的为提升港口-腹地集装箱物流运输系统的弹性,即港口-腹地集装箱物流运输系统在遭受非常规突发事件冲击时,在一定资金和时间限制下,通过事前准备措施和事后即时修复措施的帮助,恢复到一定程度运作水平的能力。通过测度和提升港口-腹地集装箱物流运输系统弹性,本书旨在为政府部门提供最优决策支持,以制定更为合理的修复预算水平和相关措施实施时间决策,实施更为有效的事前准备措施和事后即时修复措施,使港口-腹地集装箱物流运输系统能够更好应对各种自然和人为非常规突发事件的冲击。

本书运用双层规划模型方法对港口-腹地集装箱物流运输系统的弹性提升问题进行有效刻画和研究分析。根据不同类型港口-腹地集装箱物流运输系统的特点,结合考虑不同物流运输系统用户的行为模式,以及非常规突发事件情境下的不同决策时间维度,建立了不同的双层规划模型。在双层规划模型中,包含了多个在港口-腹地集装箱物流运输系统的弹性提升问题中需要被考虑的影响因素,包括物流运输系统的基础设施拓扑结构、政府部门的目标和应对措施、物流运输系统用户的目标和行为模式,以及非常规突发事件的具体情境、政府部门面临的资金和时间约束、物流运输系统用户面临的路段运输能力约束和腹地集装箱需求约束等。双层规划模型中包含了政府部门和物流运输系统用户之间的层级关系,在上、下层子模型中包含了两个不同决策者的运筹优化问题,同时包含了政府部门和物流运输系统用户之间的相互作用,两者的决策均会影响到对方的决策和目标实现,从而影响港口-腹地集装箱物流运输系统的弹性水平。本书研究内容的具体构建请见第1.5小节"图1.2 本书研究内容的构建"。

本书由简单向复杂逐步深入地推进研究进程,研究工作从单运输方式向多式联运港口-腹地集装箱物流运输系统递进,从事后即时修复阶段向事前准备和事后即时修复两阶段发展,研究港口-腹地集装箱物流运输系统的弹性提升决策问题,给出了提升港口-腹地集装箱物流运输系统弹性的管理启示和政策建议。在非常规突发事件情境下,本书为政府部门实施事前准备措施和事后即时修复措施提供科学有效的决策参考,能够更好地帮助港口-腹地集装箱物流运输系统应对冲击,扩充了非常规突发事件应急预案体系,为国家科学高效应对非常规突发事件提供决策参考和科学理论支撑。

本书子研究一和子研究二的决策模型聚焦非常规突发事件的事后即时修复阶段,适用于所有非常规突发事件类型,事后即时修复措施对于单运输方式和多式联运物流运输系统的弹性均有较好的提升。子研究三的两阶段决策模型涉及非常规突发事件的事前准备阶段和事后即时修复阶段,其对于多式联运系统的弹性有更进一步的提升。子研究三的两阶段决策模型适用于政府部门可以获得一定预测信息的非常规突发事件类型。政府部门需要根据非常规突发事件的具体情况进行合理分析,选择单阶段决策模型实施事后即时修复措施,或者在获得具体的预测信息后,选择两阶段决策模型实施事前准备措施和事后即时修复措施,以更好地提升多式联运系统的弹性,让港口-腹地集装箱物流运输系统能够更好应对各种自然和人为非常规突发事件的冲击,更好地支撑国民经济和人民生产生活,推动经济社会的繁荣发展。

具体而言,子研究一基于事后即时修复阶段,对一部分规模相对较小、处于发展初期的仅由公路相连接的单运输方式港口-腹地集装箱物流运输系统(简称"运输系统")的弹性提升问题进行研究分析。考虑了两种不同的运输系统用户行为模式,基于系统最优(SO)和用户均衡(UE)理论,建立了两个双层规划模型求解分析运输系统的弹性提升问题。

子研究一建立的双层规划模型,结合考虑运输系统的基础设施拓扑结构、政府部门目标和行为、集装箱承运人目标和行为,以及不同决策者之间的相互作用,在非常规突发事件情境下,为政府部门如何在有限修复资源约束下对受损运输系统的基础设施实施最有效的即时修复措施提供了决策方法,以提升运输系统的弹性水平,帮助运输系统在非常规突发事件发生后恢复至合适的运作水平。本书通过数值实验,表明了子研究一所建立双层规划模型的有效性,并总结了单运输方式港口-腹地集装箱运输系统弹性提升的管理启示和政策建议。

(1)在非常规突发事件发生后实施恰当的即时修复措施,可以有效提升运输系统的弹性,缩短修复后运输系统的总运输时间,降低非常规突发事件造成的负面影响。如果不采取或未采取足够的即时修复措施,运输系统的弹性水平会处于较低水平,造成集装箱总运输时间的增加,甚至出现腹地点运输需求无法被满足、集装箱在港口滞留堆积的情况,影响人民的生产和生活。因此,实施恰当的即时修复措施提升运输系统的弹性对于经济社会非常重要。

(2)非常规突发事件对于运输系统造成的负面影响的随机性随着总修复预算的增加而逐步降低。运输系统弹性遵循"收益递减规律",即运输系统弹性提升速度随着总修复预算的增加而减慢。政府部门可以根据未来可能发生的非常规突发事件类型制定合适的总修复预算策略,让运输系统在面对非常规突发事件时达到令人满意的弹性水平。

(3)运输系统中集装箱承运人的行为模式将影响政府部门提升运输系统弹性目标的实现。数值实验表明,面对相同的非常规突发事件情境,当集装箱承运人的行为模式不同时(遵循 SO 原则或者 UE 原则),政府的最优即时修复措施决策也可能不同。在研究运输系统弹性问题时,必须将集装箱承运人的目标和行为考虑在内。政府部门应当根据不同的运输系统用户行为模式,选择不同的即时修复措施实施方案,以实现有效提升运输系统弹性的目标。

(4)从长期的角度来看,随着腹地集装箱运输需求的增长,运输系统的弹性水平不断下降。政府部门应当根据腹地集装箱运输需求的变化情况调整总修复预算,以便在非常规突发事件情境下对运输系统实施更为恰当的即时修复措施,达到合适的运输系统弹性水平。

(5)政府部门在进行即时修复措施实施决策时,正确预估运输系统用户的行为及其对提升运输系统弹性的影响十分关键,否则将导致运输系统弹性没有实现最大限度的提升,修复资源没有得到最好的利用。子研究一所提出的双层规划模型包含了运输系统的基础设施拓扑结构、政府部门的目标和行为、集装箱承运人的目标和行为,以及不同运输系统参与者之间的相互作用等影响运输系统弹性的重要因素,可以为政府部门在非常规突发事件情境下,对运输系统实施更为有效的即时修复措施提供决策支持。

子研究二在子研究一的研究基础上,基于事后即时修复阶段,继续通过建立并求解双层规划模型,对一部分规模较大、发展较为成熟的多式联运港口-腹地集装箱物流运输系统的弹性提升问题进行研究分析。多式联运系统与单运输方式港口-腹地集装箱物流运输系统主要区别为:多式联运系统中包含多种运输方式,包括公路运输、铁路运输、内河水路运输等运输方式,以及由不同运输方式组合完成的多式联运方式等。一种运输方式的货运量将会影响该运输方式的运输时间,运输时间是决定该运输方式对多式联运系统用户吸引力的重要因素之一。在研究分析多式联运系统弹性问题时,需要考虑不同运输方式的运输时间和广义运输成本的刻画方式,以及不同运输模式间的衔接转换等问题;多式联运系统在面对非常规突发事件时,不仅路段可能受到影响,部分节点,包括港口和多式联运场站也同样可能受到影响。

子研究二以公铁联运港口-腹地集装箱物流运输系统为研究对象建立双层规划决策模型,对于包含内河水路运输的多式联运系统同样适用。只要在模型中添加内河水运路段的运输时间计算公式、非常规突发事件对内河水路运输过程的影响表达公式、内河水运路段的运输能力,以及内河水路运输与其他运输方式衔接转换时集装箱运量守恒等约束条件即可。

子研究二建立双层规划模型,结合考虑多式联运系统的基础设施拓扑结构、集装箱多式联运过程、政府部门目标和行为、领导型物流服务商目标和行为,以及不同决策者之间的相互作用,在非常规突发事件情境下,为政府部门如何在有限修复资源约束和即时修复措施实施时间约束下,对受损多式联运系统实施最有效的即时修复措施提供了决策方法,提升多式联运系统的弹性水平,帮助多式联运系统在非常规突发事件发生后恢复至合适的运作水平。在下层模型中,对遵循 SO 原则的集装箱多式联运分配模式进行了研究。本书通过数值实验,表明了子研究二所建立双层规划模型的有效性,并总结了多式联运港口-腹地集装箱物流运输系统弹性提升的管理启示和政策建议。

（1）在非常规突发事件发生后实施恰当的即时修复措施，可以有效提升多式联运系统的弹性，缩短修复后多式联运系统的总运输时间，降低非常规突发事件造成的负面影响。对于造成较大范围区域性影响的非常规突发事件类型，例如子研究二数值实验中的地震类型和雨雪天气类型，如果没有足够的修复预算和实施时间对受损节点和受损路段进行修复，将会导致对应腹地需求点的集装箱运输过程无法完成，多式联运系统的弹性水平较低。因此，政府部门应当根据多式联运系统所面临的非常规突发事件类型，准备合适的修复预算水平。子研究二所提出的双层规划模型可以为政府部门提供制定总修复预算水平的决策参考。

（2）即时修复措施实施时间约束将会影响修复资源的利用率，从而对多式联运系统的弹性造成影响。随着即时修复措施最大实施时间的减小，多式联运系统弹性水平不断下降。因此，政府部门需要结合修复预算情况设置即时修复措施实施时间的约束，避免出现即时修复措施实施时间约束性太强，导致修复预算无法充分得到利用，多式联运系统弹性没有实现最大限度的提升的情况。当总修复预算较为充足时，建议放宽对即时修复措施的实施时间的约束，甚至不做约束，让多式联运系统直接从"较差"修复至"较好"的运作水平；当总修复预算较少时，政府部门可以选择相对较短的即时修复措施的实施时间的约束，此时政府的期望是在合理的时间内，让多式联运系统先从"较差"修复至"合适"的可运营状态，继续进行腹地集装箱需求的运输，保障人民的生产和生活，降低负面影响，随后再调用资源对多式联运系统实施二次修复措施，进一步将多式联运系统修复至"较好"的运营状态。

（3）政府部门根据非常规突发事件情境的具体情况，合理增加铁路列车数量，与铁路公司协调，在人力和物力资源可实现的基础上，利用铁路线路上的冗余资源，可以帮助多式联运系统更好地恢复运作水平，达到提升多式联运系统弹性的目标。但需要注意的是，并不是在所有的非常规突发事件情境下，增加计划列车数量的决策都可以带来多式联运系统运作水平的提高，政府部门需要根据具体情况具体分析，制定合理的决策。

子研究三更进一步地基于事前准备和事后即时修复两阶段，对多式联运系统的弹性提升问题进行研究分析。子研究三的两阶段决策模型适用于政府部门可以获得一定预测信息的非常规突发事件类型。子研究三结合事前准备阶段和事后即时修复阶段，研究港口-腹地集装箱物流运输系统弹性提升的两阶段决策问题。在事前准备阶段，政府部门根据非常规突发事件发生的预测信息和对港口-腹地集装箱物流运输系统可能造成的影响,提前对修复行动所需资源进行准备。在事后即时修复阶段,在已实施的事前准备措施基础上,对受损节点和路段实施即时修复措施。子研究三的研究以多式联运港口-腹地集装箱物流运输系统为例展开,对于单运输方式港口-腹地集装箱物流运输系统同样适用。对于单运输方式港口-腹地集装箱物流运输系统,当面对可以获得一定预测信息的非常规突发事件类型时,可运用子研究三建立的两阶段双层规划模型进行事前准备措施和事后即时修复措施相结合的两阶段决策,根据单运输方式港口-腹地集装箱物流运输系统中集装箱承运人的行为模式,将下层模型替换为子研究一中的下层 SO 模型或 UE 模型即可。

子研究三建立两阶段双层规划模型,结合考虑多式联运系统的基础设施拓扑结构、集装箱多式联运过程、政府部门目标和行为、领导型物流服务商目标和行为,以及不同决策者之间的相互作用,在非常规突发事件情境下,为政府部门如何在资源约束和施实施时间约束下,对受损多式联运系统实施最有效的事前准备措施和事后即时修复措施提供了决策方法,提升多式联运系统的弹性水平,帮助多式联运系统在遭受非常规突发事件冲击时能够更好地恢复运作水平。通过数值实验,表明了子研究三所建立两阶段双层规划模型的有效性,并总结了港口-腹地集装箱物流运输系统弹性的事前和事后两阶段结合提升的管理启示和政策建议。

(1)对于可以获得一定预测信息的非常规突发事件类型,政府部门在非常规突发事件发生前,通过实施事前准备措施,可以对非常规突发事件情境发生后的即时修复措施实施产生正向助益效果,有效提升多式联运系统的弹性,缩短修复后多式联运系统的总运输时间,进一步降低非常规突发事件造成的负面影响。由于事后即时修复措施总预算和实施时间的限制,部分在仅实施单阶段事后即时修复措施时,修复后的多式联运系统无法完成所有集装箱运输需求的非常规突发事件情境,在事前和事后两阶段决策后,得益于事前准备措施带来的事后即时修复措施实施时间降低,多式联运系统能够被快速有效修复,可以完成所有集装箱运输需求。

(2)两阶段决策的修复后多式联运系统点弹性值相较于单阶段事后即时修复决策的修复后多式联运系统点弹性值有更进一步的提升,多式联运系统集装箱总运输时间降低,且下层模型决策者领导型物流服务商的总广义运输成本也有所降低。这说明实施事前准备措施,对于政府部门实现提升多式联运系统弹性的目标,以及领导型物流服务商追求总广义运输成本最小化的目标均有所助益。合理实施事前准备措施和事后即时修复措施两阶段决策,可以进一步提升多式联运系统的弹性,同时降低领导型物流服务商在修复后多式联运系统中的总广义运输成本,对经济社会而言具有重要意义。

6.2　研究展望

在本书研究工作的基础上,未来可以从以下方面继续展开后续研究工作。

（1）研究广度的拓展

首先,在本书子研究一的下层 SO 模型、子研究二和子研究三的下层模型中,均为一个领导型物流服务商作为决策者的情境。未来研究工作中,研究人员可以研究在同一个港口-腹地集装箱物流运输系统中存在两个或以上物流服务提供商的情境。例如,一个单运输方式港口-腹地集装箱物流运输系统的用户为多个独立运营的集卡车公司,遵循古诺-纳什（Nash-Cournot）均衡原则（Haurie et al.,1985）进行集装箱的运输分配,同一家集卡车公司的集卡车司机完全合作,共同实现该集卡车公司的总运输成本最小化;而不同的集卡车公司之间则完全竞争,非合作地进行集装箱运输方案制订,各自追求自身总运输成本的最小化。在非常规突发事件情境下,对于存在多个物流服务提供商共同承担集装箱运输任务的港口-腹地集装箱物流运输系统,政府部门应当如何进行事前准备阶段和事后即时修复阶段的决策以提升物流运输系统的弹性,多个物流服务提供商的行为模式将会对港口-腹地集装箱物流运输系统的运作水平产生怎样的影响,将会对政府部门提升物流运输系统弹性的决策产生怎样的影响,都是值得研究分析的问题。

其次,可以对运输方向为腹地出发运至港口的多式联运系统的弹性问题研究,即对于出口方向的腹地－港口集装箱物流运输系统弹性提升问题进行研究分析。出口方向的集装箱运输,集装箱运量可能会因为非常规突发事件而改变,原因为对于运输时间要求较为紧迫的出口货物,原本选择从该港口出口,可能因非常规突发事件的发生,影响腹地供给点向该港口的运输,转而选择另一个港口出口;对于运输时间要求较为宽裕的出口货物,可能会选择等待多式联运系统修复完成,继续从该港口出口。集装箱运输需求的变化会对腹地－港口集装箱物流运输系统弹性带来怎样的影响,是值得研究分析的问题。

再次,对于双层规划模型的求解算法,值得继续研究探索,以提高模型的求解效率。比如,分析所建立双层规划模型的特殊性质和解的最优性条件,进一步改进求解算法,在更短的计算时间内找到更优的近似全局最优解,为政府部门提供更为有效的事前准备措施和事后即时修复措施实施决策,更进一步提升港口-

腹地集装箱物流运输系统的弹性。

(2)研究深度的挖掘

本书研究主要从短期运营层面的事前准备阶段和事后即时修复阶段,对港口-腹地集装箱物流运输系统弹性的提升问题进行研究。在未来的研究工作中,政府部门可以从长期战略层面,进一步提升港口-腹地集装箱物流运输系统的弹性,包括对物流运输系统中的路段和节点实施加固和扩容,引导集装箱运输方式的转变,以及新建路段和节点等战略性措施,以提升物流运输系统的固有弹性。

在未来的研究和实践中,可注重通过实施设施设备数字化和智慧化升级,港口及其腹地间物流网络结构优化,以及新兴物流科技产品的研发与应用等对策,打造更为富有弹性的港口-腹地集装箱物流运输系统。对于港口而言,可以加强智慧物流设施设备方面的投入,特别是整体化数字平台的建设和智慧算法的应用,实时收集港口的各项运营数据,并且从全局视角规划各项作业计划。在面对突发事件时,可通过数字平台充分调配港区资源,基于实时数据灵活规划每件货物的作业方案,在不扩建岸线和堆场资源的前提下完成作业任务。港口也可以推进数字孪生港口技术的研发与应用:一方面,在日常运营过程中,通过数字孪生技术对港口各项数据进行分析,智能化控制港区的设施设备,识别异常数据,对可能发生的事故进行预警,及时规避风险,确保港口运营的顺畅。另一方面,当面临气象条件变化时,可以在考虑气象条件变化潜在影响的基础上,通过数字孪生技术提前对港口各项作业进行模拟,持续改进作业方案,确保作业顺畅与安全,提升港口-腹地集装箱物流运输系统弹性。

对于港口及其腹地间的物流系统而言,可以结合地理条件发展海铁联运和海河联运模式,充分发掘港口与腹地间的运输潜力,完善综合运输体系,当突发事件来临时,可通过合理调配运力资源,及时调整班次数量匹配物流需求,实现对突发事件的灵活应对。还可以充分利用无人机配送不受地形限制,可有效避免地面交通拥堵并缩短运输距离的优点,打造陆地多式联运与无人机运输结合的立体化综合运输体系,基于物流全过程的实时跟踪数据和用户的时效需求,通过大数据分析和智能算法计算得出无人机最优配送方案。当陆地运输遭遇突发事件发生路线中断时,及时调度无人机继续完成物流配送,在紧急状况下为物流各环节稳定运作提供有力支持。

通过长期战略层面的物流运输系统固有弹性提升,结合短期运营层面事前准备阶段和事后即时修复阶段的物流运输系统适应弹性提升,让港口-腹地集装箱物流运输系统能够有效应对各种自然和人为非常规突发事件的冲击,更好地支撑国民经济和人民生产生活,推动经济社会的繁荣发展。

参考文献

ABARESHI M,ZAFERANIEH M,SAFI M R,2019. Origin-destination matrix estimation problem in a markov chain approach[J]. Networks and Spatial Economics,19(4):1069-1096.

ALIZADEH R,NISHI T,2019. Dynamic p + q maximal hub location problem for freight transportation planning with rational markets [J/OL]. Advancesin Mechanical Engineering,11(2):1687814018822934(2019-02-01)[2021-03-01]. https://sage. cnpereading. com/paragraph/article/? doi = 10. 1177/ 1687814018822934. DOI:10. 1177/1687814018822934.

ALVES M J,ANTUNES C H,CARRASQUEIRA P,2016. A Hybrid genetic algorithm for the interaction of electricity retailers with demand response [J]. Springer International Publishing:459-474.

ASADABADI A,MILLER-HOOKS E,2018. Co-opetition in enhancing global port network resiliency:A multi-leader,common-follower game theoretic approach [J]. Transportation Research Part B:Methodological,108:281-298.

ASSADIPOUR G,KE G Y,VERMA M,2016. A toll-based bi-level programming approach to managing hazardous materials shipments over an intermodal transportation network[J]. Transportation Research Part D:Transport and environment,47:208-221.

BARD J F,1991. Some properties of the bilevel programming problem[J].

Journal of Optimization Theory and Applications,68(2):371-378.

BARD J F,1998. Practical bilevel optimization: algorithms and applications[M]. Dordrecht:Kluwer Academic Publishers.

BEN-AYED O,BLAIR C E,1990. Computational difficulties of bilevel linear programming[J]. Operational Research,38(3):556-560.

BOYD S, VANDENBERGHE L,2004. Convex optimization [M]. Cambridge: Cambridge University Press.

BRUNEAU M,CHANG S E,EGUCHI R T,et al.,2003. A framework to quantitatively assess and enhance seismic resilience of communities[J]. Earthquake Spectra,19(4):733-752.

CHEN A, KASIKITWIWAT P,2011. Modeling capacity flexibility of transportation networks[J]. Transportation Research Part A:Policy and Practice,45(2):105-117.

CHEN C,ZENG Q,2010. Designing container shipping network under changing demand and freight rates[J]. Transport,25(1):46-57.

CHEN D,SUN D,YIN Y,et al.,2022b. The resilience of logistics network against node failures [J/OL]. International Journal of Production Economics, 244:108373(2021-12-01)[2022-07-01]. https://www.sciencedirect.com/science/article/abs/pii/S0925527321003492? via%3Dihub. DOI:10.1016/j.ijpe.2021.108373.

CHEN H,CULLINANE K,LIU N,2017. Developing a model for measuring the resilience of a port-hinterland container transportation network[J]. Transportation Research Part E:Logistics and Transportation Review,97:282-301.

CHEN H,LAM J S L,LIU N,2018. Strategic investment in enhancing port-hinterland container transportation network resilience:A network game theory approach[J]. Transportation Research Part B:Methodological,111:83-112.

CHEN L,MILLER-HOOKS E,2012. Resilience:An indicator of recovery capability in intermodal freight transport[J]. Transportation Science,46(1):109-123.

CHEN Y,WANG X,SONG X,et al.,2022a. Resilience assessment of multimodal urban transport networks [J/OL]. Journal of Circuits Systems and Computers,31

(18)：2250310（2022-07-01）[2022-12-01]. https：// www. worldscientific. com/doi/10. 1142/S0218126622503108. DOI：10. 1142/S0218126622503108.

CHERAGHALIPOUR A，PAYDAR M M，HAJIAGHAEI-KESHTELI M，2019. Designing and solving a bi-level model for rice supply chain using the evolutionary algorithms[J]. Computers and Electronics in Agriculture，162：651-668.

CHIOU S-W，2005. Bilevel programming for the continuous transport network design problem[J]. Transportation Research Part B：Methodological，39（4），361-383.

CHIOU S-W，2016. A robust urban traffic network design with signal settings [J]. Information Sciences，334：144-160.

CHIOU S-W，2017. A risk-averse signal setting policy for regulating hazardous material transportation under uncertain travel demand[J]. Transportation Research Part D：Transport & Environment，50：446-472.

CLARK A，SUMALEE A，SHEPHERD S，et al. ，2009. On the existence and uniqueness of first best tolls in networks with multiple user classes and elastic demand[J]. Transportmetrica，5(2)：141-157.

COLSON B，MARCOTTE P，SAVARD G，2005. A trust-region method for nonlinear bilevel programming：Algorithm and computational experience[J]. Computational Optimization and Applications，30(3)：211-227.

CONNORS R D，SUMALEE A，2009. A network equilibrium model with travellers' perception of stochastic travel times[J]. Transportation Research Part B：Methodological，43：614-624.

CORMAN F，VITI F，NEGENBORN R R，2017. Equilibrium models in multimodal container transport systems[J]. Flexible Services & Manufacturing Journal，29：125-153.

FATURECHI R，MILLER-HOOKS E，2014. Travel time resilience of roadway networks under disaster[J]. Transportation Research Part B：Methodological，70：47-64.

FATURECHI R，MILLER-HOOKS E，2015. Measuring the performance of transportation infrastructure systems in disasters：A comprehensive review [J]. Journal of Infrastructure Systems，21：1-15.

FENG X，WANG Z，WANG Y，et al. ，2024. Improving resilience in an intermodal transport network via bulk cargo transport coordination and empty container repositioning[J/OL]. Ocean & Coastal Management,248：106970（2023-12-20）［2024-07-01］. https：// www. sciencedirect. com/ science/article/abs/pii/S0964569123004957? via％3Dihub. DOI：10. 1016/ j. ocecoaman. 2023. 106970.

FERNÁNDEZ L,CH J D C,ALEXANDRA S O,2003. A multi-modal supply-demand equilibrium model for predicting intercity freight flows［J］. Transportation Research Part B：Methodological,37(7)：615-640.

FRIESZ T L, HARKER P T,1985. Freight network equilibrium：a review of the state of the art［M］. Cambridge：Cambridge University Press.

FRIESZ T L,MORLOK E K,1986. A sequential shipper-carrier network model for predicting freight flows[J]. Transportation Science,20(2)：80-91.

FRIESZ T L,TOBIN R L,Smith T E,et al. ,1983. A nonlinear complementarity formulation and solution procedure for the general derived demand network equilibrium problem[J]. Journal of Regional Science,23：337-359.

FRIESZ T L,VITON P A,TOBIN R L,1982. Economic and computational aspects of freight network equilibrium models：A synthesis[J]. Journal of Regional Science,25：29-49.

GAO S,LIU N,2022. Improving the resilience of port-hinterland container logistics transportation systems：A bi-level programming approach［J］. Sustainability,14：180.

GAO Z,WU J,SUN H,2005. Solution algorithm for the bi-level discrete network design problem[J]. Transportation Research Part B：Methodological,39 (6)：479-495.

GREY A,1978. The generalised cost dilemma［J］. Transportation,7（3）：261-280.

GUÉLAT J,FLORIAN M,CRAINIC T G,1990. A multimode multiproduct network assignment model for strategic planning of freight flows［J］. Transportation Science,24(1)：25-39.

GU B,LIU J,CHEN J,2023. Scenario-based strategies evaluation for the maritime supply chain resilience[J/OL]. Transportation Research Part D：Transport and Environment,124：103948（2023-10-17）［2024-07-01］. https：// www. sciencedirect. com/science/article/abs/pii/S1361920923003450? via％

3Dihub. DOI:10. 1016/j. trd. 2023. 103948.

HAJIBABAI L,BAI Y,OUYANG Y,2014. Joint optimization of freight facility location and pavement infrastructure rehabilitation under network traffic equilibrium[J]. Transportation Research Part B: Methodological, 63: 38-52.

HASAN M K,2009. Multimodal,multicommodity international freight simultaneous transportation network equilibrium model[J]. Telecommunication Systems,40: 39-54.

HAURIE A, YARCOTT P,1985. On the relationship between Nash-Cournot and Wardrop equilibria[J]. Networks,15(3):295-308.

HOLLING C S,1973. Resilience and stability of ecological systems[J]. Annual Review of Ecology & Systematics,4:1-23.

HOLMSTRÖM K, GÖRAN A O, EDVALL M M, 2007a. User's guide for TOMLAB/CONOPT[EB/OL]. (2007-04-25)[2021-03-10]. https://tomopt. com/tomlab/products/conopt.

HOLMSTRÖM K, GÖRAN A O, Edvall, M. M, 2007b. User's guide for TOMLAB/MINLP[EB/OL]. (2007-02-26)[2021-03-01]. https://tomopt. com/tomlab/ products/minlp.

HOSSEINI S, BARKER K, 2016. Modeling infrastructure resilience using Bayesian networks:A case study of inland waterway ports[J]. Computers & Industrial Engineering,93:252-266.

IP W H,WANG D,2009. Resilience evaluation approach of transportation networks [C] // International Joint Conference on Computational Sciences and Optimization:618-622.

JEROSLOW R G,1985. The polynomial hierarchy and a simple model for competitive analysis[J]// Mathematical Programming,32:146-164.

JIANG J,ZHANGA D, MENG Q,et al. ,2020. Regional multimodal logistics network design considering demand uncertainty and CO_2 emission reduction target:A system-optimization approach[J]. Journal of Cleaner Production, 248:1-20.

JONES D A,FARKAS J L,BERNSTEIN O,et al. ,2011. U. S. import/export container flow modeling and disruption analysis[J]. Research in Transportation Economics,32:3-14.

JONG G D,2008. Value of freight travel-time savings [M]. Handbook of Transport Modelling. UK:Emerald Group Publishing Limited.

JONG G D,GUNN H,WALKER W,2004. National and international freight transport models:An overview and ideas for future development[J]. Transport Reviews:A Transnational Transdisciplinary Journal,24(1):103-124.

JOURQUIN B,LIMBOURG S,2006. Equilibrium traffic assignment on large Virtual Networks:Implementation issues and limits for multi-modal freight transport[J]. European Journal of Transport & Infrastructure Research,6 (3):205-228.

KENNEDY J,EBERHART R,1995. Particle swarm optimization [C] // Proceedings of ICNN'95-International Conference on Neural Networks: 1942-1948.

KENNEDY J,EBERHART R,1997. A discrete binary version of the particle swarm algorithm[C] // Proceedings of International Conference on Systems,Man and Cybernetics:4104-4108.

KHARRA N,BENAISSA M,HAMANI N,et al.,2023. A proposal of indicators assessing freight transport sustainability and resilience [J]. Euro-Mediterranean Journal for Environmental Integration,8:1035-1056.

LÓPEZ L F M,BLAS N G,ALBERT A A,2018. Multidimensional knapsack problem optimization using a binary particle swarm model with genetic operations[J]. Soft Computing,(22):2567-2582.

LEE H,SONG Y,CHOO S,et al.,2014. Bi-level optimization programming for the shipper-carrier network problem [J]. Cluster Computing-the Journal of Networks Software Tools and Applications,17:805-816.

LI B,XUAN H,YANG X,et al.,2019. A novel parameterised approximation approach based on bi-level programming for integration transport scheduling problem[J]. Journal of the Operational Research Society,70(2):212-225.

LI L,ZHANG X,2020. Integrated optimization of railway freight operation planning and pricing based on carbon emission reduction policies[J]. Journal of Cleaner Production,263:1-13.

LI X,TIAN P,MIN X,2006. A hierarchical particle swarm optimization for solving bilevel programming problems[C] // Artificial intelligence and soft computing-ICAISC 2006:1169-1178.

LIN B-L，WANG Z-M，JI L-J，et al.，2012. Optimizing the freight train connection service network of a large-scale rail system[J]. Transportation Research Part B：Methodological，46：649-667.

LIU G S，XU S Q，HAN J Y，2013，. A trust region algorithm for solving bilevel programming problems[J]. Acta Mathematicae Applicatae Sinica-English Series 29(3)：491-498.

LIU H，WANG D Z W，2015. Global optimization method for network design problem with stochastic user equilibrium[J]. Transportation Research Part B：Methodological，72：20-39.

LIU P，LIU C，DU J，et al.，2019. A system dynamics model for emissions projection of hinterland transportation[J]. Journal of Cleaner Production，218：591-600.

LIU P，WANG C，XIE J，et al.，2021. Towards green port-hinterland transportation：Coordinating railway and road infrastructure in Shandong Province，China[J]. Transportation Research Part D：Transport and Environment，94：1-18.

LOU Y，YIN Y，LAWPHONGPANICH S，2010. Robust congestion pricing under boundedly rational user equilibrium[J]. Transportation Research Part B：Methodological，44：15-28.

MANSOURI M，SAUSER B，BOARDMAN J，2009. Applications of systems thinking for resilience study in maritime transportation system of systems [C]//3rd Annual IEEE International Systems Conference：211-217.

MATTSSON L G，JENELIUS E，2015. Vulnerability and resilience of transport systems—A discussion of recent research[J]. Transportation Research Part A：Policy & Practice，81：16-34.

MENG Q，WANG X，2011. Intermodal hub-and-spoke network design：Incorporating multiple stakeholders and multi-type containers[J]. Transportation Research Part B：Methodological，45：724-742.

MILLER-HOOKS E，ZHANG X，FATURECHI R，2012. Measuring and maximizing resilience of freight transportation networks[J]. Computers & Operations Research，39(7)：1633-1643.

MORENO-QUINTERO E，FOWKES T，Watling D，2013. Modelling planner-carrier interactions in road freight transport：Optimization of road maintenance costs via overloading control[J]. Transportation Research

Part E:Logistics and Transportation Review,50(1):68-83.

MURRAY-TUITE P M,2006. A comparison of transportation network resilience under simulated system optimum and user equilibrium conditions [C]//2006 Winter Simulation Conference:1398-1405.

NAIR R,AVETISYAN H,MILLER-HOOKS E,2010. Resilience framework for ports and pther intermodal components[J]. Transportation Research Record: Journal of the Transportation Research Board,2166:54-65.

OMER M,MOSTASHARI A,NILCHIANI R,et al.,2012. A framework for assessing resiliency of maritime transportation systems [J]. Maritime Policy & Management,39(7):1-19.

World Trade Organization. World trade report 2019[EB/OL]. (2019-10-09) [2020-12-16]. https://www. wto. org/english/res_e/publications_e/wtr19_e. htm.

PERERA L,THOMPSON R G,WU W,2020. A multi-class toll-based approach to reduce total emissions on roads for sustainable urban transportation[J/OL]. Sustainable Cities and Society,63:102435(2022-08-11)[2022-12-01]. https://www. sciencedirect. com/science/article/abs/pii/S2210670720306569? via%3Dihub. DOI:10. 1016/j. scs. 2020. 102435.

PIMM S L,1984. The complexity and stability of ecosystems[J]. Nature,307: 321-326.

POTTER A,SOROKA A,NAIM M,2022. Regional resilience for rail freight transport[J/OL]. Journal of Transport Geography,104:103448(2022-09-23)[2022-12-01]. https://www. sciencedirect. com/science/article/pii/S0966692322001715? via%3Dihub. DOI:10. 1016/j. jtrangeo. 2022. 103448.

QIU R,XU J,KE R,et al.,2020. Carbon pricing initiatives-based bi-level pollution routing problem[J]. European Journal of Operational Research, 286:203-217.

ROSE A,2004. Defining and measuring economic resilience to disasters[J]. Disaster Prevention and Management,13(4):307-314.

SARANWONG S,LIKASIRI C,2017. Bi-level programming model for solving distribution center problem:A case study in Northern Thailand's sugarcane management-Science Direct [J]. Computers & Industrial Engineering, 103: 26-39.

SCHOFER J L,MAHMASSANI H S,NG M T M,2022. Resilience of U. S. rail intermodal freight during the Covid-19 pandemic[J/OL]. Research in Transportation Business and Management,43:100791(2022-02-03)[2022-12-01]. https://www. sciencedirect. com/science/article/pii/S221053952 2000128? via%3Dihub. DOI:10. 1016/j. rtbm. 2022. 100791.

SHEFFI Y,1985. Urban transportation networks:Equilibrium analysis with mathematical programming methods[M]. London:Prentice-Hall,Inc. .

SHI J,JIAO Y,CHEN J,et al. ,2023. Construction of resilience mechanisms in response to container shipping market volatility during the pandemic period:From the perspective of market supervision[J/OL]. Ocean & Coastal Management,240:106642(2023-05-19)[2024-07-01]. https:// www. sciencedirect. com/science/article/abs/pii/S0964569123001679? via%3 Dihub. DOI:10. 1016/j. ocecoaman. 2023. 106642.

SHI Y,EBERHART R,1998. A Modified particle swarm optimizer[C]// Proc of IEEE Icec Conference:69-73.

SOARES I,ALVES M J,ANTUNES C H,2020. Designing time-of-use tariffs in electricity retail markets using a bi-level model-Estimating bounds when the lower level problem cannot be exactly solved[J/OL]. Omega,93: 102027(2019-01-23)[2021-08-01]. https://www. sciencedirect. com/ science/article/abs/pii/S0305048318306819? via%3Dihub. DOI:10. 1016/ j. omega. 2019. 01. 005.

SUMALEE A,UCHIDA K,LAM W H K,2011. Stochastic multi-modal transport network under demand uncertainties and adverse weather condition [J]. Transportation Research Part C:Emerging Technologies,19:338-350.

SUN H,GAO Z,WU J,2008. A bi-level programming model and solution algorithm for the location of logistics distribution centers[J]. Applied Mathematical Modelling,32:610-616.

TA C,GOODCHILD A V,PITERA K,2009. Structuring a definition of resilience for the freight transportation system[J]. Transportation Research Record Journal of the Transportation Research Board,2097:19-25.

TAKEBAYASHI M,2015. Multiple hub network and high-speed railway: Connectivity,gateway,and airport leakage[J]. Transportation Research Part A:Policy and Practice,79:55-64.

TALLEY W K, NG M, 2018. Hinterland transport chains: A behavioral examination approach[J]. Transportation Research Part E: Logistics and Transportation Review, 113:94-98.

TAO X, ZHU L, 2020. Mcta-analysis of value of time in freight transportation: A comprehensive review based on discrete choice models[J]. Transportation Research Part A:Policy and Practice, 138:212-233.

TASLIMI M, BATTA R, KWON C, 2017. A comprehensive modeling framework for hazmat network design, hazmat response team location, and equity of risk [J]. Computers & Operations Research, 79:119-130.

UDDIN M M, HUYNH N, 2015. Freight traffic assignment methodology for large-scale road-rail intermodal networks [J]. Transportation Research Record, 2477:50-57.

VARIAN H R, 2010. Intermediate microeconomics a modern approach[M]. New York:W. W. Norton & Company, Inc.

VICENTE L, SAVARD G, JÚDICE J, 1994. Descent approaches for quadratic bilevel programming[J]. Journal of Optimization Theory Applications, 81 (2):379-399.

WANG C, PENG Z, XU X, 2021. A bi-level programming approach to the location-routing problem with cargo splitting under low-carbon policies [J]. Mathematics, 9:1-34.

WANG D, IP W H, 2009. Evaluation and analysis of logistic network resilience with application to aircraft servicing[J]. IEEE Systems Journal, 3(2): 166-173.

WANG H, NOZICK L, XU N, et al. , 2018. Modeling ocean, rail, and truck transportation flows to support policy analysis[J]. Maritime Economics & Logistics, 20(3):327-357.

WANG J Y T, 2015. "Resilience thinking" in transport planning[J]. Civil Engineering and Environmental Systems, 32:180-191.

WANG K-J, LEE C-H, 2015. A revised ant algorithm for solving location-allocation problem with risky demand in a multi-echelon supply chain network[J]. Applied Soft Computing, 32:311-321.

WANG X, HUANG H-J, 2013. Bi-criteria system optimum traffic assignment in networks with continuous value of time[J]. Promet-Traffic & Transportation, 25(2):119-125.

XU B W, LI J J, YANG Y S, et al., 2019. Model and resilience analysis for handling chain systems in container ports[J/OL]. Complexity:9812651 (2019-07-22)[2021-08-01]. https://onlinelibrary.wiley.com/doi/10.1155/2019/9812651. DOI:10.1155/2019/9812651.

XU B, LIU W, LI J, et al., 2023. Resilience measurement and dynamic optimization of container logistics supply chain under adverse events[J/OL]. Computers & Industrial Engineering, 180:109202 (2023-04-05) [2024-07-01]. https://www.sciencedirect.com/science/article/abs/pii/S0360835223002267? via%3Dihub. DOI:10.1016/j.cie.2023.109202.

XU X, ZHENG Y, YU L, 2018. A bi-level optimization model of LRP in collaborative logistics network considered backhaul no-load cost[J]. Soft Computing, 22(16):5385-5393.

YAMADA T, IMAI K, NAKAMURA T, et al., 2011. A supply chain-transport supernetwork equilibrium model with the behaviour of freight carriers[J]. Transportation Research Part E: Logistics and Transportation Review, 47(6): 887-907.

YANG H, BELL M G H, 1997. Traffic restraint, road pricing and network equilibrium[J]. Transportation Research Part B: Methodological, 31(4): 303-314.

YANG H, BELL M G H, 1998. Models and algorithms for road network design: a review and some new developments[J]. Transport Reviews, 18 (3):257-278.

YANG J, LUO M, SHI M, 2020. Optimal subsidies for rail containers: a bi-level programming solution[J]. Maritime Policy & Management, 47 (2): 172-187.

YU S, JIANG Y, 2021. Network design and delivery scheme optimisation under integrated air-rail freight transportation[J]. International Journal of Logistics Research and Applications, 27(3):411-427.

YUAN C Y, HSIEH C H, SU D T, 2020. Effects of new shipping routes on the operational resilience of container lines: potential impacts of the Arctic Sea Route and the Kra Canal on the Europe-Far East seaborne trades[J].

Maritime Economics & Logistics,22(2):308-325.

ZHANG B, YAO T, FRIESZ T L, LIU H. Urban freight transportation planning:A dynamic stackelberg game-theoretic approach[EB/OL]. (2012-11-16)[2019-09-28]. https://arxiv.org/abs/1211.3950.

ZHANG D,EGLESE R,LI S,2015. Optimal location and size of logistics parks in a regional logistics network with economies of scale and CO2 emission taxes[J]. Transport,33(1):1-17.

ZHANG D, ZHAN Q, CHEN Y, et al., 2018. Joint optimization of logistics infrastructure investments and subsidies in a regional logistics network with CO2 emission reduction targets[J]. Transportation Research Part D:Transport and Environment,60:174-190.

ZHANG M, WIEGMANS B, TAVASSZY L, 2013. Optimization of multimodal networks including environmental costs:A model and findings for transport policy[J]. Computers in Industry,64:136-145.

ZHANG S, CHEN N, SHE N, et al., 2021. Location optimization of a competitive distribution center for urban cold chain logistics in terms of low-carbon emissions[J]. Computers & Industrial Engineering,154(9):107-120.

ZHANG X, YANG H, HUANG H-J, 2008. Multiclass multicriteria mixed equilibrium on networks and uniform link tolls for system optimum[J]. European Journal of Operational Research,189(1):146-158.

ZHOU X,SUN J,FU H,et al.,2024. Resilience analysis of the integrated China-Europe freight transportation network under heterogeneous demands[J]. Transportation Research Part A:Policy and Practice,186:104130.

蔡政英,肖人彬,2014.中断环境下供应链弹性运作分析与优化[J].系统工程理论与实践,34(6):1443-1452.

陈刚,张锦,严熹,2012.灾难救援应急物资敏捷配送模型[J].计算机工程与应用,48(34):225-229.

陈红,2018.港口-腹地集装箱多式联运网络弹性的提升研究[D].杭州:浙江大学.

崔广彬,李一军,2007.基于双层规划的物流系统集成定位-运输路线安排-库存问题研究[J].系统工程理论与实践,6:49-55.

傅克俊,胡祥培,王旭坪,2007.供应链系统中的应急策略与模型[J].中国软科学,5:119-124.

甘家华,林坦,张奕昀,2018.多式联运经营人基础通用条件研究[J].综合运输,40(11):8-13.

国家统计局.中国统计年鉴 2020[EB/OL].(2020-09-20)[2021-03-01].https://www.stats.gov.cn/sj/ndsj/2020/indexch.htm.

韩智勇,翁文国,张维,等,2009.重大研究计划"非常规突发事件应急管理研究"的科学背景、目标与组织管理[J].中国科学基金,2009(4):215-219.

何丽红,王星星,2010.供应链柔性与弹性的比较分析[J].商业时代,15:22-23.

胡长英,2012.双层规划理论及其在管理中的应用[M].北京:知识产权出版社:2-3.

吉阿兵,任新建,2013.不完全信息下的集装箱运输网络均衡模型[J].系统工程,31(2):30-36.

戢晓峰,普永明,梁斐雯,等,2014.交通管制时限条件下城市物流配送优化双层规划模型[J].公路交通科技,31(12):145-152.

接婧,2005.国际学术界对鲁棒性的研究[J].系统工程学报,20(2):153-159.

李尔涛,唐孝飞,胡思继,2004.一个物流网络的双层规划模型[J].系统工程学报,19(1):8-13.

李和成,王宇平,2007.一类特殊的非线性双层规划问题及其遗传算法[J].西安电子科技大学学报(自然科学版),34(1):101-105.

李永红,赵林度,2010.基于弹性模型的供应链风险响应分析[J].系统管理学报,19(5):563-570.

刘畅,2020.我国铁路集装箱多式联运竞争力比较分析探讨[J].集装箱运输,38(12):38-43.

刘国山,韩继业,汪寿阳,1998.双层优化问题的信赖域算法[J].科学通报,43(4):383-387.

刘浩华,2007.打造弹性供应链[J].中央财经大学学报,5:63-68.

刘家国,姜兴贺,赵金楼,2015.基于解释结构模型的供应链弹性系统研究[J].系统管理学报,24(4):617-623.

刘家国,周粤湘,李俊,等,2014.供应链弹性综合优化路径选择模型分析[J].哈尔滨工业大学学报,5:101-106.

刘南,汪浩,2019.交通运输管理[M].杭州:浙江大学出版社:51.

刘希龙,2007.供应网络弹性研究[D].上海:上海交通大学.

楼振凯,2017.应急物流系统 LRP 的双层规划模型及算法[J].中国管理科学,25

(11):151-157.

彭传圣,2006.集装箱标准箱折算系数的变化[J].港口装卸,5:1-3.

秦进,倪玲霖,董龙云,等,2010.考虑可持续发展的交通网络设计双层模型与算法[J].交通运输系统工程与信息,10(4):111-117.

秦进,史峰,2007.物流设施选址问题的双层模拟退火算法[J].系统工程,25(2):36-40.

邵春福,2004.交通规划原理[M].北京:中国铁道出版社:183-184.

四兵锋,杨小宝,高亮,2016.基于系统最优的城市公交专用道网络设计模型及算法[J].中国管理科学,24(6):106-114.

孙会君,高自友,2002.一类有竞争的物流配送中心选址模型[J].交通运输工程学报,2(4):54-57.

孙会君,高自友,2003a.基于空间价格均衡的物流中心选址双层规划模型研究[J].土木工程学报,36(7):39-42.

孙会君,高自友,2003b.考虑路线安排的物流配送中心选址双层规划模型及求解算法[J].中国公路学报,16(2):115-119.

孙会君,高自友,2003c.物流中心扩建规模设计的双层规划模型研究[J].管理工程学报,17(4):69-72.

孙强,王庆云,高咏玲,2011.不确定需求条件下多阶段区域综合交通网络设计的双层规划模型[J].交通运输系统工程与信息,11(6):111-116.

王保华,何世伟,宋瑞,等,2009.综合运输体系下快捷货运网络流量分配优化模型及算法[J].铁道学报,31(2):12-16.

王道平,徐展,杨岑,2017.基于两阶段启发式算法的物流配送选址-路径问题研究[J].运筹与管理,26(4):70-75.

王海军,杜丽敬,马士华,2016.震后应急物流系统中双目标开放式选址:路径问题模型与算法研究[J].管理工程学报,30(2):108-115.

王薇薇,洪跃,张在房,2018.服务型制造混合供应链的稳定性及弹性评估[J].计算机集成制造系统,24(1):203-212.

王宇奇,高岩,滕春贤,2017.扰动下的供应链弹性研究回顾与拓展[J].管理评论,29(12):204-216.

吴依伟,赵林度,2008.应急物流网络弹性初探[J].价值工程,4:1-3.

徐红利,周晶,徐薇,2010.考虑参考点依赖的随机网络用户均衡与系统演化[J].系统工程理论与实践,30(12):2283-2289.

杨龙海,安实,毛科俊,2007.基于非线性双层规划的货运网络分配模型[J].公路交通科技,24(12):109-112.

杨文国,高自友,2003.考虑环境因素的广义用户平衡和广义系统最优配流模型[J].中国公路学报,16(4):72-76.

要甲,史峰,周钊,等,2011.基于出行时间预算的多模式多类用户城市交通均衡分析[J].中南大学学报(自然科学版),42(11):3572-3577.

于海生,龙迎红,2012.协调与弹性[M].北京:科学出版社.

张帆,郑国华,2015.基于DEMATEL法的供应网络弹性能力关键因素分析[J].物流技术,34:178-181.

张小强,刘丹,陈兵,等,2017.竞争环境下铁路集装箱班列动态定价与开行决策研究[J].铁道学报,39(2):17-23.

赵志刚,顾新一,李陶深,2007.求解双层规划模型的粒子群优化算法[J].系统工程理论与实践,27(8):92-98.

朱新球,2010.基于ISM的供应链弹性影响因素分析[J].价值工程,35:45-46.

附　录

附录 1　单运输方式港口-腹地集装箱物流运输系统初始状态下集装箱运输安排求解模型（SO 原则）

对于本书第 3 章的研究对象单运输方式港口-腹地集装箱物流运输系统,在初始状态下,每个运输周期下的集装箱承运人对集装箱的具体运输安排相同,各条路段集装箱运量分配和路段实际运输时间相同。h_a^* 为初始状态下,一个运输周期内路段 a 上的集装箱运量;t_a^* 为初始状态下,路段 a 上的实际运输时间。当运输系统中由集卡车公司统一管理调配所有集卡车司机,追求集卡车公司的总广义运输成本最小化时,运输系统中的集装箱运输分配遵循 SO 原则。在初始状态下为常规情境,由集装箱承运人进行集装箱运输安排决策,政府部门则不需要进行决策。集装箱运输安排（遵循 SO 原则）的求解模型如下。

$$\min GCtotal_{singlemode}^{*SO} = \sum_{a \in A} (r_a + q \cdot t_a^*) \cdot h_a^* \qquad (附 1.1)$$

s. t.

$$\sum_{a \in A_w} h_a^* = D_w \qquad (附 1.2)$$

$$\sum_{a(:,k) \in A} h_a^* - \sum_{a(k,:) \in A} h_a^* = 0 \qquad (附 1.3)$$

$$h_a^* \leqslant c_a^* \qquad (附 1.4)$$

$$h_a^* \geqslant 0 \tag{附 1.5}$$

$$\forall a \in A, \forall k \in K$$

目标函数式(附 1.1)表示在初始状态下,集卡车公司追求总广义运输成本 $GCtotal_{singlemode}^{*SO}$ 最小化。初始状态下各条路段实际运输时间 t_a^* 可按式(附 1.6)进行计算。

$$t_a^* = t_a^{*0} \cdot \left[1 + \alpha \cdot \left(\frac{h_a^*}{c_a^*} \right)^\beta \right] \tag{附 1.6}$$

约束式(附 1.2)表示在初始状态下所有腹地需求点的集装箱需求均可被满足。约束式(附 1.3)为运输流量守恒约束。约束式(附 1.4)表示各条路段上的集装箱运量不能超过初始状态下的路段运输能力。式(附 1.5)表示决策变量类型。

由上述模型可求得 h_a^* 和 t_a^*,均为固定值。进一步可由式(附 1.7)求出初始状态下,一个运输周期内运输系统中的集装箱总运输时间 $Ttotal_{singlemode}^{*SO}$,同样为固定值。

$$Ttotal_{singlemode}^{*SO} = \sum_{a \in A} h_a^* \cdot t_a^* \tag{附 1.7}$$

附录 2 单运输方式港口-腹地集装箱物流运输系统初始状态下集装箱运输安排求解模型(UE 原则)

对于本书第 3 章的研究对象单运输方式港口-腹地集装箱物流运输系统,在初始状态下,每个运输周期下的集装箱承运人对集装箱的具体运输安排相同,各条路段集装箱运量分配和路段实际运输时间相同。h_a^* 为初始状态下,一个运输周期内路段 a 上的集装箱运量;t_a^* 为初始状态下,路段 a 上的实际运输时间。当运输系统中不存在统一管理协调集卡车司机行动的组织机构,由集卡车司机各自选择运输路径,从而决定运输系统中各条路段的集装箱运量,以非合作的方式最小化自己的运输成本时,运输系统中的集装箱运输分配遵循 UE 原则。在初始状态下为常规情境,由集装箱承运人进行集装箱运输安排决策,政府部门则不需要进行决策。集装箱运输安排(遵循 UE 原则)的求解模型如下。

$$\min \sum_{a \in A} \int_0^{h_a^*} \left[r_a + q \cdot t_a^*(v) \right] \mathrm{d}v \tag{附 2.1}$$

s. t.

$$\sum_{a \in A_w} h_a^* = D_w \qquad\qquad (附 2.2)$$

$$\sum_{a(:,k) \in A} h_a^* - \sum_{a(k,:) \in A} h_a^* = 0 \qquad\qquad (附 2.3)$$

$$h_a^* \leqslant c_a^* \qquad\qquad (附 2.4)$$

$$h_a^* \geqslant 0 \qquad\qquad (附 2.5)$$

$$\forall a \in A, \forall k \in K$$

目标函数式(附 2.1)是用于求解用户均衡状态的特殊函数,该函数本身没有直观的经济学或者行为学解释。初始状态下各条路段实际运输时间 t_a^* 可按下式进行计算。

$$t_a^* = t_a^{*0} \cdot \left[1 + \alpha \cdot \left(\frac{h_a^*}{c_a^*} \right)^{\beta} \right] \qquad\qquad (附 2.6)$$

约束式(附 2.2)表示在初始状态下所有腹地需求点的集装箱需求均可被满足。约束式(附 2.3)为运输流量守恒约束。约束式(附 2.4)表示各条路段上的集装箱运量不能超过初始状态下的路段运输能力。式(附 2.5)表示决策变量类型。

由上述模型可求得 h_a^* 和 t_a^*,均为固定值。进一步可由下式(附 2.7)求出初始状态下,一个运输周期内运输系统中的集装箱总运输时间 $Ttotal_{singlemode}^{*UE}$,同样为固定值,具体公式如下所示。

$$Ttotal_{singlemode}^{*UE} = \sum_{a \in A} h_a^* \cdot t_a^* \qquad\qquad (附 2.7)$$

遵循 UE 原则的总广义运输成本 $GCtotal_{singlemode}^{*UE}$ 可由下式(附 2.8)计算得出。

$$GCtotal_{singlemode}^{*UE} = \sum_{a \in A} (r_a + q \cdot t_a^*) \cdot h_a^* \qquad\qquad (附 2.8)$$

附录 3　混合算法有效性分析

本书采用粒子群算法与传统优化算法相结合的混合算法对其进行求解,基于第 3 章的数值算例(请见本书第 3.4 节),对混合算法的有效性进行分析讨论。

关于混合算法的收敛性,基于原需求水平和即时修复措施总修复预算 4000 万元,随机选择 6 例非常规突发事件情境进行测试,其中下层 SO 模型 3 例(情境 1—3,依次为恐怖袭击类型、地震类型和雨雪天气类型),下层 UE 模型 3 例(情境 4—6,依次为恐怖袭击类型、地震类型和雨雪天气类型)。如附图 3.1 所示,6 例情境在迭代次数为 20 次左右时,均收敛到稳定值。因此,综合考虑计算精确性和计算时间的平衡,在合理的计算时间内找到近似全局最优解,本书研究

将最大迭代次数 $iterMax$ 设置为 50 次。

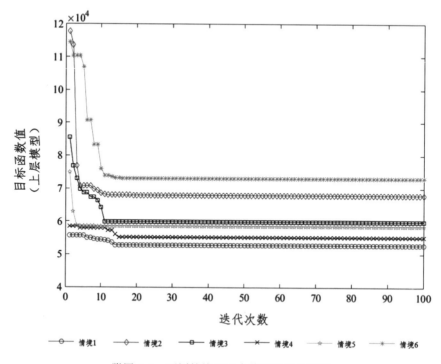

附图 3.1　不同情境下混合算法的收敛情况

关于混合算法的稳定性,对于上述测试情境 1,采用混合算法重复进行 10 次运算,运算结果如附表 3.1。其中,共有 9 次运算收敛到近似全局最优解 $Ttotal_{singlemode}^{SO}(\xi_1)=52802$,收敛到近似全局最优解的平均迭代次数约为 11 次。

附表 3.1　混合算法重复运行的求解结果 1

数值实验序号	混合算法求解结果(上层目标函数值)	收敛到近似最优解时的迭代次数	数值实验序号	混合算法求解结果(上层目标函数值)	收敛到近似最优解时的迭代次数
1	52802	13	6	52802	15
2	52802	8	7	52802	11
3	52802	13	8	54951	—
4	52802	8	9	52802	9
5	52802	12	10	52802	11

对于上述测试情境 5,同样采用混合算法重复进行 10 次运算,运算结果如附表3.2。其中,有 9 次运算收敛到近似全局最优解 $Ttotal_{singlemode}^{UE}(\xi_5)=58552$,收敛到近似全局最优解的平均迭代次数约为 22 次。

附表 3.2　混合算法重复运行的求解结果 2

数值实验序号	混合算法求解结果（上层目标函数值）	收敛到近似最优解时的迭代次数	数值实验序号	混合算法求解结果（上层目标函数值）	收敛到近似最优解时的迭代次数
1	58552	15	6	63001	—
2	58552	18	7	58552	23
3	58552	26	8	58552	23
4	58552	28	9	58552	22
5	58552	22	10	58552	22

以上数值实验表明,采用粒子群算法与传统优化算法相结合的混合算法对本书所建立的双层规划模型进行求解,具有较好的收敛性和稳定性,是较为有效的求解算法。

附录 4　第 3 章对比单层规划模型 1

在本书第 3 章中,为了说明采用双层规划模型研究运输系统弹性问题的优势,将双层规划模型与不同类型的单层规划模型进行了比较。

在单层规划模型 1 中,考虑了运输系统的基础设施拓扑结构和政府部门的目标,未考虑集装箱承运人的目标。单层规划模型 1 的表达式为:

$$\min \ Ttotal_{singlemode}(\xi) = \sum_{a \in A} h_a(\xi) \cdot t_a(\xi) \tag{附 4.1}$$

s. t.

$$\sum_a b_a \cdot \frac{l_a(\xi) \cdot [c_a^* - c_a^u(\xi)]}{c_a^*} \leqslant B \tag{附 4.2}$$

$$0 \leqslant l_a(\xi) \leqslant 1, a \in A_u \tag{附 4.3}$$

$$l_a(\xi) = 0, a \in A_{nu} \tag{附 4.4}$$

$$\sum_{a \in A_w} h_a(\xi) = D_w \tag{附 4.5}$$

$$\sum_{a(:,k) \in A} h_a(\xi) - \sum_{a(k,:) \in A} h_a(\xi) = 0 \tag{附 4.6}$$

$$h_a(\xi) \leqslant c_a(\xi) \tag{附 4.7}$$

$$h_a(\xi) \geqslant 0 \tag{附 4.8}$$

$$\forall a \in A, \forall k \in K$$

目标函数式（附 4.1）为政府部门的目标，寻求非常规突发事件发生后且即时修复措施实施后的运输系统总运输时间 $Ttotal_{singlemode}(\xi)$ 的最小化，与本书第 3.2.3 小节中双层规划模型的上层模型目标函数式（3.3）相同。约束式（附 4.2）—（附 4.8）的含义分别与本书第 3.2.3 小节的式（3.4）—（3.6），第 3.2.4 小节中式（3.12）—（3.15）相同。

附录 5　第 3 章对比单层规划模型 2

在本书第 3 章中，为了说明采用双层规划模型研究运输系统弹性问题的优势，将双层规划模型与不同类型的单层规划模型进行了比较。

在单层规划模型 2 中，仅关注运输系统基础设施的运输能力，求解运输系统基础设施的最大流问题，集装箱承运人的行为和货主的腹地集装箱需求均未考虑。单层规划模型 2 的表达式为：

$$\max \sum_{a \in A} h_a(\xi) \tag{附 5.1}$$

s. t.

$$\sum_{a} b_a \cdot \frac{l_a(\xi) \cdot \left[c_a^* - c_a^u(\xi) \right]}{c_a^*} \leqslant B \tag{附 5.2}$$

$$0 \leqslant l_a(\xi) \leqslant 1, a \in A_u \tag{附 5.3}$$

$$l_a(\xi) = 0, a \in A_{nu} \tag{附 5.4}$$

$$\sum_{a(:,k) \in A} h_a(\xi) - \sum_{a(k,:) \in A} h_a(\xi) = 0 \tag{附 5.5}$$

$$h_a(\xi) \leqslant c_a(\xi) \tag{附 5.6}$$

$$h_a(\xi) \geqslant 0 \tag{附 5.7}$$

$$\forall a \in A, \forall k \in K$$

目标函数式（附 5.1）追求运输系统基础设施总运输能力的最大化。约束式

（附 5.2）—（附 5.7）的含义分别与本书第 3.2.3 小节的式（3.4）—（3.6），第 3.2.4 小节中式（3.13）—（3.15）相同。

附录 6　多式联运港口-腹地集装箱物流运输系统初始状态下集装箱运输安排求解模型

　　对于本书第 4 章和第 5 章的研究对象多式联运港口-腹地集装箱物流运输系统，在初始状态下，每个运输周期下的领导型物流服务商对集装箱的运输方式、运输路径和各条运输路径上的运量决策相同，其中运输路径包括多式联运路径和单运输方式路径。因此，初始状态下各种运输方式下各条路段集装箱运量分配和路段实际运输时间相同。$h_{a_{rail}}^*$ 为铁路路段 a_{rail} 上的集装箱运量，$h_{a_{road}}^*$ 为公路路段 a_{road} 上的集装箱运量，$y_{a_{rail},n}^*$ 为领导型物流服务商是否选择铁路路段 a_{rail} 上的第 n 班次列车进行集装箱运输（$n \leqslant N_{a_{rail}}^{max}$），$t_{a_{rail}}^*$ 为铁路路段 a_{rail} 的运输时间，$t_{a_{road}}^*$ 为公路路段 a_{road} 的实际运输时间，$t_{a_{virtual,sp},single}^*$ 为港口虚拟路段 $a_{virtual,sp}$ 上单个集装箱（FEU）的装载时间，$t_{a_{virtual,dp},single}^*$ 为多式联运场站虚拟路段 $a_{virtual,dp}$ 上单个集装箱（FEU）的卸载时间，$t_{a_{virtual,dp},wait}^*$ 为列车在多式联运场站的单位等待作业时间，$t_{a_{virtual,sp},n}^*$ 为铁路路段 a_{rail} 上的第 n 班次列车在其对应的港口虚拟路段 $a_{virtual,sp}$ 上的运输时间，$t_{a_{virtual,dp},n}^*$ 为铁路路段 a_{rail} 上的第 n 班次列车在其对应的多式联运场站虚拟路段 $a_{virtual,dp}$ 上的运输时间。在初始状态下为常规情境，由领导型物流服务商进行集装箱运输安排决策，政府部门则不需要进行决策。领导型物流服务商在多式联运港口-腹地集装箱物流运输系统中的集装箱运输安排求解模型为：

$$
\begin{aligned}
\min GCtotal_{intermodal}^* = & \sum_{a_{rail} \in A_{rail}} (r_{a_{rail}} + q \cdot t_{a_{rail}}^*) \cdot h_{a_{rail}}^* \\
& + \sum_{a_{road} \in A_{road}} (r_{a_{road}} + q \cdot t_{a_{road}}^*) \cdot h_{a_{road}}^* \\
& + \sum_{a_{virtual,sp} \in A_{virtual,sp}} \sum_{n=1}^{N_{a_{rail}}^{max}} (r_{a_{virtual,sp}} + q \cdot t_{a_{virtual,sp},n}^*) \cdot 42 \cdot y_{a_{rail},n}^* \\
& + \sum_{a_{virtual,dp} \in A_{virtual,dp}} \sum_{n=1}^{N_{a_{rail}}^{max}} (r_{a_{virtual,dp}} + q \cdot t_{a_{virtual,dp},n}^*) \cdot 42 \cdot y_{a_{rail},n}^*
\end{aligned}
$$

（附 6.1）

s. t.

$$\sum_{a_{road} \in A_w} h_{a_{road}}^* = D_w \qquad \text{(附 6.2)}$$

$$h_{a_{rail}}^* = \sum_{n=1}^{N_{a_{rail}}^{max}} 42 \cdot y_{a_{rail},n}^* \qquad \text{(附 6.3)}$$

$$\sum_{a_{rail}(p,dp) \in A} h_{a_{rail}}^* - \sum_{a_{road}(dp,:) \in A} h_{a_{road}}^* = 0 \qquad \text{(附 6.4)}$$

$$h_{a_{road}}^* \leqslant c_{a_{road}}^* \qquad \text{(附 6.5)}$$

$$y_{a_{rail},n}^* \in \{0,1\}, 1 \leqslant n \leqslant N_{a_{rail}}^{max} \qquad \text{(附 6.6)}$$

$$h_{a_{rail}}^* \geqslant 0 \text{ 且} h_{a_{rail}}(\xi) \text{ 为整数} \qquad \text{(附 6.7)}$$

$$h_{a_{road}}^* \geqslant 0 \text{ 且} h_{a_{road}}(\xi) \text{ 为整数} \qquad \text{(附 6.8)}$$

$$\forall a \in A, \forall dp \in DP$$

目标函数式（附 6.1）为领导型物流服务商寻求总广义运输成本 $GCtotal_{intermodal}^*$ 最小化。其中，第一项为铁路路段的总广义运输成本，第二项为公路路段的总广义运输成本，第三项为港口虚拟路段的总广义运输成本，第四项为多式联运场站虚拟路段的总广义运输成本。初始状态下，各条铁路路段实际运输时间 $t_{a_{rail}}^*$ 为固定值。各条公路路段实际运输时间 $t_{a_{road}}^*$ 可按下式进行计算：

$$t_{a_{road}}^* = t_{a_{road}}^{*0} \cdot \left[1 + \alpha \cdot \left(\frac{h_{a_{road}}^*}{c_{a_{road}}^*} \right)^{\beta} \right] \qquad \text{(附 6.9)}$$

铁路路段 a_{rail} 上的第 n 班次列车在其对应的港口虚拟路段 $a_{virtual,sp}$ 上的运输时间 $t_{a_{virtual,sp}}^*$ 可按下式进行计算：

$$t_{a_{virtual,sp},n}^* = n \cdot 42 \cdot t_{a_{virtual,sp},single}^* \qquad \text{(附 6.10)}$$

铁路路段 a_{rail} 上的第 n 班次列车在其对应的多式联运场站虚拟路段 $a_{virtual,dp}$ 上的运输时间 $t_{a_{virtual,dp},n}^*$ 可按下式进行计算：

$$t_{a_{virtual,dp},n}^* = 42 \cdot t_{a_{virtual,dp},single}^* + (n-1) \cdot t_{a_{virtual,dp},wait}^* \qquad \text{(附 6.11)}$$

其中，$t_{a_{virtual,dp},wait}^*$ 可按下式进行计算：

$$t_{a_{virtual,dp},wait}(\xi) = \max\{42 \cdot t_{a_{virtual,dp},single}^* - 42 \cdot t_{a_{virtual,sp},single}^*, 0\} \qquad \text{(附 6.12)}$$

约束式（附 6.2）表示所有腹地需求点的集装箱需求均可被满足，包括通过多式联运方式和单运输方式进行运输。如本书第 4 章所述，在多式联运方式中，集装箱从多式联运场站到腹地点仓库的运输由公路路段的短途接驳完成。因此，与任一腹地点仓库 w 相连的路段均为公路路段 a_{road}。约束式（附 6.3）表示铁路路段 a_{rail} 上的运量 $h_{a_{rail}}^*$ 为其所有被领导型物流服务商选择的列车集装箱运量之和。约束式（附 6.4）表示从港口 sp 由铁路方式运输至多式联运场站 dp 的集装箱运量,与从多式联运场站 dp 由公路方式运输至各个腹地需求点的集装箱运量总和相等,即公路短途接驳的集装箱运量与通过铁路运输方式运至多式联运场站的集装箱运量相等。约束式(附 6.5)表示各条公路路段上的集装箱运量不能超过初始状态下的公路路段运输能力。需要提到的是,在多式联运系统初始状态下集装箱运输安排求解模型中,铁路路段运输能力的约束,在关于每条铁路线路最大计划列车数量 $N_{a_{rail}}^{max}$ 中体现。式(附 6.6)、(附 6.7)和(附 6.8)表示决策变量类型。

由上述模型可求得 $h_{a_{rail}}^*$、$h_{a_{road}}^*$、$t_{a_{road}}^*$、$t_{a_{virtual,sp},n}^*$、$t_{a_{virtual,dp},n}^*$ 和 $y_{a_{rail},n}^*$,均为固定值。并且,$t_{a_{rail}}^*$ 为固定值。进一步可由下式(附 6.13)求出初始状态下,一个运输周期内运输系统中的集装箱总运输时间 $Ttotal_{intermodal}^*$,其同样为固定值。

$$
\begin{aligned}
Ttotal_{intermodal}^* = & \sum_{a_{rail} \in A_{rail}} h_{a_{rail}}^* \cdot t_{a_{rail}}^* + \sum_{a_{road} \in A_{road}} h_{a_{road}}^* \cdot t_{a_{road}}^* \\
& + \sum_{a_{virtual,sp} \in A_{virtual,sp}} \sum_{n=1}^{N_{a_{rail}}^{max}} 42 \cdot y_{a_{rail},n}^* \cdot t_{a_{virtual,sp},n}^* \\
& + \sum_{a_{virtual,dp} \in A_{virtual,dp}} \sum_{n=1}^{N_{a_{rail}}^{max}} 42 \cdot y_{a_{rail},n}^* \cdot t_{a_{virtual,dp},n}^* \quad (\text{附 } 6.13)
\end{aligned}
$$